互联网金融

——逻辑与结构

吴晓求 等著

INTERNET FINANCE

Logic and Structure

中国人民大学出版社
·北京·

目　录

导　论　互联网金融：成长的逻辑

摘　要

互联网金融是一种新的金融业态。本导论从互联网金融的基本内容、运行结构、理论基础、风险特点、监管标准以及替代边界等角度出发，探究其生存逻辑、理论结构及监管准则。

广阔的市场空间是互联网金融生存的必要条件，而金融功能与互联网技术特性在“基因”层面上的匹配是其生存和发展的充分条件，也是其生存和发展的逻辑基础。在理论层面上，金融功能理论、“二次脱媒”理论、新信用理论、普惠金融理论、连续金融理论构成了互联网金融独特的理论结构。

从形式上看，虽然互联网金融的风险也会以操作风险、技术风险、信用风险、流动性风险等形式出现，但其内在风险更多地表现为透明度风险，外置风险更多地表现为技术和系统安全性，因而风险的叠加性相对明显。基于这样的风险特点，作者认为互联网金融监管准则的基石标准应是透明度，外置标准是平台技术安全等级。与此同时，作者还认为，互联网金融与传统金融的相互竞争会推动金融结构的变革和金融功能效率的提升，完成从大企业金融、富人金融到普惠型金融的转型。

互联网金融对传统金融体系的撞击，进而引发新金融业态的出现，可能是未来若干年中国金融面临的现实。互联网金融对所有的研究者来说，都是一个全新的研究课题，是一个混沌而不太清晰的世界。互联网金融的基本内涵、运行结构、理论基础、商业模式、风险特点、替代边界、监管标准等，都需要我们做系统而深入的研究。

0.1　互联网金融：定义与形态

关于互联网金融的内涵，虽然目前尚无十分准确的定义，但就其核心要素和基本属性而言，学者们的认识已渐趋明朗。所谓互联网金融是基于互联网平台的金融，互联网平台和金融功能是互联网金融最重要的两个要素。关于互联网金融的基本属性，我们同意谢平的判断，也就是互联网金融既不同于商业银行的间接融资，也不同于资本市场的直接融资，属于第三种金融融资模式①，因而是一种新的金融业态。② 在本书的研究中，是将互联网金融定义为第三金融业态。

在对互联网金融做出准确定义之前，我们不妨对业已出现的互联网金融的形态或业务线进行适当归类。

从互联网平台和金融功能两个核心要素出发，目前互联网金融的形态或业务线大体可归为以下四类：

（1）第三方支付，包括互联网支付和移动支付。

（2）网络融资，主要包括三部分：一是基于平台客户信息和云数据的小微贷款和消费贷款；二是 P2P（peer to peer）平台贷款；三是众筹（crowdfunding）模式。

（3）网络投资，主要包括两部分：一是 P2P 和众筹平台融资的资金提供者；二是网上货币市场基金。

（4）网络货币。

关于金融产品的网络销售及金融信息的整合、发布，可归类为互联网对金融业务的支持体系，其本质不属于金融业务。

此外，还有一种形态是否属于互联网金融形态尚存争议，即传统金融业务互联网化。它是指以互联网替代金融中介和市场网点、人工服务，但产品结构、盈利模式并未发生根本性变化。谢平等学者将其纳入互联网金融的范围，吴晓求则将其定义为金融互联网而非互联网金融。③

据此，我们大体可以得出如下判断：从概念和内容看，互联网金融有狭义和广义之分。狭义的或严格意义上的互联网金融是不包括传统金融业务互联网化，即金融互联网部分；而广义的或宽泛意义上的互联网金融则包括金融互联网部分。

之所以要做这样的划分，是因为狭义的互联网金融与金融互联网在商业理念、盈利模式和金融产品的设计规则等“基因”层面存在重大差异，本书后面的研究对此会有深入分析。本书所指的互联网金融是指狭义的或严格意义上的互联

① 参见谢平、邹传伟：《互联网金融模式研究》，载《金融研究》，2012（12）。

② 参见吴晓求：《中国金融的深度变革与互联网金融》，载《财贸经济》，2014（1）。

③ 转引自蚂蚁金服：《基于互联网的普惠金融实践》，2012－09－23。

网金融。

总体看来，我们可以对互联网金融做如下定义：所谓互联网金融是指具有互联网精神，以互联网为平台，以云数据整合为基础而构建的具有相应金融功能链的新金融业态，也称第三金融业态。

0.2　互联网金融：生存的逻辑

要分析互联网对金融的渗透，探讨互联网金融的生存逻辑，进而研究互联网金融对整个金融体系的影响，就必须研究互联网是如何渗透商业领域以及如何颠覆传统商业模式的。

1. 电子商务：互联网金融的一面镜子

互联网对传统商业模式的渗透乃至颠覆，对研究互联网金融的发展有重要的启发意义。而要研究电商模式的形成，就必须了解互联网对产业整合所具有的特殊功能。

我们知道，互联网通过巨大的黏合作用和信息整合开创了一个无边界的社会，这个无边界的社会变得前所未有的复杂且富有生命力。它正在以悄然无息而又不可逆转的趋势创造出一种新的社会组织结构，形成新的社会存在形式，进而彻底改变了人们的生存状态和生活方式。

互联网最基础的功能是对信息的整合，从而形成了价值无限的信息流。人类社会的黏合剂实际上是信息。信息的贯通使众人形成了社会，单一的信息只有零碎的价值，信息的黏合具有社会价值。当众多信息的黏合被一种机制进行有序地整合而形成了巨大的、无穷无尽的、但结构清晰的信息流时，一种无边界的平台就在眼前。人与人之间的关系不再被物理空间所约束，社会的存在方式悄然发生了革命性的变化。这种巨大的变化体现在人的生存状态、生活方式、文化观念、消费模式等诸多方面。这个对信息进行有序整合而形成巨大信息流的机制就是互联网。

互联网不仅实现了信息流在时间和空间上的整合，从个体到整体的整合，由局部到无边界的整合，而且以此为基础，推动着物流的整合，进而以其巨大的成本优势实现了对已有产业的系统整合，塑造了新的竞争格局。互联网既是传统产业的重构者，又是大众消费模式的牵引者，它在结构层面推动着经济增长模式的转型。

如果说互联网的信息整合功能对社会组织结构和生活方式的变革具有重大影

响，那么在信息流基础上对物流牵引，进而对已有产业进行重构，则是其具有的巨大经济意义。

互联网进入商业流通后对传统商业模式的颠覆，进而重构一种全新的商业运行结构［即电子商务（电商模式）］就是一个经典案例。阿里巴巴所建构的新的商业运行结构则是诸多经典案例中的精品。

实际上，以阿里巴巴为代表的电商模式除创造了无边界的合作平台外，以信息流的整合牵引物流聚合是其成功的关键点。无边界的平台克服了传统商业的物理空间、局域和时间约束，人们的消费（购物）过程可随时随地完成。在信息流基础上的物流聚合使消费者具有无限广阔的选择权，而分工基础上的协作以及无物理空间约束的特点，则极大地降低了商业成本。电商特别是像淘宝网这样的纯平台电商所具有的这些优势或特点，正是传统商业模式的根本缺陷所在。互联网之所以成为传统商业的重构者甚至是颠覆者，是因为它们是大众消费习惯的牵引者、变革者，是一种新的消费模式和商业文化的创造者。

互联网在攻克了传统商业帝国这个古老的产业后，下一个要渗透的一定是金融服务业，它要改变的是传统金融体系。这是因为金融产业与商业同属服务业，而且利润丰厚，其“舞台”之大比商业有过之而无不及。电子商务是互联网金融的一面镜子。

2. 广阔的市场空间为互联网金融的生存和发展提供了肥沃的土壤

从商业的角度看，互联网所要重构的产业一定是“产业帝国”，即规模大、服务面广、利润厚、具有统一的标准、对经济活动具有广泛影响力的产业。金融业具备所有这些要素。

（1）从世界范围看，截至2011年底，全球金融资产规模达到218万亿美元。其中，全球银行业资产规模约占全球金融资产的39%，即85万亿美元。人的一生或多或少都会与金融（如支付、清算、储蓄、融资、投资、保险、理财等金融服务）相关联。与商业一样，金融无孔不入地渗透到人们的生活和经济活动中，金融是名符其实的“产业帝国”，是产业链中的“皇冠”。

（2）就中国的情况而言，金融更像一个臃肿的“产业帝国”。到2013年底，中国金融资产规模达到192.89万亿元人民币，利润达到1.87万亿元人民币；其中银行业金融机构的资产规模达151.35万亿元人民币，占金融业总资产的78.46%，利润1.74万亿人民币，占金融业利润的93.05%。银行业中的16家上市银行实现的净利润占沪深两市2 513家上市公司的51.42%。总体而言，中国金融特别是商业银行由于缺乏外部的系统性竞争者，其高额利润有较大的垄断性，导致创新动力不够。虽然商业银行的内部竞争相对充分，但外部压力明显不足，迫切需要来自于体系外部的系统性压力和战略竞争者。互联网金融是中国现行金融体系的战略竞争者，也是中国金融变革的推动者。

(3) 在中国，金融这个传统的“产业帝国”需要新的活力。新的活力来源于“基因”式的变革，来源于体系外部的系统性压力。这种外部的和系统性压力的重要来源就是互联网，就如同传统“商业帝国”需要借助互联网焕发新的生命力一样。

与商业相比，无比广阔的市场空间为互联网金融的发展提供了更加绚丽的舞台，这是互联网金融生存和发展的肥沃土壤。

3. 金融与互联网在功能（“基因”）上是耦合的

广阔的市场空间是互联网金融生存和发展的重要外部条件，而金融功能与互联网技术的耦合，或者说金融功能与互联网的技术特性在“基因”层面上匹配，既是互联网金融生存的必要条件，也是互联网金融生存的逻辑基础。

按照现代金融功能理论的划分，金融系统具有六项基本功能：

- 跨期、跨区域、跨行业的资源配置。
- 提供支付、清算和结算。
- 提供管理风险的方法和机制。
- 提供价格信息。
- 储备资源和所有权分割。
- 创造激励机制。

在上述六项基本功能中，一般认为“资源配置”和“支付结算”是金融最基础的两大功能，通常由商业银行承担，在中国尤为明显。对于后四种功能，在不同的金融模式和程度上分别由商业银行和资本市场来承担，其中风险管理（财富管理）是现代金融最核心的功能。从“基因”的匹配性上看，互联网与金融的前四种功能，即“资源配置（融资）”、“支付清算”、“风险管理（财富管理）”、“提供价格信息”，具有更高的耦合性。后两种功能的实现更多的是基于一种制度结构和产品设计，但互联网平台的植入，与这两种功能的实现并无冲突，从一定意义上说亦有利于这两种功能的效率提升。

0.3 互联网金融：功能耦合性分析

1. 互联网金融可以进一步优化金融的“资源配置”功能

金融学意义上的“资源配置”是指资金的供给方通过适当的机制将资金的使

用权让渡给资金需求方的过程。这种资源配置过程通常分为两类：一是吸收存款和发放贷款的过程，主要由商业银行作为中介来完成；二是资金供给者与需求者以市场为平台直接进行交易的过程，这个市场平台主要是资本市场。我们约定俗成地把前者称为“间接融资”，把后者称为“直接融资”。

在这两种融资形式中，间接融资的基础风险是信用风险，直接融资的基础风险是透明度。传统上，在间接融资中，信用风险评估的主要测度除信用记录和信誉等级外，更多地侧重于现金流、利润等财务指标和资产（含不动产）规模等指标，缓释信用风险的机制大多都是抵押、质押和担保。在直接融资中，透明度的风险主要表现为上市公司的信息披露是否真实、及时、完整。这两种融资模式对风险的定义在自身逻辑范围内没有问题，但前者（即商业银行）对信用风险的定义多少有点“富人好信用，穷人差信用”的逻辑；后者则把信用的履约置于法律和道德两重约束下的“自觉之中”。实际上，个人或企业信用的优劣，是否存在履约风险，通常在实际交易行为中更能体现出来。持续的、高频的、以信用为担保的交易，更能真正地、动态地反映交易主体的信用和履约能力。互联网与生俱来的信息流整合功能，创造了云数据时代，它显然区别于以抽样统计为基础的小数据时代。互联网通过对云数据的处理，使人们能够清晰地看到抽样所无法描述的细节信息。显然，现在的计算机完全具备了这样的大计算能力。

在互联网所创造的云数据时代，首先是如何获取数据，其次是互联网“开放、平等、协作、分享”的精神为数据的获得创造了天然的平台，从而较好地解决了经济活动中的信息不对称性问题。或许在这个时代，仅仅云数据的处理就可能形成新的金融中介，个人或企业的信用信息无一不体现在其中。这些云数据中所体现出的信用信息，其实比传统的信用识别标志要准确得多。所以，互联网在当前主流金融最关心的信用风险识别技术上，显然更进了一步，使金融识别风险的能力更具时效性、准确性，从而完善了金融识别风险的能力。

既然互联网可以更有效地识别信用风险，又解决了经济活动中的信息不对称问题，那么以互联网为平台的金融显然更有利于金融的资源配置（即融资）功能的实现。

2. 互联网金融可以进一步改善当前的以商业银行为主体的支付体系，更便捷地提供支付清算服务，使金融的支付清算功能效率大幅提升

在不同的金融结构中，支付清算体系的构建有较大差异。在大多数国家，商业银行承担着社会经济活动中支付清算的功能，在中国尤其如此。中国的商业银行构建了形式多样的基于实体经济交易和少量金融交易的支付清算系统，在全社会支付清算功能中居于绝对主导地位。

就占主导地位的银行支付清算系统而言，由于它更多地吸收和运用了现代信息技术，致使支付清算的技术手段和工具不断创新、效率有较大提高，这实际上就是互联网的巨大作用。这说明基于互联网平台的金融，在克服了时空约束的基础上，加快了资金的流动速度，克服了支付清算资金的"存量化"，最大限度地保证了交易双方特别是资金接受方的利益。

除了商业银行运用互联网技术改进或创新支付工具和支付体系，从而大大提升银行体系的支付效率外，以互联网为平台游离于银行体系之外的第三方支付及支付工具是真正意义上互联网金融的核心元素之一，也是互联网金融的重要形态。这种具有互联网金融"基因"的支付工具和支付体系，开始具有"脱媒"的某些特征。它与商业银行运用互联网技术所创新或改进的支付工具和支付体系相比，貌似一样或相近，实则有较大的差异。这种差异来自于"基因"的不同，不可将两者混为一谈。

基于互联网金融平台的支付工具和支付体系，或许由于"脱媒"和高技术的特性，其灵活、便捷、快速、高效的特点是传统金融支付工具和支付体系所难以达到的。显然，基于互联网金融的支付工具和支付体系，既是现有金融包括商业银行支付工具和支付体系的重要竞争者，也是现有社会支付系统进一步升级的推动者。

3. 互联网金融进一步完善了"财富管理（风险配置）"的功能

互联网金融对于金融"财富管理（风险配置）"功能的贡献主要表现在三个方面：一是向下延伸客户群链条，进一步丰富财富管理的功能；二是提供成本低廉、快捷便利的基于财富管理的金融产品营销网络；三是推动余额资金的财富化，有效地扩大了财富管理需求者的规模。在诸多金融功能的实现过程中，财富管理的需求具有较大的隐性特点，格式化或标准化产品及服务对个性化的财富管理影响甚微，因为对个性化的财富管理者来说，对"人"的认同远高于对"平台"的认同。

在目前的金融状态下，互联网金融平台对潜在的非个性化的财富管理需求者来说，具有巨大的吸引力。其基本表现形式是，在基于优化资源配置的前提下，追求余额资金的财富化。"余额宝"是一个有价值的案例。"余额宝"类型的、基于互联网金融平台的财富管理工具最大的贡献在于，突破了商业银行余额资金储蓄化的传统，实现了余额资金的财富化。在这里，客户的余额资金不再是无任何收益的闲置资金，也不是低利率的储蓄产品。这一功能的突破，极大地延伸了财富管理的客户端，并对商业银行固有的储蓄产品特别是活期储蓄产品带来了重大挑战，进而在客观上推动了商业银行传统业务的竞争和转型。所以，互联网金融在“财富管理”功能的拓展上，具有积极的推动作用。

4. 互联网金融对于改善金融“提供价格信息”的功能有积极影响，从而使价格信息更丰富、更及时、更准确

一般认为，金融提供的价格信息包含两类：一是资金价格，即利率；二是资产价格，通常由股票价格及其指数来表示。前者主要由货币市场和银行体系提供，后者则由资本市场动态即时发布。互联网平台的引入，提高了动员资金的能力和资金的使用效率，加快了资金流转速度，促进了互联网金融与现行主流金融特别是商业银行的竞争，将使利率这一资金价格更及时、准确地反映资金供求关系，进而引导资金的合理流动。在资本市场上，由于交易系统和实时报价系统充分采用了先进的计算机技术和信息技术，股票价格及其指数已经充分体现了动态、及时的特点，这与互联网的技术基础是一脉相承的。

在电商模式中，基于互联网平台的竞价机制是一个很好的案例。互联网所创造出的无边界平台，为众多厂商和消费者以及厂商之间的竞价提供了最优的机制。在这里，价格没有外部力量的约束，所有价格都是厂商之间、消费者与厂商之间竞价的结果。所谓互联网对信息流的整合，一个重要内容就是推动竞争价格的形成。这种价格形成机制远比传统市场结构下的价格形成机制合理和透明，互联网平台解决了传统市场结构下所存在的信息不对称和成本约束问题，所以互联网金融不仅进一步改善了传统金融“提供价格信息”的功能，而且也使这个“价格信息”的内涵得以扩充、丰富。

0.4 互联网金融的理论结构

互联网金融既有与传统金融相近的理论基础，更有自身独特的理论结构。

1. 金融功能理论

与传统金融相比，互联网金融并不突出金融组织和金融机构，而是基于金融功能更有效地实现而形成的一种新的金融业态，其基础理论仍是金融功能理论。

如前所述，互联网金融的出现和蓬勃发展，一方面使金融功能的实现越来越不依赖于特定的金融组织和金融机构，另一方面又使金融功能的效率在成本大幅降低的同时大大提升。由此，金融功能的内涵得以深化，金融服务的对象大大拓展。

金融功能效率的提升，表现在以下几个方面：第一，突出表现在金融的支付结算功能上。互联网金融提供的支付结算服务，具有灵活、便捷、快速、安全的特点，这是传统金融提供的支付结算所难以达到的。第二，表现在资源配置或融资功能上。互联网金融的资源配置功能或提供的融资服务，是对传统金融融资功能的结构性补充，它有效地解决了某些特定的资金供给与资金需求的匹配性，完成了在传统金融结构下难以完成的某些特定资金供求的撮合，使金融资源配置功能的实现更丰富、更结构化。第三，表现在金融的财富管理或风险管理功能上。互联网金融实现了财富管理的大众化，这显然是对传统金融财富管理富人化观念的一种颠覆，使财富管理功能的内涵和外延得到极大的深化和延伸。第四，在金融其他功能的实现过程中，互联网金融要么降低了成本，要么扩展了内涵，要么提升了效率。

2. “二次脱媒”理论

一般认为，信息不对称、市场的不确定性以及由此引发的风险管理需求是金融中介存在的重要原因，也是金融中介理论形成的基础。① 然而，互联网金融所具有的特点正在侵蚀金融中介赖以存在的基础，从而使金融中介正在经历自资本市场“脱媒”以来的第二次“脱媒”。如果说资本市场是金融第一次“脱媒”的推手，那么互联网金融就是金融第二次“脱媒”的催化剂。正是基于这种理解，笔者始终认为，互联网金融是一种新的金融业态，即第三金融业态。

在互联网金融中，信息的不对称性有了更大的、根本性的改进。互联网平台具有信息发布及时、信息探索快速、强大的信息流整合能力以及对云数据的有效处理能力，在解决信息不对称方面，互联网金融与传统金融相比，向前迈出了根本性的一步。因此，传统金融中介存在的经济性和必要性受到了严重冲击，金融中介的组织形态亦将发生重要变化。可以预期，基于云数据的发掘和处理，可能是互联网金融时代新金融中介的重要形态，这或许是金融第二次“脱媒”的重要副产品。

在金融形态结构化演进过程中，资本市场对于商业银行而言，是金融的第一次“脱媒”，脱媒的重点在“资源配置”（即融资）功能上。这次“脱媒”推动了金融结构的变革，无疑是一次历史性跨越。之所以是历史性跨越，是因为金融的第一次“脱媒”推动了金融资源的自由流动和市场化配置，促进了金融体系风险定价机制的形成，完成了信息从“点对点”到“点对多”、“多对多”的转变，从信息封闭到信息公开的转型，实现了资金所有者由储蓄者到投资者角色的转换，

---

① Scholtens and Wensveen（2000）认为，价值增加应是金融中介理论的核心内容之一。

进而建立了财富增长的市场机制。

然而，由于信息技术等因素的约束，金融的第一次“脱媒”并不彻底。互联网平台的植入势必推动金融的“二次脱媒”。金融的第一次“脱媒”，从现象看，似乎是为了规避利率管制，但其实质是金融功能演变使然，是商业银行提供的金融服务满足不了资金持有者对高收益、高风险产品的需求。同样，互联网金融推动金融“二次脱媒”，虽然也可以找到绕开管制的某种痕迹，但其实质也是现行金融体系满足不了日益多样化的金融服务需求。

与金融的第一次“脱媒”主要是推动金融活动的市场化不同，互联网金融推动的金融“二次脱媒”主要是解决金融的效率和金融服务的结构性匹配问题。这里说的金融效率主要表现为灵活、快捷、低成本、相对安全和信息对称性。金融服务的结构性匹配主要是指金融服务的广泛性或普惠性问题。所有这些问题都是金融的第一次“脱媒”所没有解决或没有很好解决的问题。

3. 新信用理论

信用是金融的内核和基石，也是金融的生命线。信用风险是传统金融三大风险中的基础风险。如何评估信用等级，如何观测、缓释和对冲信用风险，在现行金融运行框架中已有相对成熟的理论、技术和方法。一般来说，在现行信用评级理论和方法中，信用的优劣、高低通常与企业的资产规模、财务状况、资金流量和个人的身份地位、收入水平、资产规模等有密切的关系，资产抵押或质押通常也是缓释风险的主要机制。在这里，信用与收入、财富、名誉、地位几乎是同义语。基于云数据的互联网金融，从根本上颠覆了传统金融关于信用的定义和观测信用的视角。

实际上，经济主体（企业和个人）的信用状况都要通过其经济行为特别是市场交易行为来体现。在金融活动中，金融交易行为是经济主体信用表现的最好检验。互联网平台所产生的云数据，客观地描述了相关交易主体的履约状况和信用水平，真实展现了他们的商业行为轨迹。基于对云数据的挖掘、整理、计算而形成的信用观测结果显然比传统金融对信用的“先验”评估要真实得多、准确得多、客观得多。阿里小贷的低不良率就是一个很好的例证。

所以，互联网金融通过云数据来观测实际交易行为的履约状况，进而判断相关经济主体的信用能力，显然大大推进了信用理论的内涵。如果说重财务指标、重资产指标等硬指标的信用理论是工业社会的信用理论，进而可称为传统信用理论，那么基于云数据大计算、侧重于观测实际交易行为轨迹的信用理论就是互联网时代的信用理论，进而也可称为新信用理论。新信用理论是互联网金融存在和发展的重要理论基石。

4. 普惠金融理论

2005年，联合国提出普惠金融（inclusive financial system）的理念，希望推动建立为社会各阶层所有成员提供公平、便捷、安全、低成本服务的金融体系。普惠金融的实质就是将需要金融服务的所有人纳入金融服务范围，让所有人得到适当的与其需求相匹配的金融服务。普惠金融理念应当是金融服务的最高准则，也是衡量一国金融体系公平性的最高标准。

中国金融体系经过多年的改革在诸多方面取得了巨大成就，但一些深层次的结构性问题仍然相当严重，其中金融服务的广度和深度存在明显的不足。有调查数据显示，在中国，大多数有信贷需求的家庭只能通过民间借贷来满足，四分之三的农村家庭借贷更是依赖于非正规的民间渠道。① 大多数小微企业难以从正规金融渠道获得贷款。在中国，金融体系的资金配置更多地倾向于大中型企业特别是国有企业，财富管理的重点主要在高收入群体，而针对数量众多且十分活跃的小微企业和中低收入阶层的金融服务被严重忽视。从这个意义上说，中国现行金融体系的本质是一种大企业金融和富人金融。金融服务的严重不平衡性，推动了社会贫富差距的扩大，背离了普惠金融的基本理念。

由于商业规则和运行平台的约束，传统金融难以实现普惠理念。互联网金融十分有效地弥补了传统金融的内在缺陷，它以互联网为平台，以信息整合和云数据计算为基础，开创了一个自由、灵活、便捷、高效、安全、低成本、不问地位高低、不计财富多少、人人可以参与的新金融运行结构。在这里，小微企业可以获得相应贷款，低收入群体可以享受财富管理带来的喜悦，消费者可以体验快捷支付带来的时间效率，需要资金周转的小微企业可以找到手持盈余资金但投资无门的投资者，虽然他们可能面临比传统金融更高的风险。这些被传统金融所忽视的企业、个人终于在互联网金融上获得了适当的金融服务。金融服务第一次摆脱了对身份、地位、名望、财富、收入的依赖，显然它是对普惠金融理念的践行，而这正是互联网金融具有强大生命力的源泉。

5. 从离散金融到连续金融

金融工具是金融服务的载体，传统金融本质上是离散金融。离散金融最显著的特征就是几乎所有金融工具的服务功能都是断裂的，或者说离散的，它们之间在功能上难以自动或不可能无成本地转换，金融服务或金融工具之间存在一条人

---

① 参见西南财经大学中国家庭金融调查与研究中心：《中国农村家庭金融发展报告（2014）》，成都，西南财经大学出版社，2014.

为的巨大沟壑，要跨越这一条条沟壑，消费者（即金融服务的需求者）必须付出不应该由他们付出的成本。这些成本是传统金融巨额利润的组成部分。这些沟壑的存在与传统金融的内在结构浑然一体。

传统金融为了防范风险，通常都会设立诸多条条框框，至于这些条条框框给客户带来了多大的效率损失或成本付出，通常不在其视野之中。在传统金融的运行框架内，为防范风险设立诸多条条框框当然无可非议，但当这些条条框框给社会带来的效率损失远超其所获取的利润时，就不得不反思其存在的经济性。所以，传统金融这种离散金融的服务特点不仅常让人有不便和僵化之感，还有某种置客户利益不顾而追求自身利益最大化的利己主义倾向。虽然金融要盈利，但金融的本质不是追求利润最大化。通过为社会提供恰当的金融服务，追求全社会的福祉和效率应是金融的最高境界。从这个意义上说，传统金融的确背离了金融的本质。

与传统金融不同，互联网金融是一种连续金融。互联网金融的所有工具创新都源于客户的需要而不是自身利润的需求。第三方支付、基于互联网金融平台的财富管理等显然都有这些特点。互联网金融的工具可以自由、通畅地转换，没有障碍，没有沟壑，甚至没有成本，这就是为什么互联网金融在中国有广阔发展前景的原因。连续金融的服务是无缝隙的，工具是自动转换的，体现了互联网精神，即以客户为本、为客户创造价值、为客户提供便利，进而为社会带来效率。当然，这不是说互联网金融不需要利润，而是说这种利润的获取是以客户价值的提升为前提的，这与金融的本质是匹配的。互联网金融的这种理论和精神代表的是金融的未来。

0.5 互联网金融的风险特点

分析、了解互联网金融的风险，是制定互联网金融监管准则的前提，也是提高监管有效性的重要基础。互联网金融作为互联网与金融之间跨界融合的产物，虽然其形态发生了重大变异，但本质仍是金融，这就如同汽车和马车都是交通工具一样，虽然它们的外部形态已完全不同。所以，互联网金融存在着与商业银行类似的操作风险、技术风险、信用风险、政策风险和流动性风险等，也存在与资本市场相似的透明度风险。不同的是，由于互联网金融的运行平台和运行结构发生了根本性变化，其业务形态较现行金融存在“基因”上的差异，故风险的形式亦有自己的特点。互联网金融的风险因其形态或业务线的不同而有所不同。

本书第一部分对互联网金融的形态或业务线做了如下四个部分的划分：①第三方支付；②网络融资；③网络投资；④网络货币。除网络货币本书暂不涉及外，前三种形态所隐含的风险实际上有较大差异，这些风险共同构成了现实的、多样化的、复合性的互联网金融风险类型。

1. 第三方支付

支付是金融的基础功能，第三方支付是互联网金融中最具核心竞争力的功能，也是对传统金融最具挑战性的功能。人们通常说的互联网金融对传统金融具有颠覆性作用，通常都是指互联网金融的第三方支付功能。

互联网金融中的第三方支付，按照使用终端形态的不同，通常又分为互联网支付和移动支付。互联网支付基于个人电脑（PC）终端，移动支付基于手机和平板电脑移动终端。随着移动终端的不断普及，移动支付正在成为第三方支付的发展趋势。无论是互联网支付还是移动支付，第三方支付都存在技术风险和操作风险，这一点与传统金融的卡支付所存在的风险类似。第三方支付存在的技术风险主要是指所信赖的信息系统的技术安全和技术容量、黑客攻击、账户资金被盗等。这里所说的操作风险是指支付人的操作失误。从已有的实践和案例看，不能得出第三方支付所存在的技术风险和操作风险比传统金融高的结论，但如何提高第三方支付的技术保证，增厚其技术“盾牌”，改善操作上的灵活性、便捷性和安全性，仍是互联网金融防范风险的重要内容。

2. 网络融资

互联网金融概念中的网络融资是指以互联网为平台的融资。本书定义的网络融资主要有三种形式：一是基于平台客户信息和云数据的网络贷款，基本形式是对小微企业贷款和消费贷款。二是基于 P2P 平台的借贷。P2P 是连接投资者和融资者的平台，通过这个平台实现个人对个人的借贷，也有个人对企业的借贷。三是众筹模式，主要利用互联网让小企业或个人展示创意或创业项目，以获取外部资金支持。众筹模式通常有债权式众筹和股权式众筹等形式。[①]

互联网金融中基于平台客户信息和云数据的网络贷款与传统金融的贷款一样，也存在信用风险。不同的是，这种不进行实地面对面征信的网络贷款是以平台客户信息和云数据为基础的，侧重于贷款人的行为数据而不是先验的资质条件。从已有的相关数据看，基于云数据的网络贷款不良率与商业银行贷款不良率相比，前者似乎更低。

---

① 参见蚂蚁金服：《基于互联网的普惠金融实践》，2012 - 09 - 23。

P2P平台融资的风险主要表现在三个方面：一是借款人的信息披露是否充分，这是P2P最大的风险源；二是缺乏有效的、可持续的风险对冲机制，不存在类似于商业银行的贷款风险拨备机制，一旦出现借款人较大规模的违约，就有可能出现“跑路”现象；三是政策边界风险。从形式上看，P2P融资模式离非法集资只差一步，如果存在“资金池”，则可能出现严重的政策法律风险。

3. 网络投资

网络投资主要有两种形式：一是P2P、众筹模式的资金提供者，其投资收益表现为利息、项目或产品回报、股权等。二是网上货币市场基金，如余额宝。从已有数据看，其收益率明显高于商业银行活期储蓄，甚至高于商业银行定期储蓄利率。它与互联网金融的支付体系有自动衔接的功能。

对P2P贷款的投资风险，主要源于借款人的信息披露是否充分、企业或项目的经营状态以及风险对冲机制是否具备。众筹模式的投资风险主要集中在项目或产品是否盈利或是否有良好的市场预期。投资于网上货币市场基金的风险，主要是流动性风险，但由于其基础资产主要是同业存款和流动性较好的货币市场产品，所以风险一般很低。但是，如果这种投资产品与支付工具是自动转换的，则在支付脉冲高峰期（如每年“双十一”时期），不排除存在流动性风险的可能性。

综上分析，我们可以得出如下初步判断：一是互联网金融本质上仍是金融，其不同形态所隐含的风险与现有商业银行和资本市场等隐含的风险类似；二是互联网金融是一种基于“二次脱媒”后的新金融业态，其风险源发生了某种转型或变异，导致风险类型更加复合。

概括而言，第三方支付中的技术风险更加敏感，脉冲式风险更加突出；网络贷款和与此对应的网络投资中的信用风险同时叠加了透明度风险，或者说这种信用风险的生成源是透明度风险。敏感度很高的技术风险和作为风险生成源的透明度风险，可能是互联网金融中最值得关注的风险，而如何构建适当的风险对冲机制，保持互联网金融融资功能的可持续性，是互联网金融未来面临的一大难题。

0.6 互联网金融的监管准则

理清风险类型和风险源的重要目的之一是制定相应的监管准则。无论是商业银行还是资本市场，其所确立的监管准则的本质都是试图对冲潜在的风险。商业银行存款准备金制度试图对冲货币的无限创造所带来的信用的无边际扩张。资金充足率标准所要对冲的风险主要是试图收缩不良资产率上升引发的金融外部负效应。存贷比的限定是商业银行资产规模和结构流动性安全的重要阀门。拨备覆盖是商业银行资产风险的事后补偿机制。透明度则是资本市场“三公”原则实现的基石。由此可见，无论是第一金融业态的商业银行，还是第二金融业态的资本市场，为了维持运行的常态化，各自均基于自身的风险特点，制定了一套与其风险结构相匹配的监管准则。作为第三金融业态的互联网金融，必须找到并制定与其风险结构相匹配并能有效约束或对冲风险的监管准则。显然，互联网金融的这套监管准则与商业银行的监管准则有较大差异，也与资本市场的监管准则有所不同。

那么，互联网金融的监管准则是什么呢？

互联网金融监管准则的“基石”标准或核心标准是透明度，外置标准或进入标准是平台技术安全等级，其目的主要是保证互联网金融体系内资金的安全、信息的真实和运行的有序。

从业务线形态看，互联网金融与商业银行的功能相似。从“基因”匹配性看，互联网金融与资本市场更接近。互联网金融的“二次脱媒”更多地指向商业银行，或者说互联网金融主要是继资本市场之后对商业银行的“再脱媒”，而对资本市场的“脱媒”作用相对较弱，仅限于资本市场交易环节的“脱媒”而已。正因为对商业银行和资本市场的这种“二次脱媒”的差异，互联网金融的风险“基因”与资本市场更为相近，这就是为什么互联网金融的监管准则从形式上更接近于资本市场的原因所在。

资本市场的“基石”监管准则所要求的透明度，更多地强调上市公司的信息披露。与此不同，互联网金融所要求的透明度更多地指向借款人的信息透明度，而这正是所有互联网平台的核心职责所在，也是互联网金融有序运行最重要的基础。

技术安全是互联网金融的另一条生命线。如果说借款人足够的信息透明度是互联网金融存在和发展的内核，那么技术优势和技术安全则是互联网金融有序运行的外部保障。所以，对互联网平台的技术等级要求，显然也是制定互联网金融监管的重要标准。

0.7 互联网金融的替代边界

互联网金融的发展趋势不可逆转，其具有的云数据、低成本、信息流整合、快捷高效率的特性，无疑会对传统金融业态特别是 ROE 较高的银行业带来严重挑战。但是，我们应当清晰而客观地看到，这种挑战有的是带有颠覆性的、此长彼消式的竞争，具有替代性趋势；有的是相互促进式的竞争，彼此难以替代。互联网金融与传统金融特别是商业银行的相互竞争，客观上会推动金融结构的变革与金融功能效率的提升，拓展金融服务的范围，推动金融产品的创新。

总体而言，互联网金融将在支付功能上具有明显的优势；在资源配置或融资领域，基于平台客户信息和云数据的网络贷款特别是小微贷款，亦具有较明显优势；P2P、众筹等模式由于满足了传统金融难以企及的客户群（即所谓的长尾客户）的融资需求，使金融服务的普惠性和结构化得到大幅提升，因而亦有较大空间；对于非个性化资产管理，虽然受到感知、认同在某种程度上的约束，但仍有一定的生存空间。在这些领域，互联网金融会在不同程度上挤压传统金融特别是商业银行的生长空间。面对这种蚕食式的竞争，传统金融特别是商业银行必须调整策略，广泛运用互联网技术，加快改革和创新，进而推动银行业的技术进步，加快互联网与金融的全面融合。

与互联网金融一样，商业银行显然有自身的比较优势，如个性化服务、高度的专业性、较高的感知价值、对冲风险的能力、雄厚的资本实力以及对线下大客户的垄断等。这些比较优势使传统金融特别是商业银行在大额贷款、个性化财富管理、投资咨询、资源储备等方面具有难以替代的优势，而资本市场在财富管理、资产证券化等领域的地位则难以撼动。

在互联网金融的渗透、竞争和撞击下，中国金融将呈现如下基本趋势：现行金融模式和运行结构将产生巨大的变革，金融功能的效率将大大提高，金融服务的结构化功能将不断完善，金融将从大企业金融、富人金融向普惠型金融转型。

参考文献

[1] 金磷．史上最有深度互联网金融研报——互联网金融．百度文库，2013

[2] 刘积仁，史蒂夫·佩珀马斯特．融合时代．北京：中信出版社，2013

[3] 吴晓求．中国金融的深度变革与互联网金融．财贸经济，2014（1）

[4] 谢平，邹传伟．互联网金融模式研究．金融研究，2012（12）

[5] 蚂蚁金服．基于互联网的普惠金融实践，2012-09-23

[6] 西南财经大学中国家庭金融调查与研究中心．中国农村家庭金融发展报告（2014）．成都：西南财经大学出版社，2014

[7] 兹维·博迪等．金融学．北京：中国人民大学出版社，2013

[8] 克莱·舍基．人人时代．北京：中国人民大学出版社，2012

第1章　互联网与信息社会：基本定律与大趋势

摘　要

信息技术带来的信息社会变革已经深刻影响到人类社会生活的方方面面，其中互联网带来的巨大推动力已逐步深入到金融市场体系的众多领域。在此背景下，本章对互联网引领下的信息技术发展与应运而生的商业革命进行了较为系统的回顾。在简要回顾了互联网的硬件基础——电子计算机的发展之后，我们概括性地将互联网的历史发展分为了三大阶段：第一阶段为20世纪60年代，以“ARPANET”的提出标志着互联网的起源；第二阶段为20世纪70年代，网络的诞生在科学界掀起了一阵浪潮，导致了以CSNET、USENET等为代表的大量新网络的推广与应用；第三阶段自20世纪90年代起，随着“互联网之父”蒂姆·伯纳斯·李提出了“万维网”以及浏览器“马赛克”（Mosaic）的研发成功，互联网得到了迅速普及。在回顾历史的基础上，我们指出了互联网催生出的网络经济发展的三大基本定律以及网络经济对传统经济带来的冲击和机遇。接着，我们从宏观层面分析了网络新技术为社会带来的巨大变革，并从互联网带动下的经济形态及商业模式的变革、经济全球化进程的加速、人类生活行为模式变革三大切入点进行了深入的阐释与分析。最后，在大数据全面来临的时代背景下，我们对互联网构造的无边界平台的巨大影响做出了具体分析，同时对在此基础上信息流的全局整合及大数据的全面爆发为当前带来的无限财富与机遇做出了阐释与探讨，并提出了金融市场面临大数据时代的挑战和准备。

1.1 互联网引领下的信息技术与商业革命

1.1.1 互联网发展简史

1. 电子计算机的形成与发展

1946 年 2 月，在美国宾夕法尼亚大学的莫尔电机学院诞生了世界上第一台电子计算机 ENIAC，其全称为 Electronic Numerical Integrator And Computer，即电子数字积分计算机。这个庞然大物长 50 英尺（1 英尺＝0.305 米），宽 30 英尺，占地面积约 1 500 平方英尺，重达 30 吨（约一间半教室大，六头大象的重量），每秒钟可做 5 000 次加法运算。它的产生让整个美国乃至全世界都为之振奋。

如图 1—1 所示，这是世界上第一台电子计算机 ENIAC 和它的主要制造者。图中左数第二位是当时年仅 36 岁的美国物理学家莫奇利（J. W. Mauchly），左数第三位是年仅 24 岁的物理学家埃克特（J. P. Eckert）。

图 1—1 第一台计算机的研制成功

资料来源：http：//www. techcn. com. cn/index. php? doc-view-113483. html。

ENIAC 的研制想法产生于第二次世界大战期间，当时美国军方开始大力发展新式武器，在研制过程中，炮弹弹道问题的研究要经过许多复杂的计算过程。依靠以前的计算工具已远远不能满足要求，急需一种自动快速完成计算过程的机器。因此，美国军方拨款大力支持，成立了以莫奇利、埃克特为首，以美国第一颗原子弹研制参与者冯·诺依曼（John von Neumann）为顾问的研制小组，进而实现了计算机的顺利问世。表 1—1 中给出了 ENIAC 与同时期机电式计算机 MARK-Ⅰ、MARK-Ⅱ、MARK-Ⅴ的计算速度比较，可以看出 ENIAC 的计算能力远高出同期的其他计算机。

表 1—1　　ENIAC 与同时期机电式计算机的运算速度比较

机器名	制造日期	运算速度（ms）	
		加法	乘法
MARK-Ⅰ	1944 年	300	5 700
MARK-Ⅱ	1947 年	200	700
MARK-Ⅴ	1947 年	300	1 000
ENIAC	1946 年	0.2	0.8

资料来源：李彦：《IT 通史：计算机技术发展与计算机企业商战风云》，北京，清华大学出版社，2005。

自第一台计算机问世之后，越来越多的高性能计算机被研制出来。纵观计算机的发展，它已从第一代计算机逐步发展到第四代计算机，并继续迈向第五代、第六代智能计算机。表 1—2 中清晰地给出了四代电子计算机发展特点的对比。

（1）第一代电子计算机。第一代电子计算机的代表阶段为 1946—1958 年。这一时期的计算机也称电子管计算机，其体积庞大、运算速度较低、存储量小、价格昂贵，主要用于科学计算，因此其使用领域主要涉及科研单位和重要部门。

（2）第二代电子计算机。第二代电子计算机的代表阶段为 1958—1965 年。这一时期的计算机也称晶体管计算机，其运算速度比第一代计算机的运算速度提高了近百倍，体积却减小为原来的几十分之一。在软件方面也开始使用计算机算法语言。这一时期的计算机不仅用于科学计算，还用于数据处理和事务处理及工业控制。

（3）第三代电子计算机。第三代电子计算机的代表阶段为 1965—1970 年。这一时期的计算机也称中小规模集成电路计算机，操作系统就是在这一时期出现的，此阶段的计算机功能越来越强、应用越来越广。其已被拓展用于文字处理、企业管理、自动控制等领域，计算机已逐步在商业领域凸显出重要的作用和地位。

（4）第四代电子计算机。第四代电子计算机的代表阶段为 1970 年至今。这一时期的计算机也称大规模、超大规模集成电路计算机，伴随着微处理器的产生，微型计算机逐步走入人们生活，计算机被用于人类社会生产生活的各个领域，成为人类生活中不可缺少的一个重要部分。

表 1—2　　四阶段电子计算机特点比较

代别	起止年份	硬件特征	软件发展状况	应用领域	主流产品
第一代计算机	1946—1958 年	电子管	机器语言和汇编语言	科学计算	IBM-700 系列
第二代计算机	1958—1965 年	晶体管	高级语言（编译程序）管理，简单的操作系统	科学计算、数据处理、事务管理	IBM-7000 系列
第三代计算机	1965—1970 年	中小规模集成电路	功能较强的操作系统，高级语言，结构化、模块化的程序设计	系列化远程终端、向社会各部门推广和普及	IBM-System/360
第四代计算机	1970 年至今	大规模、超大规模集成电路	操作系统进一步完善，数据库系统，网络软件	网络、分布式计算机、人工智能迅速推广	IBM-3090 系列

计算机在我国的发展相比美国而言，起步要晚，但发展速度却十分惊人。1958 年，中科院计算所研制成功我国第一台小型电子管通用计算机 103 机（八一型），标志着我国第一台电子计算机的诞生。1983 年，国防科技大学研制成功运算速度每秒上亿次的银河—Ⅰ巨型机，这是我国高速计算机研制的一个重要里程碑。总之，近几十年来，电子计算机的发展迅速，不仅广泛应用于科研部门、商业领域等，同时电子计算机已走进千家万户。

据统计，自 1998 年 2 月至 2013 年 9 月约 15 年间，仅电子计算机整机月产量就实现了 1 936 000 倍的增长。图 1—2 显示了自 2009 年 2 月—2013 年 9 月每月电子计算机的整机产量。

2. 互联网发展起源

从一定意义上讲，互联网是苏美冷战的产物。20 世纪 60 年代，美国国防部为防止唯一的军事指挥中心被苏联攻击，开始建立分散的指挥系统，而分散的指挥点之间需要通过某种通信网联系。

1967 年 10 月，美国科学家拉里·罗伯茨（Larry Roberts）和鲍勃·泰勒（Bob Taylor）第一次提出了"ARPANET"，即"阿帕网"，ARPANET 是全球互联网的始祖。

1969 年 11 月，美国国防部高级研究计划管理局（Advanced Research Pro-

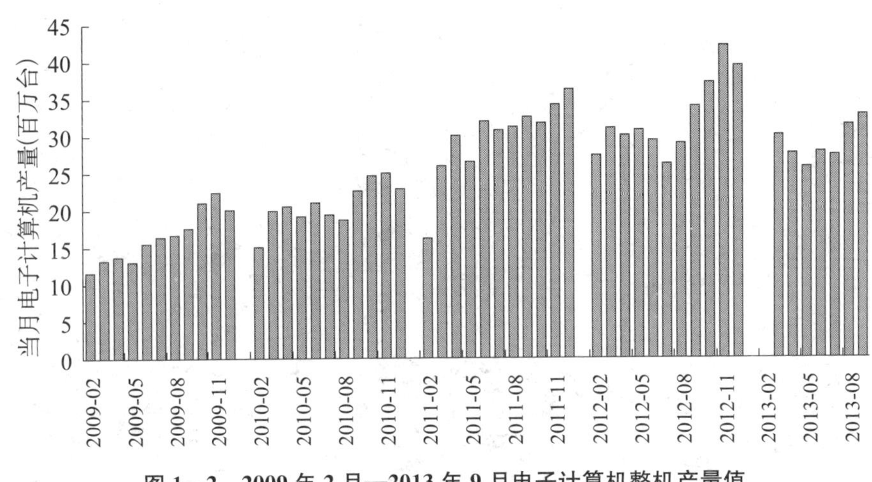

图 1—2 2009 年 2 月—2013 年 9 月电子计算机整机产量值

资料来源：中华人民共和国国家统计局月度数据统计。

jects Agency，ARPA）开始建立 ARPANET。但初期，只是由西海岸 4 个结点构成：第一个结点选在加州大学洛杉矶分校（University of California at Los Angeles，UCLA），因为罗伯茨以前在麻省理工学院（Massachusetts Institute of Technology，MIT）的同事克莱因罗克教授就在该校主持网络研究；第二个结点选在斯坦福研究院（SRI），那里有道格拉斯·恩戈巴特（D. Engelbart）等一批网络先驱人物；第三个、第四个结点为加州大学圣塔芭芭拉分校（UCSB）和犹他州的犹他大学（The University of Utah），这两所大学有电脑绘图研究方面的专家。

如图 1—3 所示，ARPANET 不断壮大，1970 年已经初具雏形，并开始向非军方部门和许多大学及商业领域开放。直至 1977 年，ARPANET 的主机已由最初位于西海岸的 4 台主机发展至全美国上百台主机的规模。

3. 互联网在科学界的推广与运用

随着 ARPANET 的出现和发展，自 1970 年起，开始出现了大量新的网络，包括计算机科学研究网络（Computer Science Research Network，CSNET）、因时网（Because It's Time Network，BITNET）、新闻讨论组网络（User's Network，USENET）和美国国家科学基金网络（National Science Foundation Network，NSFNET）。[①]

---

① 参见李彦：《IT 通史：计算机技术发展与计算机企业商战风云》，北京，清华大学出版社，2005。

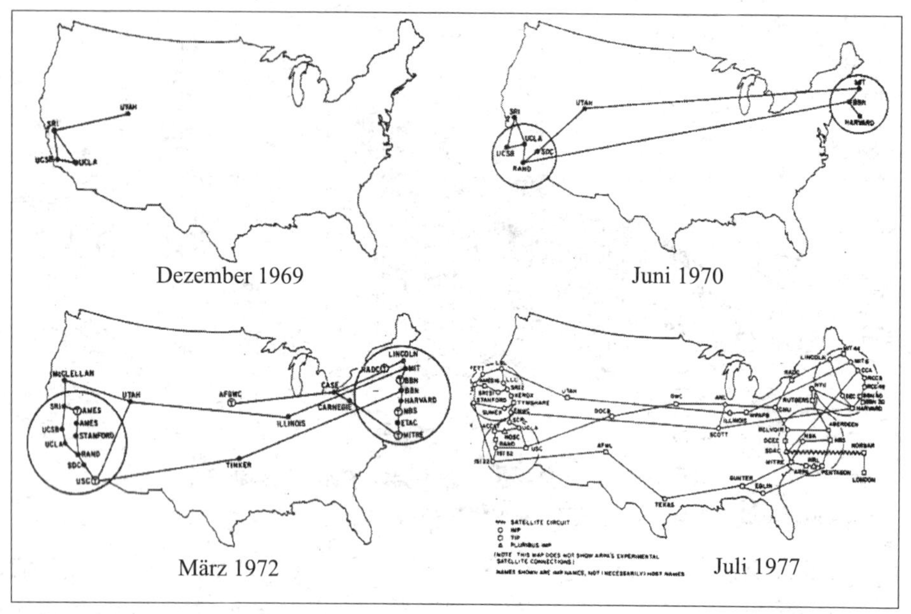

图 1—3　1969—1977 年 ARPANET 节点分布发展图

资料来源：http：//jeromeabel. net/files/ressources/retour-a-la-matiere/05. reseaux/large/04-arpanet_1969. png。

（1）CSNET。1979 年，威克森大学的拉里·兰德韦伯（Lary Landweber）教授提议为计算机科学家创建一个网络，供计算机研究人员之间互传信息。同年，他组织来自威克森大学、特拉华州大学和普渡大学等大学以及 ARPA、NSF 的一些学者共聚一堂，召开了建立计算机科学研究网络（CSNET）的发起大会，并用两年时间（即在 1981 年）完成了 CSNET 的建成和投入使用。1983 年，CSNET 和 ARPANET 实现了互联。

（2）BITNET。BITNET 是大学网，起源于 1981 年纽约市立大学和耶鲁大学 IBM 主机间的互联。此后，BITNET 在美国的各个大学校园里不断扩展。该网络不仅提供电子邮件文件服务，还提供了一些独特的服务（如列表服务等），从而大大促进了美国各个高校间信息（即资源）的交流和互通。

（3）USENET。USENET 被称为“穷人的 ARPA 网”，因为它是由一群研究生创建和使用的。相对于建造 ARPA 网的美国国防部等部门来说，这些研究生一穷二白，但有着无穷的智慧和创新。这种用户新闻组满足了大学学生用来发新闻、交流学习经验、互通信息等要求。直至 1984 年，USENET 与 ARPA 网连在了一起，其访问人数得以剧增，发展至今势头仍很强劲。从表 1—3 即可看出用户新闻网 USENET 的发展进程。

表 1—3　　1979—1988 年 USENET 的使用规模

时间	1979	1980	1981	1982	1983	1984	1985	1986	1987	1988
站点数目（个）	3	15	150	400	600	900	1 300	2 200	5 200	7 800
文章（篇/天）	2	10	20	50	120	225	225	946	957	1 933

资料来源：李彦：《IT 通史：计算机技术发展与计算机企业商战风云》，北京，清华大学出版社，2005。

（4）NSFNET。1986 年，美国国家科学基金会（National Science Foundation，NSF）利用 ARPA 网发展出来的 IP 通信，在 5 个科研教育服务超级电脑中心的基础上建立了 NSFNET 广域网，实现了资源的共享与互联。NSFNET 分三级层次，由主干网、地区网和校园网组成。各个大学主机可连接到本校校园网，校园网就近连接到地区网，地区网又连接到主干网，主干网再通过高速通信线路与 ARPANET 连接。在 NSF 的鼓励和资助下，许多高校、政府资助的研究机构甚至私营的研究机构纷纷把自身的局域网加入到 NSFNET 广域网中。伴随着 NSF 在全美国建立起按地区划分的计算机广域网并将这些地区网络和超级计算机中心互联起来，NSFNET 逐步替代了网络之父 ARPANET，并于 1990 年 6 月彻底取代 ARPANET 成为了 Internet 主干网之一，ARPANET 至此退出了历史舞台。1991 年，Internet 协会（CIEA）宣布可以把 Internet 子网用于任何一个商业用户，CIEA 的成立标志着 Internet 发展史上一个新的飞跃。

自 20 世纪 60 年代至今，互联网的飞速发展带动了商业的变革，促成了一大批基于电子计算机及互联网业务的公司诞生和发展。

互联网的出现促使许多热衷并擅长电子计算机及互联网领域的科学家、研究者走上了创业的道路。在此时期，诞生了一大批世界一流的公司，典型代表为 Microsoft（微软）公司、Intel（英特尔）公司及 Cisco（思科）公司。

比尔·盖茨创建的软件业帝国——Microsoft 公司，是全世界最大的软件公司，同时还是新技术变革的领导者。微软依靠在微机操作系统中的统治地位，把握住了计算机裸机与用户操作使用之间的咽喉，形成了强大的垄断局面，缔造出了软件业的罗马帝国。

在 1968 年的硅谷，戈登·摩尔（Gordon Moore）和罗伯特·诺伊斯（Robert Noyce）创建了世界著名的处理器制造商——Intel 公司。Intel 赶上了个人电脑革命的浪潮，并且把握住了微软这个强势的伙伴。Intel 凭借其迅速的技术研发与创新能力，领导着计算机处理器的技术革命，形成了计算机处理器市场的垄断局面。

世界上最大的设备制造公司——Cisco 公司，其创建者是斯坦福大学的一对教师夫妇奥纳多·波萨克（Leonard Bosack）和桑迪·勒纳（Sandy Lerner），两人创造的支持各种网络服务器和协议的“多协议路由器”成为日后 Cisco 公司赖以生存的主要产品之一。Cisco 公司凭借其市场产品定位的优势和鼓励员工创业的特殊文化氛围，保持了高速的发展势头，稳坐网络设备提供商的头把交椅。

互联网的发展，不仅带动了一个新兴产业的出现和发展，给一大批关注电子计算机和互联网发展的人才创造了无穷无尽的财富；而且弱化了地域差异，实现了跨地域、跨领域乃至跨国界的信息资源的共享与整合。在这个阶段，互联网拓宽了信息沟通的边界，打破了地域及领域的局限。但是，如果因此就得出互联网改变了人们生活的结论，仍有些为时尚早。

4. 互联网的社会性普及

1991 年，欧洲粒子物理研究所（European Organization for Nuclear Research，CERN）的蒂姆·伯纳斯·李（Tim Berners-Lee）开发出了万维网（World Wide Web，WWW）及浏览器软件，并将自己的发明无私地奉献给了全世界。万维网是历史上影响最深远、最广泛的传播媒介，它实现了人类以史无前例的巨大规模相互交流，深深改变了人类的生活面貌。因此，万维网的发明者蒂姆·伯纳斯·李被称为“互联网之父”。

1993 年，伊利诺伊大学美国国家超级计算机应用中心的学生马克·安德鲁森（Mark Andreesen）等人开发出了真正的浏览器“马赛克”（Mosaic），后被作为 Netscape Navigator（网景导航者）推向市场。此后，互联网获得了爆炸性的普及。

互联网的爆炸性普及，使得网络逐步进入了普通百姓的家中。根据 iResearch（艾瑞咨询）整理 eMarketer 的数据发现（见图 1—4），2008 年美国互联网的网民规模为 20 320 万人，网民普及率为 66.8%。2009 年的网民规模达到了 21 170 万人，网民普及率达到 68.9%。预计 2014 年，美国网民的普及率将会高达 77.8%。相比而言，美国互联网的发展水平远高于中国。

据 CNNIC 中国互联网络发展状况统计调查结果显示，自 2009 年 12 月至 2013 年 6 月，中国互联网的普及率上升了 15.2%，网民的规模增加了 20 656 万人，虽然在整体上仍与美国相差一定距离，但其普及十分迅速（见图 1—5）。正是看到这种必然的趋势，自 20 世纪 90 年代以来，诞生了一系列改变了传统商业模式、改变了人们生活模式的公司，它们的出现和发展对社会的变革产生了深远的影响。

在科技工业史乃至整个工业史上，能超过微软发展速度并超越其影响的公司

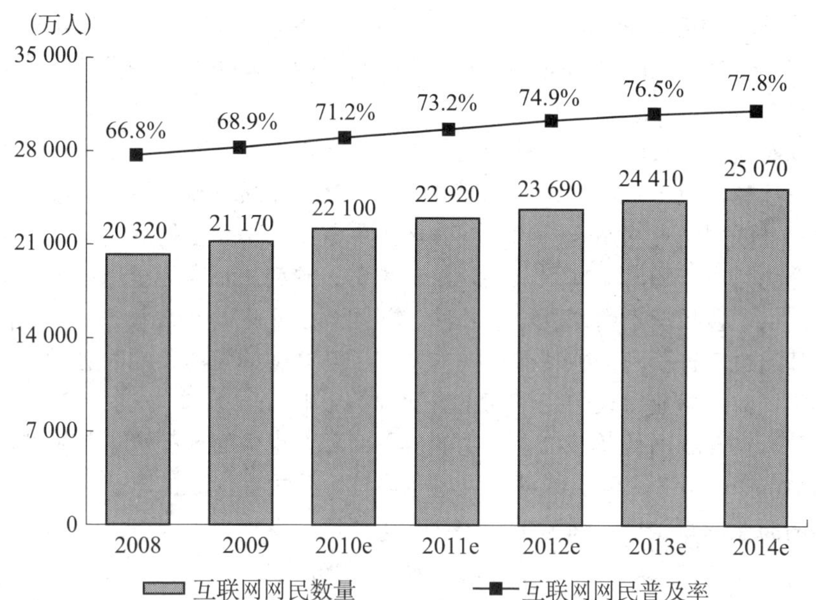

图 1—4　2008—2014 年美国互联网的网民规模增长历史及预期状况

说明：互联网网民是指每月至少上网一次的用户（上网地点不限）。

资料来源：eMarketer，2010。

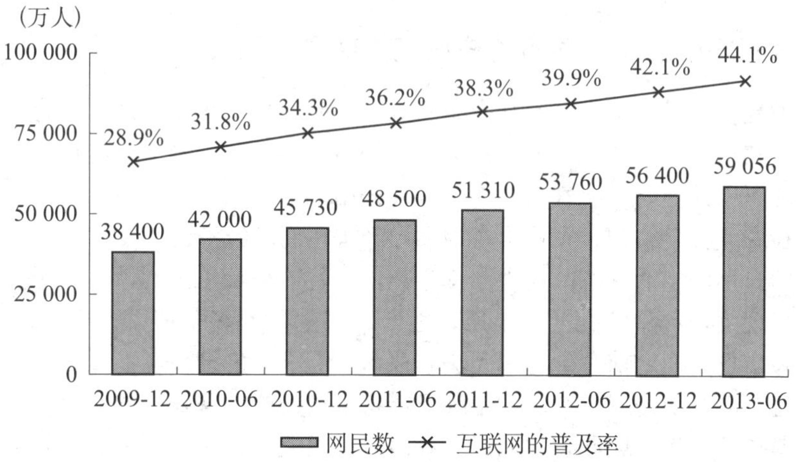

图 1—5　2009 年 12 月—2013 年 6 月中国网民的规模和互联网的普及率

资料来源：CNNIC 中国互联网络发展状况统计调查。

屈指可数，但 Netscape（网景）公司就是这样的公司之一。其创建者正是开发出“Mosaic”马赛克浏览器的马克·安德鲁森。网景公司创造的网页浏览器曾一度扼住计算机与互联网连接的咽喉，市场占有率居主导地位，使用率曾高达90%。但在后来与微软的浏览器之争中，败给了微软操作系统捆绑免费浏览器的竞争策略。①

说到对当今互联网模式贡献最大的人，不得不提及Yahoo（雅虎）公司的创始人杨致远和大卫·费罗（David Filo），他们对世界的贡献远不止是创建了世界上最大的互联网门户网站——Yahoo公司。更重要的是，他们制定了互联网这个行业至今仍然遵守的游戏规则——开放、免费、盈利。雅虎为全球超过5亿的独立用户提供了包括搜索引擎、电子邮件、新闻等多元化的网络服务。其提供免费服务，却通过广告获利的独特盈利模式开创了互联网的先河，同时刺激了电子商务的诞生，对于商业模式的变革产生了深远的影响。

此外，在互联网普及基础上产生的电子商务，也极大地颠覆了传统的商业模式。以Amazon（亚马逊）和eBay（电子港湾）公司为代表的电子商务公司开拓了互联网商业的新领域，缔造了一个又一个奇迹。

总之，互联网发展与全球信息化进程、新兴产业及公司的出现、商业模式的变革有着密不可分的关系。一方面，全球信息化、产业及公司的发展甚至整个商业模式的变革都进一步加速了互联网技术的更新换代；另一方面，电子计算机与互联网的发展催生了社会众多领域的变革，对人类社会的生产生活方式都产生了深远的影响。

1.1.2 互联网发展带动网络信息流的变更与融合

人类社会的生产生活离不开商品的流通。而商品流通中，最核心的部分为物流、商流和信息流。伴随着人类社会生产的不断进步，物流、商流和信息流在人类发展的不同社会时期起着不一样的社会作用。

早在农业社会时期，农业生产为主导经济，商品经济仍不发达，人们基本上处在自给自足的生活状态。当生产者生产的产品在满足自身消费并有剩余之后，才开始出现生产产品的交换。早期，生产者将生产的多余产品拿到市场进行交换，但在市场交换之前，生产者无法获取市场需求的信息，也不可能先与商品需求者签订商品买卖协议作为保证。其只能将生产的产品拿到市场上销售，通过这样的渠道进行买卖。因此，我们可以看出，在农业社会时期，商品的流通不是以商流为主导，更无法以信息流为主导，而是以生产者先将商品搬运到市场再决定是否实现交易的物流形式为主导。也就是说，先产生了物流，才促进了商流和信

① 参见吴军：《浪潮之巅》，北京，电子工业出版社，2011。

息流的发生，因此整个农业社会是以物流为主导的。

当人类进入工业社会，商品经济已经十分发达。生产者为了保证产品有效地销售出去，需要在生产前签订商品销售协议。因此，生产者的生产行为是以交换为目的的，在这个过程中，商流起着决定性的作用。与此同时，信息流也起着很大的作用，信息流的出现指导了产品的去向，主导了商流的流通方向。然而，在工业时期，信息化程度的欠发达决定了信息流的局限性，同时商流的出现带动了物流的发展，但两者可以分开，因此工业社会时期是以商流为主导的。

进入信息社会，信息技术和信息传播得到了广泛的发展，信息流逐渐凸显其重要的地位，成为了信息社会时期的主导流。在商品经济交换中，信息流成为了先导，决定着交易方向和交易对象。通过互联网平台跨时间、跨地域的巨大优势，信息的沟通十分便利，导致信息和资源的共享普遍存在，而生产者通过充分挖掘商机，主导了商品的交易，使得成交率大大提升，因此信息流决定了商流。同时，互联网的出现降低了交易成本，从另一个角度也促进了商流的发展。此外，信息流对物流的支配作用也在不断加大，而信息技术的提升也为以商品运输为主导的物流提供了更经济、更便捷、更科学的路线与途径。所以说，信息技术的发展与革命，不仅促进了商流、物流的发展，同时也决定了信息流在信息社会中的主导地位。

1.1.3 互联网催生网络经济的发展与运用

20 世纪 90 年代，美国等发达国家凭借其信息技术的高速发展，率先进入了网络经济时代。网络经济是一个全新的概念，是指一种建立在计算机网络（特别是 Internet）基础之上，以现代信息技术为核心，进行资源的分配、生产和消费的新经济形态。

信息技术和网络技术的飞快发展，之所以能够迅速地渗透到经济各个领域，使网络经济能够迅速渗透到传统经济领域中来，是因为在信息网络的发展过程中，有些规律起着重要的支配作用。

1. 网络经济学经典定律

（1）摩尔定律。1965 年，Intel 公司的创始人戈登·摩尔（Gordon Moore）提出了一条揭示信息技术进步速度的定律——摩尔定律（Moore's Law）。该定律的内容为：当价格不变时，集成电路上可容纳的晶体管数目，约每隔 18 个月便会增加一倍，性能也将提升一倍，而成本却会成比例的递减。换言之，每一美元所能买到的电脑性能，将每隔 18 个月翻两倍以上。

摩尔定律的提出得到了信息技术各个领域的广泛验证。在电子计算机计算速度领域，1946 年，世界上第一台电子计算机 ENIAC 的计算速度为一秒内完成 5 000次定点加减法运算。今天，使用 Intel 酷睿的个人电脑的计算速度为每秒 500 亿次浮点运算，至少是 ENIAC 的一千万倍。截至 2007 年 6 月，世界上最快的计算机 IBM 蓝色基因（BlueGene/L），速度高达每秒 367 万亿次浮点运算，是 ENIAC 的 734 亿倍，恰好满足每 20 个月翻一番，与摩尔定律的预测大致相同。此外，在芯片存储容量、网络传播速度等方面都能验证摩尔定律的正确性。[①]

如图 1—6 所示，图中直线表示了摩尔定律预测的微处理器晶体管数量的增长趋势，而每一个点表示自 1971 年至 2011 年，Intel 公司和 AMD 公司新开发的微处理器中的晶体管数量。我们可以明显地观察到，其晶体管数量基本符合摩尔定律的预测，这再一次印证了摩尔定律的正确性。这一定律的提出引起了社会的巨大反响。

此后，基于摩尔定律的理论，摩尔又提出了摩尔第二理论和反摩尔理论，揭示了 IT 产业中成本、营业额发展的内在规律。1995 年，摩尔在国际光学工程协会的一次会议上指出，从经济和成本的角度考虑，摩尔定律关于制造成本同比下降的假说可能会失效；相反，制造芯片的成本会不断增加，资本投入正以比收入快得多的速度增加。此后，业界将摩尔对芯片成本趋势的预测称为“摩尔第二定律”。此外，Google（谷歌）的 CEO 施密特（Eric Emerson Schmidt）曾指出：如果你反过来看摩尔定律，如果一个 IT 公司今天和 18 个月前卖掉同样多、同样的产品，那么它的营业额就要降低一半，业界把其提出的这一定律称为“反摩尔定律”。反摩尔定律揭示着 IT 行业竞争的剧烈和不易，同时也有如 Sun（太阳）公司的诸多 IT 公司受反摩尔定律的影响逐步脱离整个行业。但从积极的角度考虑，反摩尔定律促成了科技领域质的进步，也为新兴公司提供了生存和发展的可能。

（2）梅特卡夫定律。梅特卡夫定律（Metcalfe's Law）常与摩尔定律相提并论，如果说摩尔定律是信息科学的发展规律，那么梅特卡夫定律就是网络技术的发展规律。

梅特卡夫定律的提出者是计算机网络的先驱、以太网路发明者、3Com 公司的创始人罗伯特·梅特卡夫（Robert Metcalfe）。该定律表明，网络的价值等于网络节点数的平方，网络的价值与联网用户数的平方成正比。

梅特卡夫定律基于网络的外部性效果，即对原来的使用者而言，使用者越多，不仅网络的效用不会减少，反而会越来越大。摩尔定律加上产业合流现象，

---

① 参见吴军：《浪潮之巅》，北京，电子工业出版社，2011。

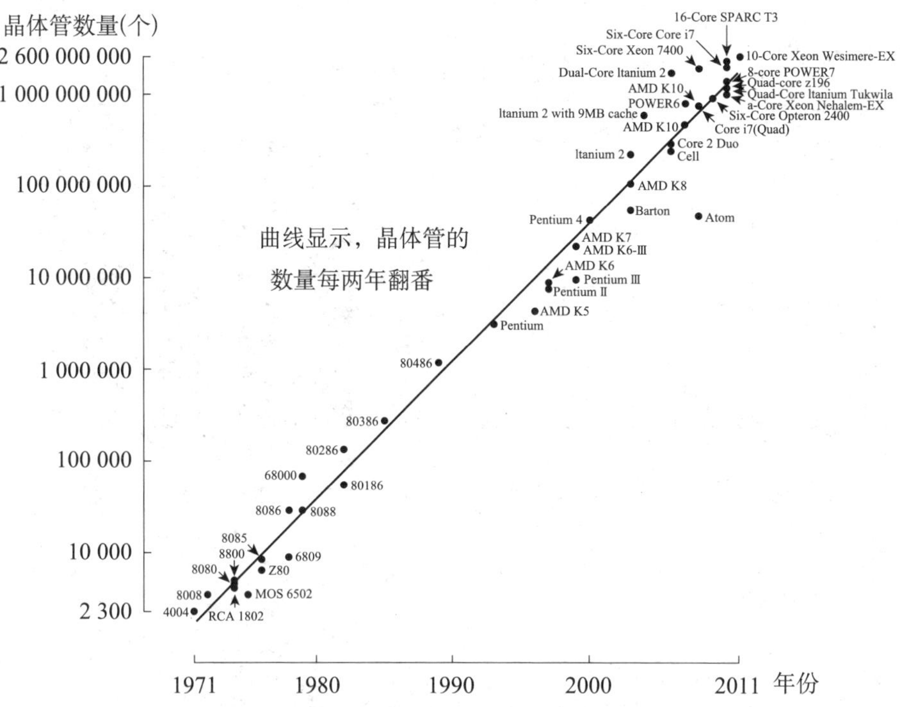

图 1—6　1971—2011 年微处理器晶体管数量变化符合摩尔定律

资料来源：http：//zh. wikipedia. org/wiki/File：Transistor _ Count _ and _ Moore%27s _ Law _ - _ 2011. svg。

形成了到处信息化的局面；梅特卡夫定律又将到处信息化的企业，以网络外部性的乘数效果相联结，就缔造出了一个规模庞大、充满无数商机和成长潜力、能够与实体世界相媲美的全球化电子商务市场。

与此同时，也正是网络极强的外部性和正反馈性，与梅特卡夫揭示出的互联网的价值随用户数量的增长而呈算术级数增长或二次方程式增长的规则，促成了网络规模的急剧增长。

全球 IPv4 地址数已经于 2011 年 2 月分配完毕，图 1—7 显示出自 2011 年起，我国 IPv4 地址数基本维持不变，但 IPv6 地址数仍保持了较高的增长速率。截至 2013 年 6 月底，我国 IPv6 地址数量为 14 607 块/32。由此可以看出，我国网络规模的增长十分迅速。

（3）达维多定律。曾任职 Intel 公司高级行销主管和副总裁的威廉・H・达维多（William H. Davidow）提出了以其名字命名的达维多定律。业界把摩尔定律、梅特卡夫定律和达维多定律并称网络经济的三大定律。

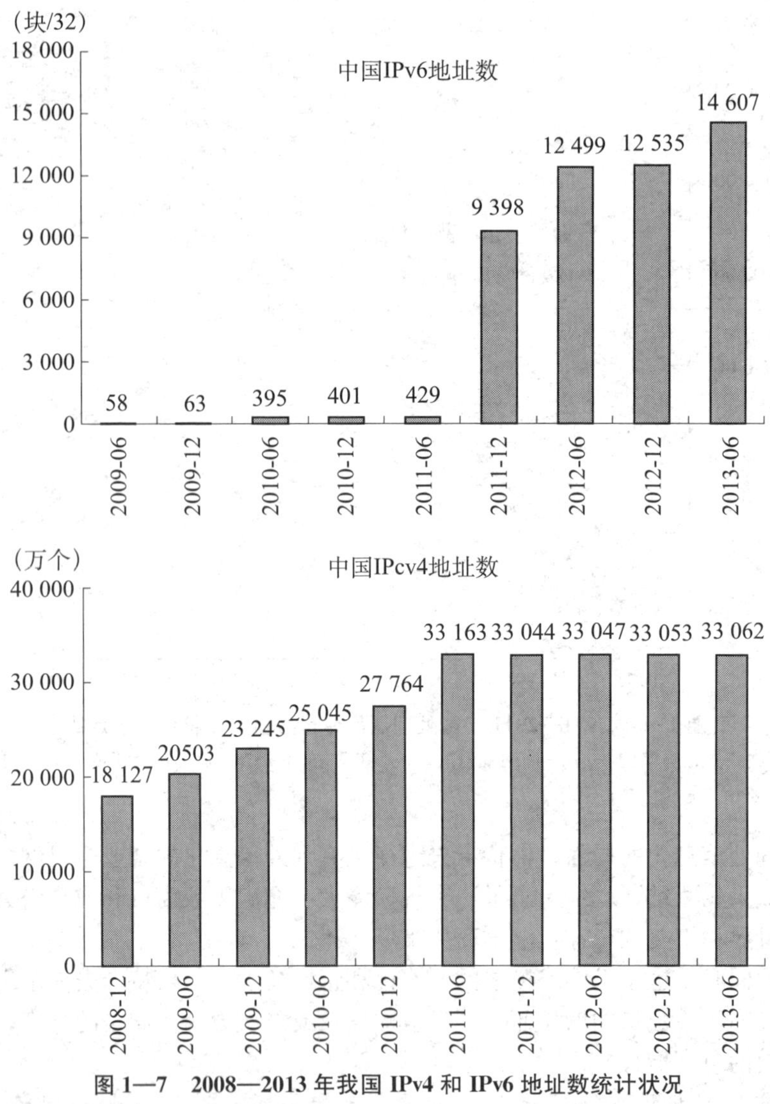

图 1—7　2008—2013 年我国 IPv4 和 IPv6 地址数统计状况

资料来源：CNNIC 中国互联网络发展状况统计调查。

达维多定律阐释了任何企业在本产业中必须不断更新自己的产品。一家企业要想在市场上占据主导地位，就必须首先开发出新一代产品。因此，达维多定律也称网络经济中的“马太效应”。达维多定律的理论基点，建立在市场开发和利益分割的成效基础上。第一个进入市场的产品可以自动获得 50%的市场份额，因而只有率先进入市场才能更容易地获得较大的市场份额和高额的利润。Intel

公司在其产品的开发和行销上就奉行了达维多定律，并获得了高额的回报。Intel公司的成功就是对达维多定律最好的验证。

因此，达维多定律告诉我们，在IT领域乃至其他众多行业中，只有不断地更新换代，以新创产品淘汰老产品，保持技术上的绝对领先，使成功的新产品尽快进入市场，才能形成新的市场和产品标准，从而掌握制定市场规则的权利。因此，要保持领先，就必须时刻否定并超越自己。

2. 网络经济的冲击与机遇

众所周知，网络经济凭借其虚拟化、智能型、创新型等多重特征和优势迅速兴起，对传统经济产生了巨大的冲击，具体表现为对传统经济理论和经济产业提出了挑战。

（1）网络经济的出现对传统经济理论的冲击。[①] 网络经济的兴起，对建立在传统经济基础上的传统经济理论提出了重大的挑战，使得许多传统的经济理论需要重新加以认识和解释，下面将择要进行讨论。

第一，边际收益递减规律适用范围的重新认识。在传统经济中，边际收益递减规律一直被认为是一项十分重要的客观规律，它规定了生产的成本与收益之间关系的性质，即在一个以资源作为投入的企业中，在保持其他条件不变的情况下，随着某一个投入要素的增加，每一单位该投入的边际产品下降，出现所谓的边际收益递减规律。

在农业和工业经济生产中，由于其物质投入要素、自然资源等的有限性和稀缺性，且技术更新的速率保持在一个相对稳定的状态，因而在任一投入产出系统中，边际收益呈现递减规律，这在传统经济中十分普遍。

然而，在网络经济中，信息资源表现出了可以再生和重复利用的特征。由于信息不具备排他性，且网络的外部性也决定了投入的单位产品不呈现边际递减的现象，反而会出现边际递增的趋势，即随着某一投入量的增加，每一单位该种投入的边际产品在增加。因为当一个数字化产品生产出后，对其追加生产和拷贝的成本极低，对于最初生产者来说，追加生产10万份或1份拷贝的成本几乎是一样的，当产品被拷贝或者下载时，不会增加成本也不会减少收益。然而，随着用户对它们的使用和改进的增多，能够创造出的价值就越大。信息作为投入要素，与其他的要素进行有机结合，就提高了投入要素的边际效用，最终产生了边际收益递增的现象。当然，这只是对网络经济下边际收益递增现象一个侧面的理解与

① 参见苏惠香：《网络经济技术创新与扩散效应研究》，大连，东北财经大学出版社，2009。

阐述，这个规律还出现在企业间竞争与合作等多个领域。因此，在网络经济主导下的边际收益递增规律打破了传统经济边际收益递减规律的普适性。然而，这并不意味着网络经济的出现将取代边际收益递减规律，只是缩小了边际收益递减规律的适用范围，使其不再具有主导性的地位，但边际收益递减规律仍会继续发挥重要作用。

第二，打破了传统价格理论的适用性。一直以来，价格理论清晰地揭示着商品价格的形成和其变动规律的内在关系。价格理论与供求关系理论是传统经济学中很重要的内容。传统经济学认为，需求与价格紧密相连，当商品的价格升高，消费者对其的需求就会减小；而当商品的价格有所下降时，消费者对其的需求就会增加。因此，需求与价格往往呈反向变化关系。同时，供给也与价格紧密相关，当商品的价格升高，生产者对商品的供给就会增大；反之，则会减小。因此，供给与价格往往呈正向变化关系。

然而，在网络经济中，供给与需求对价格的影响则打破了传统规律，价格不再是市场中的唯一标准。例如，当消费者对网络产品的需求增大时，供应商不一定会提高价格，而是保持价格不变，甚至会降低价格；而当消费者对网络产品的需求减少时，供应商对降低价格的决策也不一定是必然的。造成这种与传统经济学规律大相径庭的现象来自多方面原因，包括许多网络产品厂商的收益并不是来自产品本身的利润，而是来自产品的影响力和基于影响力大小而发展的广告业务的盈利，所以厂商追求的是产品影响力最大化，故产品本身价格的决定不完全依赖于传统的供求关系理论和价格理论。

由此可以看出，传统经济价格理论的地位在网络经济的发展中再次被动摇，这是由于网络经济下的产品盈利模式不同于以往商业模式下的盈利方式所决定的。网络经济必将会对传统的价格理论做出新时期的完善和补充。

第三，规模经济性。一方面，规模经济是从生产规模与产品成本的关系来考察，是指由于生产专业化水平的提高等原因，使生产规模增大、产品数量增加，导致企业的单位生产成本下降，从而形成企业长期平均成本随产量增加而递减的规律。另一方面，规模经济还可从企业规模与管理成本的关系来考察，当企业规模由小变大时，企业的管理成本会增加，可能出现组织失效、交易成本整体上升。因此，规模经济效益的提高与交易费用降低不可兼得，需要依靠效益与企业规模之间的复杂权衡关系来决定企业的边界。

当网络经济出现后，规模经济在这两个层面上的发展都产生了巨大变化。在网络经济状态下，互联网的出现将企业内部与外部都联系在一起，使企业间的交易突破了时间与空间上的限制而得到了充分的延伸。从外部来看，不同企业之间采取了网上直接交易的形式，消除了许多冗余的交易中间环节。与此同时，由于企业间的信息沟通及时、有效，因而对产业链上的供给、需求也更容易把握。从内部来看，网络交易和企业内信息系统结合下的生产管理，共同促进了库存的减少，甚至可达到零库存状态。这样可以大大降低企业的交易成本。可以说，在网络经济下，企业内部与外部都因互联网联系在一起，规模经济效益的获得与交易费用的降低不再直接相互排斥。

同时，在网络经济环境下，信息产业、网络产业、知识产业等在经济中逐渐占据主导地位。这些产业的发展不同于传统产业，无须依赖占比很大的固定成本，而是形成了软件、多媒体、信息咨询服务、研究与开发、网络设备与产品等变动成本占总成本较高的格局。因此，伴随着生产技术和管理技术集成化发展、信息系统建立和外包业务模式的并行发展，增加经济效益的途径也越来越多样化，范围经济、时效经济、差异经济、成长经济等新途径不断出现。大企业获得规模经济的同时，小企业也能获得较高的效益，大小企业之间的差异不能因规模上的差别进行绝对的区分，这也使企业在一定技术基础上的有效规模区间延伸了。

（2）网络经济的出现对传统产业的挑战。① 网络经济的出现极大地推动了传统产业的变革，虽然其没有撼动传统经济在国民经济中的基础地位，但网络经济带来的产业信息化和信息传播方式的变革引起了传统经济产业的革命性改造。

第一，网络经济冲击下的制造业变革。随着网络经济的发展，信息处理和通信技术突飞猛进，整个制造业从两个方面正发生着根本性变化。一方面，制造业在技术方面发生了深刻变革。信息技术的引入降低了各种生产成本。由于信息可及时反馈，库存可以大幅度下降；信息技术极大地加速了生产的节奏，大大缩短了生产周期、降低了生产成本。同时，互联网带动了销售渠道的变革，可以通过网上订货渠道、技术支持等方式，为销售活动节省大量费用。另一方面，制造业在作业组织方面产生了变革。随着信息技术的引入，各种信息系统被开发和普及。企业的生产作业实现了流程电脑化，计算机与生产机器的完美结合和控制，加速了制造业的自动化发展，同时提高了产品的质量与可靠性，提高了效率，降低了劳资成本，产生了新的作业组织管理方式。

第二，网络经济冲击下的零售业发展。网络经济的出现极大地冲击了传统零售业。互联网的出现带动了电子商务的兴起。几十年的发展催生出了一大批网上经销商，他们依靠互联网强大的功能，跨越了时间和地域的障碍，拓展了销售地

---

① 参见盛晓白、韩耀、徐迪等：《网络经济学》，北京，电子工业出版社，2009。

区和领域。

Amazon（亚马逊）和 eBay（电子港湾）公司就是在这个时候产生的。20 世纪末，杰夫·贝索斯（Jeff Bezos）在车库里创建了 Amazon（亚马逊）公司，其以全新的经营理念将书店从现实搬到了互联网之中，开创了最成功的网上书店，完全颠覆了传统的商业模式，创造了 B2C（business to customer）的电子商务模式，并于 1997 年 5 月 16 日在华尔街上市，缔造了新的车库神话。

1995 年，皮埃尔·奥米戴尔（Pierre Omidyar）创建了互联网上第一个交易市场——eBay 公司，它给全球民众提供了一个网上买卖物品的线上拍卖和购物网站，开创了互联网商业领域全新的 C2C（customer to customer）模式，进一步丰富了电子商务的运营模式，在电子商务的发展史上同样具有里程碑式的意义。电子商务的发展规模在不到 20 年的时间里发生了翻天覆地的变化。

据统计，2011 年美国电子商务零售额为 1 943 亿美元，同比增长了 16.1%。根据 eMarketer 研究机构的预计，美国在 2016 年的电子商务零售额将达 3 619 亿美元，几乎翻番。如图 1—8 所示，网络经济下的美国电子商务零售额正以每年 14%左右的同比增长率迅速发展。

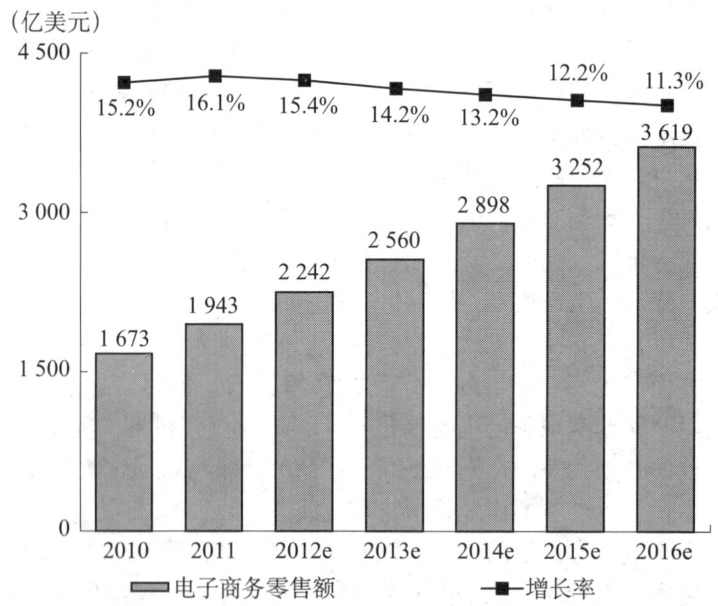

图 1—8　2010—2016 年美国电子商务零售额的规模及预测规模

资料来源：eMarketer，2012。

与此同时，在信息技术带动的网络经济飞速发展下，网上零售占整个社会总零售额的比率也逐步上升。可以看出，网络零售正以很快的速度占领着零售业市场，抢夺着传统零售业的市场份额。

图 1—9 显示了 2011 年欧洲部分国家，以英国、瑞士、德国等发达国家为典型代表的网上零售额占社会总零售额的比例。其中，英国的网上零售市场最发达，网上零售额占社会总零售额的比例达到了 12%。德国和瑞士的网上零售额也较高，分别达到了 9%和 8.7%。而波兰和意大利的网上零售额占社会总零售额的比例较低，只达到了 3.1%和 1.3%。

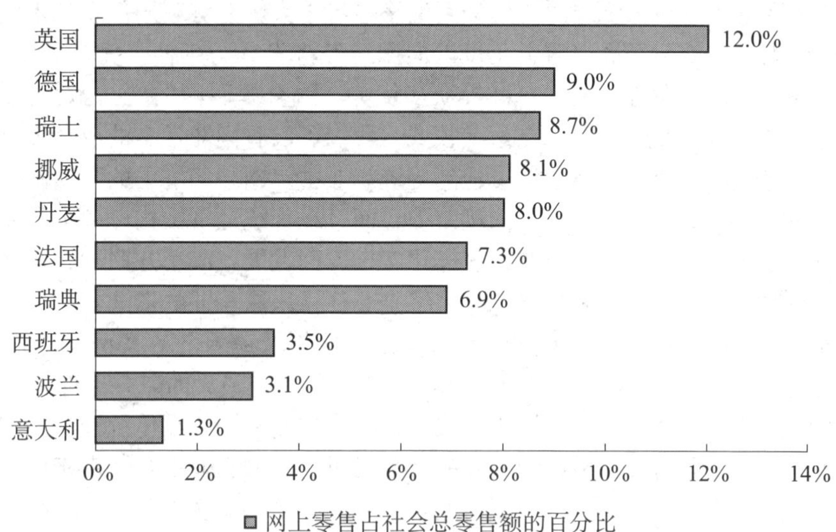

图 1—9　2011 年欧洲部分国家网上零售额占社会总零售额的比例

资料来源：Retailresearch，2012。

第三，网络经济冲击下的旅游业创新。信息技术的发展，使得互联网上出现了越来越多的“网络旅游”新浪潮。传统的旅游业使得消费者依赖于旅行社等指导机构，在经验丰富的公司、团体及个人等的带领下，合理地规划出旅游的路线，获取旅游的相关信息。然而，随着互联网逐步渗透到人们的社会生活之中，信息和资源的分享实现了即时化、无成本化。因此，越来越多的人选择通过互联网自行设计及安排旅游路线、旅游内容和旅游时间表。这一阶段只是初步的“网络旅游”发展阶段，即网络和旅游是脱节的，网络主要承担着为人们旅游提供咨询和个性化服务的作用。随着信息技术进一步的深入和扩展，并不排除真正将旅游和网络相融合，实现足不出户就可以真正满足一部分人旅游的目的。总之，互联网彻底“颠覆”旅游业并不是一件不可能的事情。

虽然网络经济的出现给传统经济带来了巨大的冲击，但这并不意味着网络经济可以彻底取代传统经济。这是因为网络经济离不开传统产业的支撑，两者之间并没有不可逾越的鸿沟，它们之间相互依存、相互促进，形成了继承与发展的关系。

时代的发展决定了只有将网络经济与传统经济有机地融合在一起，才能最有效地抓住网络经济带来的机遇，并将其有效地应用于新时期的经济发展中。

网络经济与传统经济的融合方式可以从宏观上分为传统网络化、网络传统化、网络传统相融合三种手段。

传统网络化，即将传统产业延伸到网络经济中去，充分利用信息技术发展带来的网络优势。传统经济中的企业可以向网络经济发展与延伸，凭借其信誉好、推广品牌能力强、拥有既定用户群等众多优势，融合互联网的新技术、新载体、新平台，寻求新的发展空间。在这个领域，我们可以看到非常多的成功案例。

网络传统化，即将网络经济渗透到传统产业中。网络经济中的互联网企业对信息技术要求较高，对互联网的依赖较强，而且在传统经济中构建一个具有品牌价值的企业并非易事。为了企业的多样化、全方面发展，减小互联网企业面对类似“网络泡沫”等危机的风险，许多网络企业往往采取兼并的形式，积极地向传统经济领域渗透，并打下了十分坚实的基础。该领域最著名的案例发生在2000年，美国在线宣布以1 810亿美元收购时代华纳的史上最大的兼并事件。

网络传统相融合，网络经济为传统经济提供有效平台。在传统经济与网络经济相融合的发展方向上，最广为人知的就是阿里巴巴的企业平台。由于广大的中小企业不同于实力雄厚的传统大型企业，并不具有足够的实力和人才优势，所以它们要想进入网络经济的行列，最佳的方式就是通过专业的电子商务平台，享受网络经济带来的丰厚利润。阿里巴巴、中搜网这样的优秀企业，正是因为它们独具慧眼地抓住了传统经济与网络经济融合的契机，针对各种企业推出了采购、贸易等不同形式的电子平台。

1.2 网络新技术带动社会变革

1.2.1 互联网带动下虚拟的实体化

传统的农业经济与工业经济的发展，取决于对自然资源的占有与配置。农业与工业的发展是建立在对自然资源的占有和使用上，经济行为创造的产品与价值往往也是体现在现实存在的实体产品上。但是，随着信息技术的革命和互联网的进一步普及，带动了网络经济体横向扩充与纵向深入的二维立体发展。在经济活动中，无论是社会思维意识还是经济主体本身都已将虚拟的价值成分融入了企业实体的生产活动形式中，实现了虚拟世界与现实世界的融合统一，因此这一趋势被称为虚拟的实体化。所谓虚拟，是指互联网带动下发展起来的无形的经济生态、信息数据等。实体化表现为人类在思维和应用上与实体社会生产生活方式相融合的过程。虚拟的实体化现象已经渗透到信息经济的各个领域，在以下几个典型方面的体现尤为明显。

1. 基于网络的虚拟价值成为企业资产评估的重要组成部分

互联网发展创造的虚拟网络价值已逐步发挥出其越来越明显的价值优势，主要体现在以下几个方面[①]：

第一，互联网降低了信息传播的成本，提升了整个社会的效率。对于充分利用互联网技术的企业，可以充分受益于互联网的巨大优势。

第二，基于互联网建立起的无边界平台将人、企业联系在一起。通过平台及时有效的信息传递和反馈建立起了企业与人之间良好的互动机制，可使企业更快捷地了解用户需求，用户更方便地整合消费信息，即构建了双赢的局面。

第三，互联网促使企业活动大规模的集中。一方面，这主要起因于上升的利润所带来的动力，驱使许多客户关系型行业在互联网上出现，如虚拟社会、信息中介等。另一方面，上升的利润会产生集约化程度很高的企业，如提供票据服务、交易处理服务及广告服务的行业。

第四，互联网提供了越来越多创造价值的机会。互联网变革了传统的经济生态，用强大的信息技术驱动着经济乃至整个社会的转型。人们在这种全新的社会经济形态中摸索着前进，而陌生就意味着潜在的机遇，谁能够挖掘并占领全新的领域，谁就能充分利用互联网带来的巨大优势。

伴随着网络价值的日益凸显，越来越多的互联网企业如雨后春笋般建立起来，网络并购行为也有如潮涌。在信息技术不断完善的近几十年，网络经济因互联网提供信息的无限性和人类消费信息能力的客观有限性这一对深刻矛盾而呈现出了网络聚财的特征，互联网成为了资本的“孵化器”。Yahoo、美国在线、Amazon、eBay等全球互联网巨型企业创造的市值在一个时期就占领了美国网络股市值的近一半，创造了一个又一个神话。信息工业用短短5年时间创造的价值，超过了汽车工业100年创造的价值。信息时代的增长方式是指数增长方式。对于1万元的投资，传统工业会以10%的年增长率成长，故10年投资创造的价

① 参见唐敬年、皮立君、宋丹峰等：《网络技术、网络经济、网络价值及其评估》，载《中国资产评估》，2000（4）：35-37，47。

值为 2.59 万元；而将 1 万元投资于电子商务领域，则会因其具有 200%的年增长率，而在 10 年后创造比传统工业高出 5 个数量级的价值。

互联网所带来的虚拟价值已成为评估企业资本的一项重要组成部分。现如今，越来越多的资产评估机构把对互联网无形资产的评估纳入公司业务的主要内容中。基于网络平台虚拟性的特点，针对互联网企业的评估与分析也已经完善至多个方面，包括基于客户类评估、技术类评估、服务类评估等。客户类评估是考量公司拥有的客户关系、客户名单、客户信息等数据量的重大价值，如 Facebook、Twitter 等社交网站；技术类评估包括公司掌握的尖端信息技术、内部使用的软件、数据库等无形的技术价值，如 Microsoft、Oracle（甲骨文公司）、苹果等电子计算机软硬件公司；服务类评估包括基于互联网的广告、搜索、管理等业务带来的无形价值，如 Google、Yahoo 等公司。可以说，将企业无形资产纳入对企业评估的重要组成，是互联网发展的历史必然趋势，也是对传统资产价值形态评估方法的进一步补充与完善。从反面看，也凸显了互联网为整个人类社会带来的巨大价值。

2. 无实体的互联网企业，成为经济生态圈中重要的主体部分

以阿里巴巴集团前 CEO 马云先生于 2004 年 12 月创建的第三方支付平台——浙江支付宝网络技术有限公司（以下简称“支付宝”）为例，支付宝是国内独创的领先的独立第三方支付平台。支付宝公司的存在和发展打破了传统企业基于实际的资源和生产环境创立的特征，不依赖于实体的企业资源，而是建立在虚拟互联网的基础上，在实现自身盈利的同时，解决了虚拟互联网交易主体间信用障碍的安全问题，创造了网上安全交易的服务理念。

支付宝是互联网发展史上的一个创举，同时也是电子商务领域的一个重要的里程碑。支付宝的出现带动了整个网络支付产业，尤其是第三方支付平台的发展，它为制约我国电子商务发展中的支付问题和网上交易的诚信问题提供了切实有效、意义重大的思路和解决方案，推动了互联网诚信体系的建立，产生了深远的影响。同时，支付宝本身也在以惊人的增长速度扩大着规模。根据图 1—10 可以看出，支付宝带领下的中国电子商务网络支付自 2006 年起，营业额不断攀升，在 2007—2009 年期间达到了 120%左右的交易额增长率。此后，虽然交易额的增长趋势有所缓和，但其总交易额却由千亿元增长至万亿元的数量级，且互联网支付的渗透率一直保持在 59%以上。

除此之外，自 20 世纪末以来，亚马逊、京东商城等一大批电子商务企业也如雨后春笋般迅速占领了市场。其依据虚拟企业电子商务的新观念，利用互联网的强大功能将客户的购买需求、库存与供应、物流运输等环节的信息有效地整合

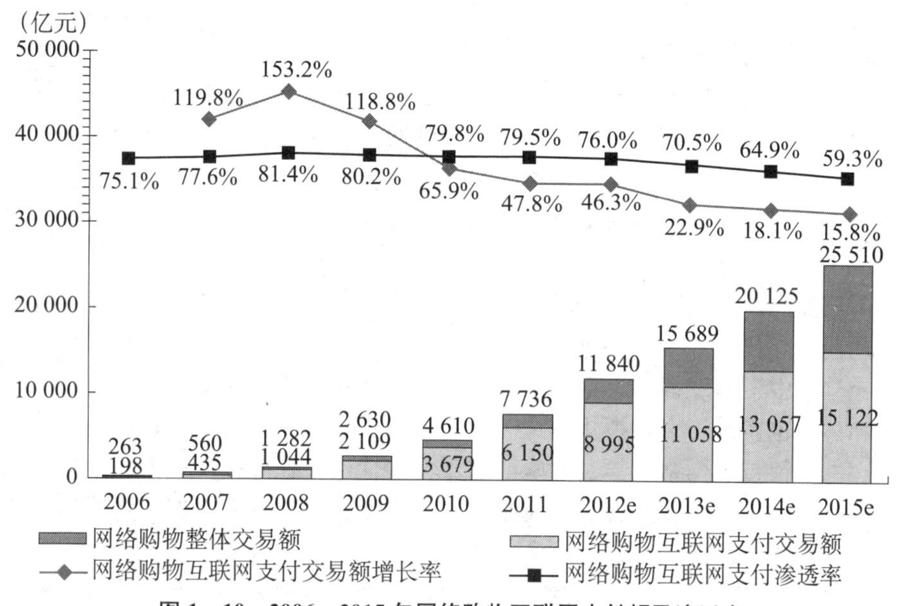

图 1—10　2006—2015 年网络购物互联网支付额及渗透率

资料来源：综合企业财报及专家访谈、根据艾瑞统计模型核算及预估数值。

与配置，没有建立任何实体的商店，就实现了上亿元的日销售额，占领了零售业市场相当规模的份额。

由此可以看出，无实体的互联网企业已逐渐凸显其巨大的优势，抢占着市场的份额，并以强大的实力取得了其在经济生态圈中重要的经济主体地位。

3. 企业发生经济行为的对象已超越了实体

传统的农业经济与工业经济基于实物的产出和交换，决定了其对实体资源高度的依赖性。伴随着信息技术的发展，衍生出大量的互联网公司，而经济活动中包括企业宣传、企业分工、交易行为、产品使用等一系列经济行为模式也逐步发生了深刻的变化，并不断适应时代的需求，让经济主体从虚拟环境下的经济行为中获得了真实的收益。

传统的企业宣传往往基于常规的媒体，企业与品牌的广告通过实体的报纸、杂志、公共广告牌，或者广播、电视等传媒手段传达给消费者。随着 Yahoo 公司创始人杨致远和大卫·费罗开创了互联网独特的广告盈利模式的先河，企业产品与品牌的广告开始大规模进入互联网领域。随着互联网广告的完善，Google 等公司推出了 Google AdWords（谷歌竞价广告）等新型广告投放方式，实现了一种在网站上快捷、简便地刊登广告的方式，无论广告预算多少都可以充分享受互联网高效的广告服务。整个过程可以在虚拟互联网上快捷地完成，同时并无实际人力和资源的任何消耗。

此外，前文也提到，支付宝的出现独创了互联网第三方支付平台，使得经济活动中的交易行为可以完全建立在虚拟互联网上。此外，随着互联网的普及，越来越多的银行开通了网上业务，建立起虚拟环境中的网络银行，用户可以足不出户就在互联网上完成交易的支付、转账等银行业务。可以看出，经济行为中的交易也逐步向虚拟化、便捷化转变。

不仅如此，互联网已逐步渗透到经济行为的各个环节和领域。企业通过互联网实现业务外包，整合利用外部的优势专业化资源，从而降低了企业本身的成本，充分集中资源发挥核心竞争力并增强了企业对环境的应变能力。有些产品的使用和体验也实现了全虚拟化，这一点尤其适用于金融产业、知识产业、信息产业等。网络银行、网络证券及保险的逐步完善让用户在虚拟环境下便捷地完成了投资与收益。网上教育的普及，满足了用户足不出户就可以根据自身所需完成知识的学习，既节约了大量的时间和精力，也满足了各类人群差异化的时间安排。

总之，伴随着互联网纵向深入与横向普及的二维发展，企业经济行为的环节和对象越来越多地实现了全虚拟化，虚拟网络为现实经济发展带来了不可估量的巨大效用。

1.2.2 网络互通条件下的市场经济发展全球化

1. 经济全球化的演进过程

在资本主义早期，随着工业革命的开始和推动，资本主义国家的社会生产力得到了极大的解放，资本主义得到了长足的发展。伴随着殖民扩张和海外贸易的全球化演进，逐步形成了全球范围内的国际分工。对于这一阶段的全球化，根据资本主义国家不断扩充殖民地、争先抢占全球原料产地和商品市场的特征，可以将其称为“实体的经济全球化”。

在第二次世界大战之后，自从世界上第一台电子计算机被创造出来，尤其是20世纪60年代以信息技术为代表的现代科学技术的飞速发展，大大加速了全球化的进程。互联网信息技术的兴起与普及，使得交通、信息、科技、文化等诸多领域实现了全球化进展。与实体的经济全球化不同，这一次的全球化不是以资本主义发达国家为主导、对发展中国家有潜在威胁的全球化发展，而是真正实现了各国经济的相互融合，符合各个国家的根本利益。基于互联网在这一次经济全球化中的关键作用以及由互联网构造出的全球经济网络，现阶段的经济全球化可以称为“虚拟的经济全球化”。

2. 互联网的发展与经济全球化相互渗透

（1）互联网的发展在技术上保证了经济全球化的进程。互联网的发展在推动全球化进程中有重大的作用，信息技术的不断更新和普及，消除了不同时间、不同地域的障碍，实现了资源的高度融合，使全世界各个国家之间的交流更加频繁、联系更加紧密，极大地促进了经济全球化的进程。

首先，互联网技术催生了无纸化贸易。信息技术的创新将大量传统的纸质资料电子化，赋予了原始资源更高的流动性、易保存等优势，大大减少了传统的书面材料和文件产生的资源及人力消耗。一方面，降低了保存信息的成本，节约了大量资源，减少了人力的耗费，并消除了资料备份的成本；另一方面，也大大提升了信息传递的效率。互联网的出现替代了传统纸质文件基于物流时耗长的传输，形成了基于互联网高速、准确、便捷的传递，极大地缩短了信息传递的时间，提升了传递信息资源的效率。与此同时，在国际金融领域，还涌现出了虚拟银行、网络证券、网上理财、电子货币等电子金融服务，极大地提升了金融交易的效率，便利了金融市场的交易活动。因此，互联网技术的发展催生了无纸化贸易，打破了国际化的边界。

其次，互联网技术跨越了空间和时间的障碍。从一个方面来看，传统的经济活动建立在人工实现的基础上，这个特征决定了传统经济的时间限制。而信息技术的发展和变革，用科学的技术方法脱离了人工服务，实现了一种全自动化的经济交易方式，跨越了不同国家、不同生活行为习惯经济主体的时间限制。同时，互联网技术打破了空间的障碍，将不同国界、不同地域的经济主体联系到了一起，通过网络交流（不仅包括文本，更包含语音、视频上的沟通）降低了信用风险，提升了合作与交易可靠性，促进了跨地域的经济合作。因此，互联网技术消除了空间与时间上的障碍，促进了经济全球化。

最后，互联网技术大大降低了交易成本。作为经济活动的基础保障，信息资源的作用十分明显。传统的经济模式决定了较高的信息传播成本，往往资本实力越强的企业越能在信息与品牌传播上占据优势，深化了经济学上的马太效应。而互联网的出现，降低了信息传播的门槛，无论企业规模的大小，都可以借助互联网的力量发布和获取信息，从而创造了更多的经济机会。与此同时，信息技术的发展及信息系统的建设，简化了交易环节，创造了许多新的交易方式和手段，从各个方面极大地降低了交易成本，扩大了市场规模，推动了国际分工，促进了经济的全球化进程。

（2）经济全球化发展推动了互联网的优化与升级。在互联网强力推动经济全球化发展的同时，全球化的经济也导致了数据的激增，催生了网络存储及通信的技术提升。随着经济全球化的深入，网络的功能得到了不断的完善，在经济领域发挥了重要的作用，尤其是在互联网金融领域，网络银行、网上理财等金融服务产生了数目巨大的存储需求，不断推动着互联网技术的革新。与此同时，全球化经济的深入与扩充对互联网传输的及时性、高效性不断提出更高的要求，这就进一步引导着互联网技术在硬件与软件上的全面革新与进步。在经济全球化发展下暴露出的信息技术局限和障碍，激发了互联网的革新与发展，推动着互联网的优化与升级。

与此同时，在经济全球化的条件下，经济主体间的竞争加剧，对交易成本降低的不断需求进一步推进了互联网技术的实现。经济全球化促使各个国家、各个经济领域的往来更加频繁，交易规模不断扩大。随着更多企业的加入，企业之间竞争加剧，这必然导致谁能在生产、交易等环节降低成本，谁便能拥有竞争主动权的现象。因此，对互联网技术的深入需求成为互联网技术不断革新的源源动力。

此外，全球化经济的虚拟特征也对数据保护、信息安全等领域提出了新的挑战。众所周知，信息化给全球经济化带来了前所未有的发展动力，而互联网革命则把发展推到了一个新的高潮。互联网催生的新商务模式——电子商务，把互联网发展成了一个巨大的交易和信息发布平台。但是，随着信息的公开化、流通化，也导致了经济犯罪技术的提高。

1995 年，花旗银行官员发现一名电脑黑客已获取了密码和程序，并将在布宜诺斯艾利斯（阿根廷首都）和纽约的花旗银行转账。为了阻止这个黑客的犯罪活动，花旗银行的技术专家密切监视银行的全球支付系统，终于发现了一条资金转账的秘密“路径”。随后，法务执行官捕获了这个由俄国人、英国人、以色列人和荷兰人组成的犯罪团伙，而这个团伙的首领只是一个毕业于俄国圣彼得堡大学生物化学系的大学生。他们没有武器、人质和逃跑的车，却从花旗银行盗走了1 200 万美元的资金。

此后，越来越多的互联网技术专家将注意力转移到数据保护、信息安全以及经济领域尤其是金融行业信息系统的防攻击技术提升上，进一步促进了信息技术的革新和进步。

1.2.3 网络延展下的生活模式无形化

信息技术的发展所带动的互联网革命，不仅在宏观上实现了社会、经济、文化等领域的深刻变革，而且在微观上，也变革了每一个人的生活模式。正如美国副总统戈尔所言：“正像枪炮和电视将人类带入 20 世纪一样，信息高速公路将我们带入下一个世纪，彻底改变了我们的生活、学习和工作方式。”互联网技术的进步与适用范围的延展共同促进了每个人在消费、投资理财、交易、沟通、教育、医疗等各领域行为模式上的深刻变革，这里就网络新形势下的消费、投资、交易和沟通模式做进一步的阐述。①

1. 网络新型消费模式——网上购物

早在 1997 年的圣诞节，HP、Microsoft、UPS、Visa、MasterCard（万事达卡）和 KPMG（毕马威）六家公司共同策划了一场特殊的“电子圣诞节”，它将比利时、法国、德国、爱尔兰、荷兰、西班牙、瑞士和英国等 9 个国家的商业零售网点与全世界的圣诞节消费者联系到了一起，使得人们足不出户就逛遍了世界名店，购到心满意足的产品。新兴的电子商务的奇迹就这样悄然出现在人们身边。当电子商务的浪潮席卷中国时，新的商务模式颠覆了人们传统的思维习惯、生活习惯、购物习惯，创造了一个又一个商业上的奇迹。

2012 年 11 月 11 日，由天猫商城和淘宝网共同发动的“双十一网购狂欢节”促销活动创造了 191 亿元的日销售收入，创造了世界纪录。换句话说，天猫商城和淘宝网用一天时间达成的交易量，达到了上海所有大中型商业企业“十一黄金周”七天总营收额的三倍。而一年后的同一天，即 2013 年的“双十一网购狂欢节”，第三方支付平台——支付宝一天的成交金额就达到了 350 亿元人民币，又一次创造了商业奇迹。

新型消费模式的变革已经进入了每一个消费者的思想意识里。据统计，2012 年中国网络购物交易规模突破了 10 000 亿元大关，达到了 13 040.0 亿元，较往年增长了 66.2%，在社会消费品总零售额中的占比达到了 6.2%。从网购结构上来看，B2C 的占比达到了 29.7%，呈持续增长的趋势；其中，在阿里巴巴含平台式的 B2C 市场中，天猫保持领先；而在以自主销售为主的 B2C 市场中，京东商城的优势较为明显。

我们从图 1—11 中可以观察到，中国网络购物市场正逐步进入成熟期。未来几年，随着传统企业大规模进驻电商领域，中国西部区域及中东部三四线城市也将显示出极大的网购潜力。与此同时，移动互联网的发展促使网络购物进一步扩大了边界。预计 2015—2016 年中国网络购物市场的交易规模将超过 30 000 亿元。

互联网技术对商业模式的变革深刻影响了广大消费群体的消费模式，同时也以惊人的速度拓展到了人们的投资手段中。

---

① 参见陈湛匀、鲍康荣：《改变世界的网络经济》，上海，上海人民出版社，2000。

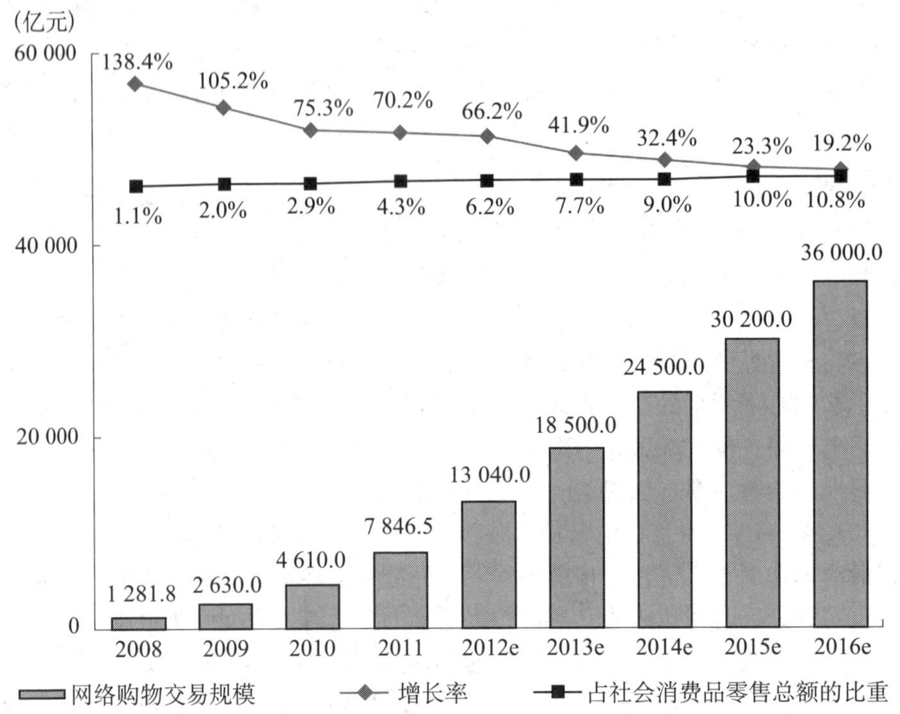

图 1—11　2008—2016 年中国网络购物市场交易规模

资料来源：根据企业公开财报、行业访谈及艾瑞统计预测模型估算。

2. 网络新型投资模式——网上证券

网络信息技术的发展，催生了通过网络进行交易的网络证券交易，也称证券电子商务。1971 年，美国华盛顿建立了全球第一个电子交易市场——纳斯达克（NASDAQ）证券市场。它统一了全美的二板市场，成为此后各国筹建二板市场的典范。发展至今，互联网对证券行业的渗透已深入到我国金融领域，从发行市场到交易市场都在向电子化发展，网络证券交易模式也在不断向深入推进。

从券商或证券公司的角度来看，网络证券交易是指利用各种网络技术，为投资者提供证券交易所的即时报价、查找各类与投资者相关的金融信息、分析市场行情等金融服务，并通过互联网帮助投资者进行网上开户、委托、交付交割以及清算等证券交易的全过程，实现实时交易。①

① Liang Xun, Chen Rongchang, He Yangbo, et al., "Associating Stock Prices with Web Financial Information Time Series Based on Support Vector Regression", *Neurocomputing*, 2013, 115 (2): 142-149.

对于投资者来说，网络证券交易是指利用互联网资源，获取国内外各交易所的即时报价，查找国内外各类与投资者证券交易相关的财经咨询信息，分析市场行情和投资资讯，并通过互联网进行网上委托下单，实现实时交易。表 1—4 清晰地列出了网络证券交易与传统交易委托方式的比较。

表 1—4　网络证券交易与传统交易委托方式的比较

委托方式	网络交易	柜台交易	电话交易	自助终端	可视电话
行情更新时间	8 秒	60～120 秒	约 25 秒	约 25 秒	即时
股价走势图	有	有	无	有	有
历史数据	有	无	无	有	有
盘中分析	有	无	无	有	有
下单地点	任何能上网的地方	营业部内	全国	营业部内	全市
直接下单	能	不能	能	能	能
证券信息来源	来自于互联网全面、即时的各种证券信息，可供用户随意查询	由所在证券营业部提供	简单的电话语音信息，由所在证券营业部提供	由所在证券营业部提供	当日信息、股评
费用	交易费用（可能享受佣金折扣）、上网信息费、电话费	交易费用、可能的交通费	交易费用、电话费	交易费用、可能的交通费	交易费用、每月固定的信息费、电话费

资料来源：梁循、曾月卿：《网络金融》，北京，北京大学出版社，2005。

网络证券交易大大降低了信息的不对称性，打破了时空的限制，降低了券商的经营成本，使得证券交易费用更加低廉，因而刺激了投资，提高了市场的资源配置效率，有利于促进市场竞争和业务的创新，也有利于券商为客户提供个性化的服务。随着互联网不断提升信息发布的速度和广度，券商可以利用互联网高效地收集投资者需要的各种信息，精确地按照每一个投资者的个人需求进行定制。一些企业抓住了商机，创建了向普通家庭提供全方位专业理财服务的系统。如图 1—12 所示，该股票投资系统可以用图形来直观地给出某股票在某段时间内的市场状况，并对其进行技术分析，给出相应的市场心理分析结果和投资的参考意见，用户可以将它与其他技术分析方法相结合，做出自己的判断。①

① 参见梁循、曾月卿：《网络金融》，北京，北京大学出版社，2005。

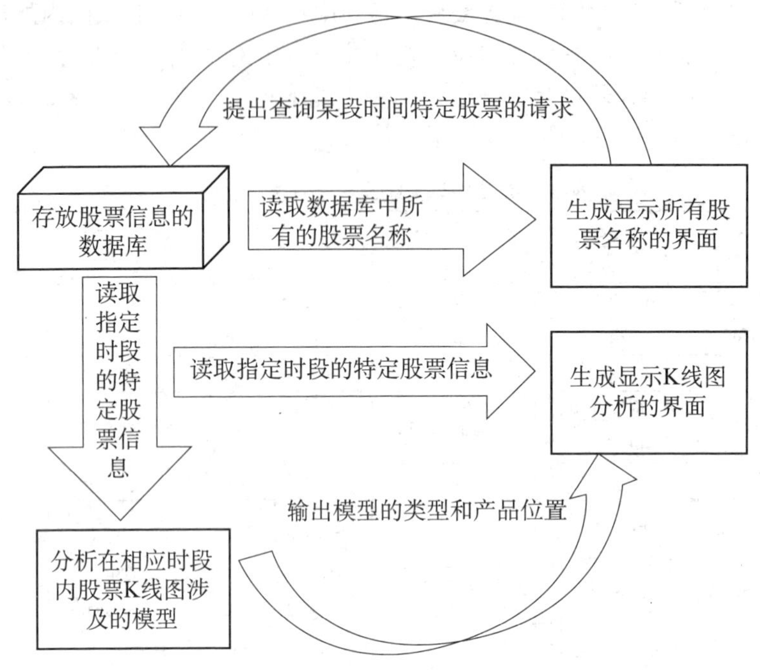

图 1—12　股票投资顾问系统框图

资料来源：梁循、曾月卿：《网络金融》，北京，北京大学出版社，2005。

系统后端与互联网相连，接受来自计算机网络的信息，并锁定某特定的信息资源丰富的网站。系统可以列出所有有效的股票名称，用户选择某种名称的股票并分析相应的时间段，系统根据用户输入的信息产生相应的 K 线图，并附上相应的 K 线图形态分析和相关的投资建议。

由此可以看出，信息技术的发展不仅为广大投资者提供了大量的信息，大大降低了证券交易中信息的不对称性；同时，网络证券的发展推动了众多专业理财服务的完善和进步，为缺乏专业金融知识、无法得到比较专业理财咨询的广大投资者提供了有价值的服务。因此，网络证券交易的新型投资模式是一种历史发展的必然趋势。

3. 网络新型交易模式——网上拍卖

网上拍卖作为一种新兴的观念，同样成为备受人们关注与参与的领域。1995 年在美国加州圣荷西成立的 eBay 公司，是网络拍卖、线上交易购物的鼻祖。5 年后，eBay 进军中国市场，2000 年 2 月 15 日 eBay 公司宣布与著名的中文网络门户搜狐（SOHU）公司建立市场联盟，合作建立面向中国的在线拍卖平台——

“eBay 中国城”。该网站的内容在用户需求的促进下不断创新与完善，其业务已经包含收藏品拍卖、汽车拍卖、家具等难运输的大件物品拍卖。正是看到这样巨大的商机，亚马逊、雅虎、微软等世界级企业也在不断向网络拍卖领域扩展。

一方面，eBay 的成功源于其全新的理念，网络经济学中的达维多定律就是对此现象充分的阐释说明。另一方面，eBay 能够在竞争激烈的电子商务领域立于不败之地，主要是它抓住了消费者参与与参与活跃度的本质问题。eBay 作为一个典型的 C2C（customer to customer）的虚拟交易平台，很好地把握住了吸引消费者、培养和扩大消费群体、提升消费者忠诚度的经营策略。并不断根据客户需求推陈出新：基于买卖双方信用透明度问题，eBay 首创了专门用于 C2C 的个人交易信用评级系统——反馈论坛（feedback forum）。根据交易历史中用户真实的信用评价，为新用户提供有力的信用参考，保障了买卖参与者的安全感；同时，eBay 意识到了物流在交易环节中的重要地位，因此 eBay 与固定的物流公司签订了协议，在长期互利互惠的基础上提升了交易的效率，共同保障了拍卖交易者的利益。

4. 网络新型沟通模式——网上社区

信息技术的发展拉近了人与人之间的距离，使人们之间的沟通与交流变得更加的频繁与顺畅。每个人的人脉都可以通过互联网得到最好的拓展，没有空间时间的限制，甚至没有国家、文化的障碍，正是基于这样一个大的环境背景，才逐渐衍生出网络社区这一全新的概念。

传统的社区一般是基于相近的地域位置，由于生活和工作的地区相近，使得人们之间相互认识的概率增大，甚至相同的社区会逐渐发展出相似的生活习惯与文化特色。在网络社区中，人们往往基于相同的爱好、共同的话题和一致的社会关注点聚集在一起。最典型的网络现象就是 BBS（电子公告版）的产生与发展。

BBS 全称 Bulletin Board System，即电子公告版，最早是用来发布股市价格信息的，但那时互联网和电子计算机还没有广泛普及，BBS 与校园和街头的公告板性质相同，只是发布信息的一种途径，而且只能在苹果的计算机上运行。随着互联网和 PC 机的普及，致使 BBS 逐渐普及，1991 年中国第一个 BBS 站诞生，1995 年 BBS 逐步被人们认识。此后，BBS 以惊人的速度发展起来，并广泛地深入到人们的生活中来。

发展至今，BBS 已深入到了各个领域，如天涯社区、搜狐论坛、百度贴吧等形式的综合型社区，其涵盖内容较为广泛，拥有众多的用户群。同时，它也包含了各个地方论坛，如长春论坛、广州网等。这种形式的社区基于人们共同的家乡或者对特定城市的关注，同样吸引了数目众多的用户群。网络上最广泛的社区，是基于相同爱好、兴趣的BBS社区，如中国文学论坛、中新网论坛、我爱财经网、免费考研论坛、天地人大论坛等，分别是基于文学爱好、新闻热点、财经消息、英语考研、高校信息的共同关注点而成立的网络社区。类似这样的网络社区不计其数，正是由于社区数量的众多、用户群数量的庞大和用户高度的忠实度，充分说明了人们基于互联网的交流和沟通已经渗透到了日常生活中，成为人们生活的一种习惯。

1.3 互联网迎来大数据时代

如今，一个大规模生产、分享和应用数据的时代已经正式开启。正如被誉为“大数据时代的预言家”的英国牛津大学网络学院教授维克托·迈尔·舍恩伯格所著的《大数据时代》中提到的：“大数据时代的经济学、政治学、社会学和许多科学门类都会发生巨大甚至是本质上的变化和发展，进而影响人类的价值体系、知识体系和生活方式。”面对大数据时代的全面来临，互联网发展下的又一场革命已经悄然而至。①

1.3.1 大数据的产生背景及特征

1. 大数据的定义及产生背景

随着全球数据量的爆炸性增长，数据已发展成为现今最重要也是增长最快的资源之一。据国际数据公司IDC（International Data Corporation）统计，预计到2020年，全球数据总量将超过40ZB（相当于4万亿GB），这相当于2011年的22倍。过去几年，全球的数据量以每年58%的速度增长；今后，这个速度很可能会继续增长。数据资源庞大的数量和复杂的结构，为传统的数据分析、技术处理带来了巨大的挑战。因此，为了应对这样的新问题，在政府、科研机构、经济部门等的大力支持下，开启了与大数据相关的技术、工程、科学应用等信息技术领域热点问题的研究。

根据维基百科中的定义，大数据（big data）是指所涉及的数据量规模巨大到无法通过人工在合理时间内达到截取、管理、处理并整理成人类所能解读的信息。网络上每一笔搜索，网站上每一笔交易、每一笔输入都是数据，都通过计算

① Viktor Mayer-Schonberger，Kenneth Cukier：《大数据时代》，杭州，浙江人民出版社，2013。

机做筛选、整理、分析，这样不仅可以得到简单、客观的结论，更能帮助企业进行经营决策，而且搜集起来的数据还可以进行规划，以引导开发消费力量。

2. 大数据的主要特征

大数据是数量巨大、结构复杂、类型众多的数据所构成的数据集合。同时，大数据也可以看作通过数据共享、交叉复用而形成的知识服务能力和智力资源。大数据的基本特征可以高度概括为“4V”，即 volume（海量性）、velocity（快速性）、variety（多样性）、veracity（真实性）。①

（1）volume（海量性）。海量的数据是大数据最基本的特征，IDC 定义了大数据的数量级至少要超过 100TB（1TB＝1 000GB）。导致数据量激增的原因是多方面的：首先，由于互联网的广泛普及，使得使用网络的人、企业、机构等明显增多，产生了大量的信息。其次，随着云计算、物联网等新兴技术的逐渐兴起，也增加了大量的数据信息。此外，图像、音频、视频等二维数据近年来也大规模涌现。伴随着三维扫描设备以及 Kinect（由微软开发）等动作捕捉设备的普及，数据本身的描述能力越来越强，也逐步接近于真实世界，数据呈几何级数增长的趋势。

（2）velocity（快速性）。大数据的快速性特征，即要求对数据处理的及时与迅速，这是现实需求导致的必然结果，同时也是大数据区别于传统海量数据处理的重要特征之一。互联网的普及促进了网络经济的发展，催生了众多电子商务应用，这就对数据处理的时效性提出了更高的要求。只有即时处理好数据信息，才能为企业及时提供关于用户需求、仓储存货等信息。同时，只有保持对数据处理的快速性、及时性，才能满足用户体验的需求。

（3）variety（多样性）。数据类型繁多、复杂多变是大数据又一重要的特征。传统的数据形式比较单一，数据的存储一般也遵循较为统一的形式，但随着数据量的爆炸式增长，不仅迅速增加了传统结构化数据，也出现了大量以网页为基础的半结构化数据，同时视频、音频、图片等非结构化的二维数据也大大激增，使得数据的结构变得更加复杂化、多样化，这就对大数据的技术处理提出了更大的挑战。

（4）veracity（真实性）。大数据的真实性，很多学者将其称为价值密度低。数据价值密度低是大数据中非结构化数据的一个重要属性。大数据的出现，完成了一个意义重大的转变——全数据模式的开启。该研究摒弃了小数据时代的随机

① 参见马建光、姜巍：《大数据的概念、特征及其应用》，载《国防科技》，2013（12）：10－17。

抽样，而将样本定义为全部的数据信息，遵循着“样本=总体”的原则。这样每个数据都发挥出作用，摆脱了抽样的随机性带来的误差和风险，但对于每个数据的密度价值也相应降低了。

3. 大数据的价值

在社会发展必然趋势下大数据凸显出的重要意义，让政治、经济、文化、科研等各个社会领域的人们都加紧了对其的研究和推动。

在政治领域方面，2012 年 11 月，《时代》杂志指出：美国总统奥巴马能够连任的重要秘诀在于其对过去两年网络相关数据的准确分析、统计和利用。大数据不仅在政权更迭上发挥过重要作用，也被提升到了国家国防和发展战略的高度。以美国为例，2012 年 3 月 22 日奥巴马宣布美国政府五大部门投资 2 亿美元启动“大数据研究和发展计划”（Big Data Research and Development Initiative），大力推动大数据收集、储存、保留、管理、分析和共享海量数据技术研究，以提高美国的科研、教育与国家安全能力。美国政府对这次部署高度重视，将其战略地位与工业时代相类比，强调了其在科技、经济、政治、文化等领域产生的深远影响。①

在商业领域，2013 年 Gartner（高德纳）将大数据列入“将在未来三年对企业产生重大影响的十大战略技术”之中，提出了大数据技术将影响企业的长期计划、规划和行动方案。阿里巴巴能够应对“双十一购物狂欢节”日销售额 191 亿元的交易量，也在于其充分利用往年的巨大数据量，对用户消费习惯、搜索习惯甚至是浏览习惯等行为的综合性分析。对大数据的成功处理实现了消费者对淘宝网和天猫网站大量的并发需求，也保证了阿里巴巴的“商业奇迹”。此外，IBM、Intel、EMC（易安信）、Walmart、Teradata（天睿）、Oracle、Microsoft、Google、Facebook 等源于美国的跨国企业巨头也积极推动大数据处理技术的发展，提出了自身应对大数据战略的发展对策。

在科技领域，庞大的数据量促使人们发现解决问题的全新思维方式，通过将巨大的数据量直接交给高性能计算机处理而不经过模型和假设的解决方式，发现了众多传统方法无法预料的规律和结论。图灵奖得主吉姆·格雷提出的数据密集型科研第四范式颠覆了传统，打破了千百年来探索因果关系的思维固式，建立了以数据为中心，通过分析数据相关性，进而得出结论的全新理论方式。

---

① Viktor Mayer-Schonberger，Kenneth Cukier：《大数据时代》，杭州，浙江人民出版社，2013。

1.3.2　互联网无边界平台对社会的深刻影响

互联网通过强大的黏合作用为人类社会创造了一个无边界的平台。信息流作为载体在互联网虚拟的无边界平台上的传递与整合，为整个无边界平台赋予了无限的生命力。

从宏观上说，基于互联网发展而来的虚拟的无边界平台，其最重要的意义就是在无边界的平台上创建的虚拟信息通道，为信息流的通信及整合提供了最有利的条件。在传统边界明显的人类社会，其局域性的信息往往能发挥较为充分的作用。但随着互联网的发展，传统边界越来越模糊，不同行业、不同领域的交叉融合逐渐深入，信息之间的交互也越来越明显。此时，局域性的信息只能发挥零碎的价值，而不能满足无边界环境下对信息的需求，应运而生的无边界平台利用互联网信息传递便捷、信息量集中等巨大优势，将信息整合，形成了无边界平台上的信息流传递。这种整合而成的信息流价值远远大于局域信息价值的算术和，真正体现了“1＋1＞2”的道理。

从微观上考虑，互联网无边界平台为互联网的每一个参与者都带来了无限的价值与机遇。

首先，互联网无边界平台降低了人们获取信息的成本。随着互联网用户的倍数扩张，互联网这个平台与工具逐渐成为人们发布信息、搜集信息、获取信息数据最常用也是最有效的一种途径。互联网环境的开放、免费特性，降低了人们使用这个重要平台的门槛，同时也大大降低了人们自由搜集各种所需信息的成本。

其次，无边界平台的跨时间、跨区域性，使参与主体间的交流更加及时和有效。由于互联网平台打破了时间和地域的边界，促成了一种全球化的信息沟通。一方面，其打破了时间界限，使得信息沟通能够根据参与主体的需求，既可以在商品推荐、网页搜索等状态下选择及时获取，也可以因为地理时差、办公时限等原因选择随后获取，从而增强了时间的弹性。另一方面，互联网平台打破了空间地域性，使得信息沟通的范围更加广泛，甚至跨越了国界。因此也带动了经济与贸易的全球化发展。

此外，互联网平台降低了创业的门槛，为企业的发展提供了巨大的便利。互联网开启的信息时代，打破了工业经济的常规，不再需要高成本的固定投资作为创业基础，而且基于互联网的创业成本相对极低，可以鼓励许多掌握技术与知识的人才创造财富。同时，众多风险投资商、天使投资人对互联网领域的青睐与支持，也带动了创业的发展。美国的Facebook、Twitter、Google等世界知名的企业都可以作为这个结论最有力的印证。

最后，互联网的无边界性带动了思维的延展与无边界，激发了人类巨大的创新能力、想象能力。互联网无边界的特征也帮助人类大大拓宽了思维的边界，人们的创造精神在这个平台上得到了前所未有的、淋漓尽致的发挥。众多草根英雄、草根科学家的出现也说明创新已不再是科学家的专利，每个人都可以在互联网这个巨大的平台上实践其创新的理念和作品。

1.3.3 大数据时代下的无限财富与机遇

1. 世间万物的数据“量化”

对于世界的数据“量化”，即在《大数据时代》中提到的“数据化”，是一种把现象转变为可制表分析的量化形式的过程。人类在社会生活和生产中曾创造并积累了大量的信息，并以各种不同的形式记录下来。大数据的发展核心动力正是来自于人们对世界测量、记录和分析的渴望。伴随着信息技术的革命，越来越多的人意识到将人类对世界记录分析的结果数据化后所能产生的巨大价值，进而促进了人类对世间万物数据“量化”的探索与实现。

在世界的数据量化过程中，起步较早也较为成熟的是对文字的量化。因为文字是人们记录文明的载体，是知识和智慧的象征，也逐渐演变成信息互通的最有效工具，因此将文字量化所能带来的信息与知识的价值不可估量。2004年，Google公司发布了轰动一时的“Google数字图书馆”计划，试图把所有版权条例允许的书本内容数字化，让世界上所有人都能通过网络免费阅读这些书籍。Google数字图书馆的文本实现与完成不仅诱发了一个新的学术方向——文化组学，即通过文本的定量分析来揭示人类行为和文化发展的趋势。最重要的是，该成果为整个人类探索世界提供了一条开拓性的思维方向，越来越多的研究者和机构部门参与了对数据化文本内在价值的探究和揭示上。事实上，华尔街的金融家们已经使用各种大数据分析挖掘方法，不断找出互联网上金融微博中的“数据价值”，通过股民的情感分析进行股票市场走势的判断，创造出了巨大价值。①

与此同时，许多看似不可能被量化的信息也在信息技术的强大工具下完成了量化。1978年，构成全球定位系统（GPS）的24颗卫星第一次发射成功，此后不断地开放与提升。如今，GPS系统在科技运用、商业运用等领域都发挥了重要价值。Google、苹果、微软等企业也在积极研发自己的地理定位系统以补充GPS的缺陷，其商业价值日益凸显。随后，汽车上安装了无线传感器，地理位

① Nature Publishing Group，“Big Data：The Next Google”，*Nature*，Sep 3，2008.

置信息的数据化对保险行业产生了深刻的变革。这些数据提供了关于时间、地点和实际行驶路线的详细信息，使保险公司能更准确地为车险定价。在英国，车主可以根据他的实际驾驶地点和时间购买汽车保险，而不是只根据年龄、性别及履历等。这种保险定价法激励投保人形成更好的行为习惯。此外，UPS 快递利用地理定位数据为货车定制最佳行车路线，仅 2011 年一年，就驶 UPS 驾驶员少行驶了 4 828 万公里路程，节省了 300 万加仑（1 加仑＝4.546 升）的燃料，减少了 3 万吨二氧化碳的排放量，产生了巨大的效益。

不仅如此，数据化的另一个前沿更为人性化，它直接涉及我们的情感、关系和思想。社交网络公司的核心发展思想正是基于数据化的构思。随着社交网络 Facebook公司将其“社会图谱”公之于众，社交关系也正式被人们定义为一种数据，其潜在价值非比寻常。据一家获得高额风险投资的创业公司的内部研究表明，个人偿还债务的可能性与其朋友偿还债务的可能性呈正相关。因此，一些消费者信贷领域的创业公司正考虑开发以 Facebook 社交图谱为依据的信用评分。

总之，人类正在试图从社会生活的各个领域，通过数据的量化来发现难以估量的商业价值。目前，信息技术的发展使人类拥有了数据分析的工具和必要的设备，这样就可以在更多的领域，更快、更大规模地进行数据处理了。

2. 大数据的“潜在价值”日益凸显

一直以来，数据被视为附属于企业核心业务的部分，数据的产生与存在是为企业的核心生产活动提供支持。而大数据时代的到来，改变了数据的价值，大数据的价值由最基本的用途转变为对未来的潜在用途。这一转变意义重大，它影响了企业评估其所拥有数据的方式，进而促使甚至迫使企业变革商业模式；与此同时，这一转变也改变了组织看待和处理数据的方式。

释放数据潜在价值的常用方式有三种：数据再利用、数据集重组和数据多重利用。

数据的再利用是指有一些企业因为存储成本低等原因，将已经搜集或使用过的旧数据保留下来变成了“数据坟墓”，而掌握了信息技术优势的科技公司将其再次利用，挖掘出了巨大的价值。Farecast 公司利用机票销售数据来预测未来的机票价格；Google 使用搜索关键词预测出了整个国家的流感传播状况；美国海军军官马修·方丹·莫里（Matthew Fontaine Maury）利用老船长的日志发现了洋流。这些都是利用“数据坟墓”并产生巨大价值的典型案例。这些案例充分显示出被人忽视的数据一旦被重新利用起来，仍会产生难以估量的效用。

数据集重组是指用新的方式混合数据，将处于休眠状态的数据通过与其他数据集的结合而唤醒其重要价值的过程。例如，美国一家提供免费房地产估价服务的网站 Zillow. com，将房地产信息的价格数据集添加到美国的社区地图上，并聚合了诸如社区近期的交易和物业规格等大量的信息，预测出了区域内具体每套住宅的价值。由此可见，通过重组数据，将价值有限的单个数据汇集和重组在一起，其总价值要比单个数据的价值超出很多。

数据的多重利用类似数据再利用，但这种释放潜在价值的方法是从数据的产生环节就设计出了数据价值的可拓展性，自数据搜集的初始就鼓励数据的多重用途。一个典型的案例就是 Google 的街景与 GPS 采集，Google 在对数据搜集时重点强调了拓展性，它不仅拍摄了房屋和道路的照片，还采集了 GPS 数据，检查了地图的信息，甚至加入了无线网名称。一辆谷歌街景汽车每时每刻都能积累大量的离散数据流。在对数据进行处理时，不仅可以优化谷歌地图服务，还可以补充 GPS 的缺陷等，从而充分发挥了数据集的价值。

3. 大数据价值链的构成与完善

如今，已有许多企业灵敏地嗅到了大数据的巨大价值，它们积极地融入了大数据的价值链当中。大数据的价值链由多种不同特征的企业构成，根据提供数据价值的来源，可以将其分为基于数据本身的公司、基于技术的公司和基于思维的公司。①

基于数据本身的公司可以看作大数据的掌控者，它们可能不是收集第一手数据的机构，但它们能够接触数据、有权利使用数据并且有资格将数据授权给渴望对其进行利用的公司。最典型的就是 Facebook、Twitter 这类社交网络企业，它们利用自身业务优势发展了大量忠诚度较高的用户，每天都能产生海量数据，它们将数据通过两个独立的公司授权给别人使用，并通过这种利用方式获取了巨大的利润。

通常说来，基于技术的公司是指咨询公司、技术供应商或者分析公司，它们通常无法获取海量的数据来源，但这类公司掌握着尖端的专业技术技能，在与拥有大数据但缺乏技术的公司充分合作、互利互惠后，同样可以发挥大数据的重要作用。例如，美国十大上市软件公司之一的 Teradata（天睿）公司是全球最大的专注于大数据分析、数据仓库和整合营销管理解决方案的供应商，其与沃尔玛、Pop-Tarts 这两个零售商合作，在对其数据进行了充分分析后提供合理的营销策略，从而对零售额的提升起到了重要的作用。

基于思维的公司，它们的优势在于能够先人一步发现机遇，虽然其本身并不

① Viktor Mayer-Schonberger，Kenneth Cukier：《大数据时代》，杭州，浙江人民出版社，2013。

具备数据或者专业技能，但也许正是因为这一点，才让它们摆脱了行业思维固有的桎梏，充分发挥了创造力。例如，2009年8月布拉德福德·克罗斯（Bradford Cross）在他20岁的时候，与4个朋友一起创办了FlightCaster.com网站，通过分析过去十年里每个航班的情况，将过去与现实的天气进行匹配，致力于预测航班是否会晚点。同样，皮特·华登（Pete Warden）创立了Jetpac这样一个公司，他们通过用户分享到网上的旅行照片来为人们推荐下次旅行的目的地。这种大数据思维认为，公开的数据一旦处理得当，就会为千百万人急需解决的问题提供答案。而这种极富创造力的公司的出现，也会为大数据时代的发展提供更多新鲜的“血液”和财富。

4. 金融大数据面临的挑战与准备

大数据时代的到来也对金融领域提出了更多的要求和挑战，顺应时代的发展，我们必须从意识、技术、管理等各个领域做好充足的准备。①

（1）意识的转变。大数据的“大”，并不在其表面上的“大容量”，而在其潜在的“大价值”。在金融大数据的背景下，针对金融市场的决策将日益基于数据和分析做出，而非传统意义上基于经验和直觉。因此，在大数据时代，金融分析与决策的正确性和及时性越来越依赖于对大数据的应用与判断。

（2）技术的准备。在大数据时代，为了应对金融数据的爆炸式增长和不同类型数据的混合发生，以便在大数据下进行有效决策，存储技术、检索技术、分析技术、学习技术等数据处理技术必须有重大的改进。借助于Web 2.0和云计算，我们有了更强大的处理工具和手段。但是，在海量的数据面前，仅仅有工具是远远不够的，必须有更加有效的分析方法，才能完成对数据所蕴含价值的探索和发现，进而实现金融决策的准确化和即时性。

（3）管理的改进。大数据量的产生速度迅捷，在计算能力不断提高的今天，组织结构对于计算结果的反应能力和执行能力，将成为进一步发展金融业的瓶颈，现有的层次型组织结构和指令性管理模式必须进行重大的改进，以适应新形势下的数据新增长模式和金融活动新变化。

总之，大数据是一种资源，也是一种工具，大数据开启了人类发展史上一次重大的时代转型。大数据时代本身就会带来一场人类生活、工作和思维的重大变革。只有牢牢跟紧时代的节奏，积极应对大数据为传统社会生产生活方式带来的各种机遇和挑战，才能真正享受这场巨变带给人类的不可估量的巨大价值。

---

① 参见许伟、梁循、杨小平：《金融数据挖掘——基于大数据视角的展望》，北京，知识产权出版社，2013。

参考文献

[1] 李彦 . IT 通史：计算机技术发展与计算机企业商战风云 . 北京：清华大学出版社，2005

[2] 吴军 . 浪潮之巅 . 北京：电子工业出版社，2011

[3] 苏惠香 . 网络经济技术创新与扩散效应研究 . 大连：东北财经大学出版社，2009

[4] 盛晓白，韩耀，徐迪等 . 网络经济学 . 北京：电子工业出版社，2009

[5] 唐敬年，皮立君，宋丹峰等 . 网络技术、网络经济、网络价值及其评估 . 中国资产评估，2000（4）：35－37，47

[6] 陈湛匀，鲍康荣 . 改变世界的网络经济 . 上海：上海人民出版社，2000

[7] Liang Xun，Chen Rongchang，He Yangbo，et al.，"Associating Stock Prices with Web Financial Information Time Series Based on Support Vector Regression"，*Neurocomputing*，2013，115（2）：142－149

[8] 梁循，曾月卿 . 网络金融 . 北京：北京大学出版社，2005

[9] Viktor Mayer-Schonberger，Kenneth Cukier. 大数据时代 . 杭州：浙江人民出版社，2013

[10] 马建光，姜巍 . 大数据的概念、特征及其应用 . 国防科技，2013（2）：10－17

[11] Nature Publishing Group，"Big Data：The Next Google"，*Nature*，Sep 3，2008

[12] 许伟，梁循，杨小平 . 金融数据挖掘——基于大数据视角的展望 . 北京：知识产权出版社，2013

第 2 章　互联网与商业模式：颠覆与超越

摘　要

本章从互联网“虚拟空间”的概念出发，描绘了“虚拟空间”的两个基本属性：“信息流集成”和“平台化”；然后，在此基础上，本章概括了互联网商业模式的生产机理、主要类型以及演变过程，分析了互联网商业模式超越和颠覆传统商业模式的原因，提出了互联网商业模式对传统商业模式的 3 大改变，即改变了企业的价值主张、改变了企业的价值创造系统以及改变了企业的价值实现方式。

2.1　互联网商业模式的含义

互联网金融是互联网商业模式（business model）的一种形态和样式，也是互联网商业模式发展至今的较高层次。研究互联网金融，需要对互联网商业模式的含义、特征以及来龙去脉进行分析和梳理。在此，我们先说明什么是商业模式以及商业模式概念的出现有哪些背景，进而说明什么是互联网商业模式，以便为本章的分析奠定理论基础。

2.1.1　什么是商业模式

在市场经济条件下，企业的基本目的、存在理由以及宗旨、使命是为顾客创造价值以及自身的持续盈利。为顾客创造哪些价值、如何创造价值以及企业如何形成收入，是企业战略以及经营管理的核心问题，而商业模式则是对这些问题的回答。

理论界对于商业模式的定义众多，但迄今仍未达成共识。简单说来，我们可以将其归纳为两类：①将商业模式定义为一个企业创造价值的核心逻辑［Linder and Cantrell（2000）］。商业模式描述或表达的是企业从事业务活动（或者说描述企业实际运营过程背后）的逻辑［Peterovic et al.（2001）］。商业模式可被看作经营战略在概念和结构上的实现以及进行业务活动的基础［Osterwalder and Pigneur（2002）］。更确切地说，它是一个概念框架，有助于把企业的战略（或者说竞争原则）和企业的实际行动（或者说战略执行）联结起来。商业模式框架有助于企业从战略的高度对其运营方式进行思考［Richardson（2005）］。商业模式是公司运作的秩序，公司依据它建立，依据它使用其资源、超越竞争者、向客户提供更大的价值，并依据它盈利［Muah et al.（2005）］。②区别于既有的从战略、能力（资源）、价值创造等理论逻辑视角来定义商业模式，魏炜和朱武祥（2007，2012）将商业模式定义为"企业利益相关者的交易结构"，包括交易主体（谁参与交易）、交易内容（交易什么）、交易方式（怎么交易）以及交易定价（收支）。交易主体包括客户、供应商、经销商等；交易内容不仅包括产品，还包括资源能力。应该说，这两类定义基于对企业不同的认识：第一种定义基于"企业是资源（能力）的集合"的理论（资源学派）；而魏炜和朱武祥的定义则是基于"企业是一系列经济契约的集合"的理论（制度学派）。这两种定义的结合使得人们对商业模式的定义更为丰富和完整。

我们认为，商业模式的基本结构是企业创造的顾客价值和企业获取的收益之间的对称。一方面，商业模式通过提出满足顾客价值的价值主张，对可以支配的资源、价值活动进行配置，实现价值创造和价值实现；另一方面，商业模式通过交易结构的设计实现企业各利益相关者的价值。

对于商业模式的构成要素，不同的学者给予了不同的概括。Chesbrough and Rosenbaum（2000）提出了六要素模型：价值主张、目标市场、价值链结构、成本结构和利润模型、价值网络、竞争策略。Hamel（2001）提出了包含核心战略、战略资源、价值网络和客户界面的四要素模型。Richardson（2005）围绕价值概念对商业模式框架进行整理后认为，商业模式框架的三个主要要素是价值主张、价值创造和传递系统、价值获取。Applegate（1999）认为商业模式由概念、价值和能力三部分组成。Magretta（2002）认为商业模式包括角色、动机和情节。黄卫伟（2003）在Applegate模型的基础上，认为商业模式由概念、价值、能力、实现方式四要素组成。魏炜和朱武祥（2009）从"商业模式是利益相关者的交易结构"的视角，认为商业模式的组成要素包括业务系统、定位、盈利模式、关键资源能力、现金流结构和企业价值。其核心概念是业务系统，强调整个交易结构的构型、交易方的角色和关系。

我们认为，商业模式由价值主张、价值创造和价值实现三要素组成。所谓价值主张是指公司通过其产品和服务能够向消费者提供的价值，这里包括了顾客的定位、公司提供的产品和服务的问题。价值创造是指企业如何配置资源和能力，构建能够满足顾客价值的产品和服务的系统。在这个价值系统的构建中，可以通过交易结构的设计实现企业利益相关者的价值。价值实现是指回答企业的盈利方式问题。

关于商业模式和战略的关系，理论界亦存在不同的观点。迈克尔·波特（2001）认为，商业模式不是战略；也有人认为商业模式可以看作经营战略在概念和结构上的实现［Osterwalder and Pigneur（2002）］。我们认为，就商业模式的内容而言，其与企业的经营战略基本重叠，属于企业战略的组成部分。不过，商业模式强调运作方式和实现方式，它又具有战略执行的意味。

商业模式之所以称作“模式”，具有以下几个特点：①结构化。商业模式内部的若干要素相互关联、彼此作用，构成一个内部契合、协同的整体。②清晰性。商业模式所揭示的企业运行和价值创造的逻辑是清楚的而非模糊的，是可概括的而非表达不清的。③可复制。在相同的企业内外部条件下，商业模式可以移植和成倍扩张。④稳定性。作为一种模式，要具备内外部的适应性，必须有较长的稳定期，而不是昙花一现。好的商业模式除了应具备以上特点外，还应具备其他两个特点：一是延展性。好的商业模式提供了顾客价值创新和延伸的较大空间，为业务和收益的多元化创造了条件。二是增强性。好的商业模式一旦运行，就会对关键经营资源（如顾客资源）的获取、占有、保持和拓展产生增强效应，从而使竞争优势不断放大和提升。[①]此外，商业模式常常包含“创新”的含义。人们提到商业模式，往往与改变行业竞争规则、打破常规做法等联系在一起。[②]

2.1.2 商业模式概念出现的背景：互联网是催生因素

目前，商业模式是全球企业战略研究领域的热门话题。商业模式是一个较新的概念，在 2000 年之前出版的企业战略理论教科书中，很少见到对它的说明和分析。

原磊（2007）从文献学角度对商业模式的研究脉络进行了考证：商业模式一词最早于 1957 年出现在论文正文中，于 1960 年出现在论文的题目和摘要中，但根据文献统计的结果，直到 1999 年，学者才广泛关注这一概念并将其作为一

①② 参见吴晓求等：《中国创业板市场：成长与风险》，北京，中国人民大学出版社，2011。

个独立领域进行研究。此后，对商业模式的研究文献呈上升趋势。①

人们普遍认为，商业模式概念的产生有两个背景：一是许多传统产业进入成熟期后，陷入了同质化、规模化竞争的陷阱，出现了全行业无盈利（或少盈利）的现象②，因此呼唤新的盈利模式。这些行业中的极少数变革者采用新的战略组合实现了盈利突破。企业实践提出了商业模式（原先称为盈利模式或生意模式）问题，同时也展现出解决问题的端倪和方向（如美国西南航空、戴尔电脑、ZARA时装等案例），这必然引发管理学界的关注和兴趣。学者们将这些新的战略组合概括为新的商业模式。二是在互联网的发展过程中，一批“春江水暖鸭先知”的创业者敏锐地意识到了其中蕴含的商业机会，进行了各种以互联网为基础、重要经营手段和要素的商业尝试。但是，许多互联网企业在相当长的时间内只有资源投入（俗称“烧钱”），找不到形成现金流、获取利益的途径和方式。互联网领域的创业者们普遍认识到互联网上“流量”的重要性，但“流量”如何“变现”，始终是个必须解决、却难以解决的核心问题。可以说，互联网企业的盈利问题是与生俱来的，有的领域已基本解决，有的领域至今仍在探索之中。以腾讯为例，发明QQ即时通信系统、吸引巨大使用人群之后，在相当长的时间内找不到赚钱的路径，直至游戏业务以及移动互联业务兴起、壮大后，企业现金流、盈利以及持续生存和成长问题方才解决。目前，腾讯的“杀手级”产品微信已拥有了数亿用户，但基于微信的盈利模式尚处于起步阶段。互联网企业的实践和现实问题促使人们思考互联网企业价值创造的逻辑，互联网企业所服务的客户有哪些特征，凭借什么产品或服务可以为顾客创造价值，与其他企业为顾客提供价值的方式有何差异；互联网企业如何获得收入，价值链如何构建，如何降低运营成本等等。这些问题都属于互联网商业模式的范畴。

互联网的发展和商业模式的研究热潮在时间上相互重叠，这不是偶然的巧合，恰恰是互联网企业的实践和管理学界的研究互动以及理论对现实做出回应的见证。如果把互联网比作丰饶的土壤，商业模式理论则是盛开于这片土地上的艳丽花朵。显然，无论是传统产业还是新兴产业，未来都会更加积极、坚定地与互联网相融合，以互联网为依托，将其作为关键的基础要素；基于互联网的新商业模式亦将层出不穷，其形态更加丰富。这将进一步牵引、推动商业模式理论的研究。

① 参见原磊：《国外商业模式理论研究评介》，载《外国经济与管理》，2007（10）。

② 参见亚德里安·丁·斯莱沃斯基等：《发现利润区》，北京，中信出版社，2000。

2.1.3　互联网商业模式

提到互联网商业模式，我们常常会联想到京东的电子商务、阿里巴巴的支付宝、腾讯的微信、新浪的新闻门户网站、携程的旅游服务……林林总总，样式繁多。它们有一个共同的特点，即互联网是其商业模式中的结构性要素。也就是说，在企业创造价值、获取收入的体系、流程以及途径之中，互联网已成为与其他要素相互交融和紧密联系的必不可少的构件。

下面先分析一下互联网的基本特征。我们认为，互联网具有两大特征：一是互联网是一个虚拟空间；二是互联网具有外部性和边际成本递减性。

首先，互联网是一个虚拟空间。

互联网属于社会基础设施，它为何能成为企业商业模式的组成要素呢？它又是怎样与商业模式“结构”成为一体的呢？这需要分析互联网的功能和属性。互联网是什么？相对于可触可感的现实世界和物理空间，它是一个虚拟空间。这个空间有两个基本特征：一是浩瀚的信息流集合；二是无限广阔的平台。

在虚拟空间内，社会经济生活的各种信息不断生成、汇集、流转、发散、沉淀和演变，信息规模极大，信息类型和内容无比丰富，信息流转效率极高。同时，信息的链接呈现出无中心、网络状和交互式（互动和反馈）的特征。互联网的世界是真正的信息“云”世界，它是全社会生产信息、使用信息、分配信息的主要机制和途径，它满足了我们对信息广泛性、准确性和快捷性的期望；离开了互联网，任何企业及个人几乎无法有效地传递、获取、处理信息。由于互联网虚拟空间具有“信息流集成”的属性，因此它对商业模式的影响在两个方面发生：①原来具有多种有形载体的知识、信息产品（如图书、报纸、唱片、胶片等）直接转化为互联网上的信息形态；这些产品（可统称为“内容”产品）的生产、流通和消费都在互联网上发生和进行。这就是大量音频、视频（包括游戏在内）等内容网站生成的原因。②在企业价值链的构成要素（商流、物流、信息流）中，将信息流移植到互联网上。换言之，将互联网嵌于企业的价值链以及商业模式之中，以提高市场信息获取、顾客需求辨识、产品展示、顾客沟通和互动、市场订单回应、内外部价值链衔接等信息流转的效率。目前，传统行业中大量的“价值链”型企业都在以这种方式吸纳、融合、拥抱互联网。

虚拟空间除了是由“信息流集成”之外，它还为我们提供了生存的第二空间，带来了与众不同的体验。由于虚拟空间是无限开放的，也是低门槛的——几乎所有人都可以自由、平等地进入，因此它对所有的企业和个人而言，都是一个展现自我、与他人交往、开发和整合资源、寻找和创造价值空间的平台。这是一个舞台，任何企业和个人都可以置身其上出演各种剧目，它像一首流行歌曲所唱的：“我在这里欢笑，我在这里哭泣；我在这里活着，也在这里死去；……我在这里寻找，也在这里失去。”在这个平台上，各类企业及个人既聚合又分离，形成一个包含多种“部落”在内的虚拟社会。由于互联网天然具有平台属性，因此它为一些企业采用平台型商业模式创造了条件：我搭台，你唱戏；你销售，我服务；只要你愿意来，我就免费。前来唱戏的人越多，平台的集聚效应和外部效应就越大。试想一下，在真实的物理空间里，有哪一个商场能像淘宝那样容纳数以百万计的商家，有哪一个机构能为如此众多的中小创业者提供机会；有哪一个软件商店能像“APP STORE”那样提供（并且快速更新）海量应用？

虚拟空间的“信息流集成”和“平台”两种功能及属性，彼此之间是相互关联、作用、影响和增强的。丰沛的信息流以及便捷、互动、无限链接的信息流动机制吸引了众多的主体（企业、个人以及各种机构）参与；而平台上各类主体的聚焦则会带来巨量信息。“信息”和“平台”两种功能交互在一起，催生了众多社群型、社交型以及服务型商业模式。要么以“信息流”要素为必要条件，以“平台”要素为充分条件，如微博、微信、股吧、论坛型商业模式；要么反过来，以“平台”要素为必要条件，以“信息流”要素为充分条件，如支付宝、P2P网贷等。

其次，互联网具有外部性和边际成本递减性的交互作用机制。

根据梅特卡夫定律，网络的价值等于网络节点数的平方，网络的价值与联网用户数的平方成正比。探究梅特卡夫定律背后的理论，可以发现其源于网络的外部性（network externality）：“随着使用同一产品的其他消费者数目增加，个体消费者从中获得的效用增加。”［Katz and Shapiro（1985）］网络的外部性是由于其创造的产品——信息具有不同于一般物质产品的特性，即信息的消费过程很可能同时就是信息的生产过程，它所包含的知识或感受在消费者那里催生出更多的知识或感受，消费它的人越多，它所包含的资源总量就越大。

互联网作为一种交互式媒体，其极强的外部性表现在：联网的用户越多，网络的价值越大，联网的需求也越大。

互联网的另一个特点是其具有边际成本递减性，使用互联网的用户越多，成本越低，甚至趋近于零。

互联网的外部性及边际成本递减性的交互作用使得互联网企业理论上可以服务于数量无限的客户，因而互联网具有普惠性。余额宝的创意者周晓明曾指出：余额宝的成功，是因为服务了传统体系中得不到很好服务的普通人，传统金融并非不愿服务这些客户，但成本不划算。如果银行的物理网点每天接待几千个客户，每人存取几十块钱，成本根本无法支撑。但是，余额宝却能按一块钱的最低门槛服务那些小客户。

同时，互联网的外部性及边际成本递减性的交互作用使得企业采用“免费的商业模式”成为可能，通过免费的方式可以让更多的用户使用网络产品，而更多用户的参与将会使网络具有更大的价值，同时降低网络产品的使用成本。

在对互联网的两大基本特征做了分析后，我们可以对本章的分析框架进行说明：本章以“虚拟空间”概念为基础、内核以及逻辑起点，依据虚拟空间的两种基本属性（即“信息流集成”和“平台”），同时考虑互联网的外部性及边际成本递减性的交互作用机制，分析了互联网商业模式的生成机理，概括出了互联网商业模式的主要类型。与此同时，本章从纵向分析了这些类型的起源和发展顺序，并揭示了互联网商业模式超越和颠覆传统商业模式的原因所在（见图 2—1）。

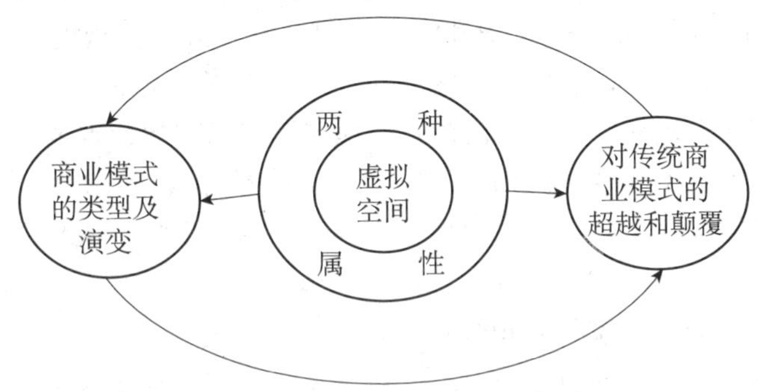

图 2—1　本章的分析框架

2.2　我国互联网商业模式的演变

从纵向、动态的角度说明我国互联网商业模式的发展演变过程以及驱动互联网商业模式演变的主要因素，可以更清楚地了解互联网商业模式的源头和流向，把握其整体脉络。

2.2.1　我国互联网商业模式的演变过程

描绘我国互联网商业模式的演变过程是困难的。一方面，因为互联网商业模式极为丰富，而且它们并联式产生和发展，很难理清脉络；另一方面，因为我国互联网商业模式具有较强的模仿性，国外发达国家一旦出现新的互联网商业模式，国内企业就会一哄而起地复制。因此，互联网商业模式的演变具有一定的突发性、不确定性和从属性。互联网商业模式像一条连续流动的河，中间无法切断；尽管如此，我们还是将“河段”做出类似于“上游”、“中游”和“下游”的划分。

1. 朦胧初探阶段（20 世纪末至 2003 年）

20 世纪 90 年代末，在国际互联网的热潮中，我国一批互联网企业应运而生（1997 年，网易；1998 年，搜狐、新浪、腾讯；1999 年，当当、卓越、携程、盛大、百度、阿里巴巴）——在它们之前，已经有了一些互联网先行者（如瀛海威等）。其时，美国互联网的热浪和纳斯达克对互联网的狂热也惠及中国，中国的互联网企业获得了大量的天使投资和风险投资。在随后的几年内，互联网企业在不同领域进行着商业模式的尝试。一些通信产品和服务（如免费邮箱、QQ 即时通信等），虽然吸引了大量用户和流量，但一直在等待变现的契机和途径；而一些新闻门户类、专业信息服务类网站在与传统媒体的竞争中已显现生命力，其广告收入模式得以确立。在这一阶段，恰逢美国互联网泡沫破裂，大批互联网企业陷入低谷。但到了 2000 年以后，游戏市场开始加温，为网易、腾讯等企业提供了流量变现的重要途径。直至今日，游戏收入仍是这些互联网企业的主要收入来源之一。

2. 多样化发展阶段（2003—2008 年）

虽然互联网泡沫的破裂在短期内影响了互联网与商业的融合，但互联网的发展趋势是不可阻挡的。2003 年，阿里巴巴推出了淘宝网和支付宝，具有一定信用、便捷支付的 B2B、B2C、C2C 电子商务模式开始出现并迅速发展。由此带动并开始改变大众消费模式。与此同时，其他类型的互联网商业模式也逐渐兴起。信息服务类的电子图书，博客及微博，音频、视频，搜索等产品和服务在这一阶段开始起步并迅速发展。社交类的人人网等也在这一阶段开始创立。百度基于中国国情的“竞价排名”，创新了搜索产品的广告收入模式，极大地激发了收入增长。基于微信、会员吧、论坛等载体和形式的网络社交蔚然成风，面向网络社群的商业模式也进一步完善（广告模式、增值服务模式等）。虽然有些网站（如视频等）尚未盈利，但已显示出清晰的盈利前景。

3. 超越传统商业模式阶段（2008—2013 年）

经历前面两个阶段后，我国互联网产业进入加速发展的新阶段：互联网企业成倍增长、渗透范围越来越广，互联网商业模式在许多领域俨然已成为超越传统商业模式的主流，其标志性事件是电子商务的爆发性增长。京东等起步较早的电子商务网站不断扩展经营范围，淘宝、天猫等平台型电子商务网站的集聚效应急剧扩大，一大批专注于细分、利基市场的垂直网站如雨后春笋般快速成长，一些传统商业的巨头（如苏宁等）也义无反顾地开拓了线上销售业务。与此同时，京东、苏宁等自建庞大的与电子商务配套的物流体系，一批与电子商务配套的物流公司也在整合中壮大；全社会电子商务产业链逐步健全。电子商务的发展，对传统服装（包括鞋类）、图书、零售等行业已构成重大冲击。

在此期间，随着 3G 网络的开通、智能手机的普及，移动终端的功能越来越丰富——从前几年的音乐下载到近年的网络界面移动化（原先在电脑上操作的服务项目可以在移动终端上操作）；相应地，与移动互联相关的商业模式不断涌现。微信在两年时间内吸收了数亿注册用户，以此为基础的衍生、叠加型的商业模式，其丰富性、可能性和发展前途不言而喻。与此同时，随着电子商务的发展，支付平台的功能日渐强大，积聚的资金、资源日益增多，其金融属性已浮现出来，包括支付平台在内的互联网金融成为迄今为止互联网商业模式的最高层次。此外，面对互联网商业模式的挑战，传统领域的企业开始重视、利用互联网，与互联网相融合，因此将“线上”和“线下”结合起来的 O2O 模式方兴未艾。需要特别指出的是，由于互联网商业模式天然具有“马太效应”，近年来互联网各个应用领域的“寡头”已出现或正在出现。这也是行业发展趋于成熟的标志。

2.2.2　我国互联商业模式的发展逻辑

我们可以把互联网商业模式中所有的样式归结为三类：第一类是信息交流类（以下简称“信息类”），具有信息交换功能或者产品及服务的形态为信息；第二类是电子商务类（以下简称“商务类”），通过网络进行有形商品的销售；第三类是融合类，即将前面两种类别融合起来。以此为基础，我们可以描绘互联网商业模式的发展逻辑（图 2—2 中方块里表示的是相关网站、产品和工具，也代表了它们背后的商业模式）。

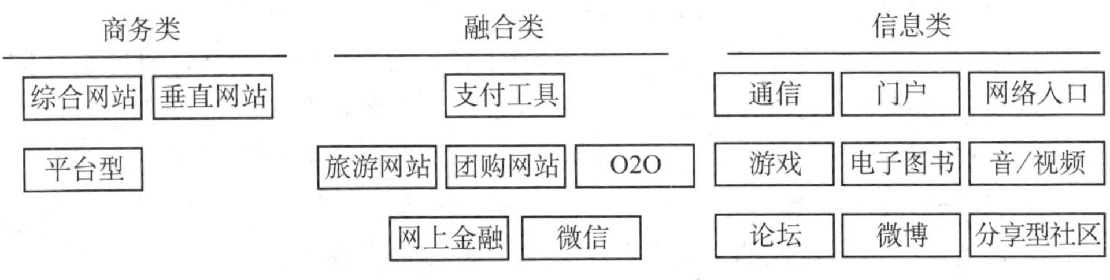

图 2—2　互联网商业模式的分类和发展

在图 2—2 中，商务类中的“综合网站”是指经营范围较宽、品类多样的网上商场，如京东、当当等；垂直网站是指专门销售某一种类商品的网站，如凡客诚品等；“平台型”是指为买卖双方提供交易服务的平台型电子商务网站，如淘宝、天猫等。融合类的“支付工具”，是指为网络交易提供支付服务的金融工具，如支付宝等；“旅游网站”是指提供旅游信息服务和进行旅游产品线上交易的网站，如携程、艺龙等；“团购网站”是指通过网络集合顾客、组织团体购买的网站，如美团网等；“O2O”是指线上、线下交互运作的营运模式，采用这一模式的企业众多；“网上金融”是通过互联网开展和运作的各项金融业务；“微信”是腾讯开发、提供的一种网络交流工具和平台；在信息类中，“通信”是指网上通信产品服务和工具，如邮箱、QQ 等；“门户”是指提供信息服务的用户界面及网站，如新浪网、东方财富网等；“网络入口”是指帮助用户进入互联网信息空间的工具和通道，包括搜索、浏览器、流量分发平台、网络导航平台等，如搜狗、UC、91 助手、Hao123 等；“游戏”是指网游、页游及手游等各种电子游戏产品以及营运网站，如盛大、九城等；“电子图书”是指供读者网上阅读的电子形态的图书报刊、各类知识库以及营运网站，如榕树下、起点中文网等；“音/视频”是指网上的音频（音乐）和视频产品及营运网站，如一听、优酷等；“论坛”是指网上开放型或会员型表达观点、讨论问题的平台以及网站，如凯迪网、机锋网等。“微博”是指一种字数有限的短博客，是用户发表观点、讨论问题以及社交交流的工具和平台，如新浪微博、腾讯微博等；“分享型社区”是指以封闭的方式（如会员、好友圈等）形成的网络社区，社区成员在社区内互动并分享信息、知识等，如人人网、微信朋友圈等。需要指出的是，新的互联网产品、服务及网络不断出现，图 2—2 不可能囊括；有些网站同时运作若干产品和服务，我们的例子可能只涉及其中的一部分。

2.2.3 驱动、影响互联网商业模式演变的因素

1. 互联网及计算机技术的发展

互联网及计算机技术的发展是影响互联网商业模式演变、发展的最重要因素。新的互联网及计算机技术的出现，往往会催生互联网新的功能和应用，进而也会引发与之相关的新商业模式。例如，基于互联网、物联网的“云计算”技术、“大数据”技术，必将创造出许多今天我们想象不到的商业机会和模式。同时，互联网及计算机技术的发展、普及，为互联网商业模式提供了有力的支撑和保证。试想一下，如果没有“流媒体”技术的发展，视频网站的用户体验要求能够得到满足吗？它们能够按“长尾”模式运行吗？此外，作为互联网基础构造的

“信息高速公路”，其技术进步为互联网的应用和用户价值的创新、提升创造了条件，开拓了空间。以无线为例，我国即将进入 4G 时代，移动互联的速度将会跃升，移动终端的功能将会延伸和升级；在此基础上，与移动互联有关的商业模式亦将沿着满足用户需求、创造用户需求的方向演进。

2. 物流体系的完善

首先，随着我国高速公路、高速铁路、航空及水路主干交通网络以及“村村通”公路（“毛细血管”）、物流园区等基础设施的发展和完善，全社会物流运输的效率有了很大提高，这就为电子商务的发展创造了条件。其次，近年来物流配送企业的数量增加，运营质量也有所提升，出现了“顺丰速运”这样的行业标杆企业，也出现了注重与电子商务配套的物流企业，如“四通一达”（申通、圆通、中通、汇通及韵达）。尽管总体上物流企业还存在规模小、营运效率低、服务质量不尽如人意等问题，但其逐渐跟上了互联网电子商务的发展节奏，并对互联网电子商务产生了强烈的刺激和有力的支撑作用。最后，一些互联网企业也开始涉足物流业，如京东等行业巨头成立了自己的物流公司来完善产业链、降低营运成本。这会有效地激发第三方物流企业竞争力的提升。

3. 支付方式的多样化

当前，互联网交易的支付方式主要有网上银行支付、第三方支付平台支付、手机支付以及快递代收款四种方式。应该说，支付方式的逐渐丰富对互联网商业（包括电子商务在内的各类交易的集成）的快速发展功不可没。

在互联网商业发展初期，主要的支付方式是网上银行支付以及第三方平台支付。但是，当时网银支付的步骤烦琐并且成功率低，各个银行之间存在着明显的壁垒，不能实现跨行支付，并且用户对网银支付的安全性也普遍持质疑态度。而第三方支付受制于银行网关的开放情况，支付很不方便；同样，用户对其安全性也有疑虑。随着中国银联的整合，网上银行的界限被逐步消除，同时网络安全监护措施逐步到位，支付也就更加方便、安全。在第三方支付方面，支付平台大量产生，而支付宝以及财付通逐渐占据了绝大部分市场份额。它们大多采取免费提供支付服务的经营方式，使得用户数量迅速增加。同时，绝大部分支付平台都提供交易双方的第三方担保服务。2010 年 6 月，中国人民银行正式公布了《非金融机构支付服务管理办法》，对从事支付业务的非金融机构提出了资质要求，加强了消费者的安全保障。此外，近几年手机支付逐步兴起，但由于行业标准不统一以及金融、通信行业各自壁垒的存在，通过手机终端的支付迟迟没有实现规模性突破。我们相信，这种僵滞状况不久将会改变。

4. 全球化背景下商业模式的模仿

全球化是中国互联网商业模式生成、演变的背景，而模仿则是直接的推动因素。20 世纪 90 年代中国出国留学的理工科学生，不少进入了刚刚兴起的信息、网络技术领域，他们（代表人物有张朝阳、李彦宏等）学成归国后创业的领域与国际接轨，将国外互联网商业模式移植进入中国。目前，中国许多互联网商业模式均来自于国外。最初的百度是 Google 的中国版，搜狐、网易、新浪则以 Yahoo 为模板；淘宝网身上有 eBay 的影子，京东商城像是 Amazon 的同胞兄弟，2011 年备受关注的微博也是 Twitter 的中国翻版。近年来，只要国外出现了新的互联网商业模式，国内必有跟风模仿者，视频、社交、团购等领域莫不如此。当然，在模仿的基础上，中国互联网企业也在不断创新，在某些方面“青出于蓝而胜于蓝”。总的来说，中国的互联网企业还是“学生”，绝大多数尚未走上国际舞台，很少为世界贡献新的互联网创意、工具、产品、服务以及相应的商业模式。

5. 资本市场的催化作用

国外资本市场尤其像纳斯达克那样以高科技、高成长上市企业为主的股票市场，一向重视互联网企业；对创新性互联网商业模式更为青睐，往往给予较高的估值。也就是说，独特的商业模式可以使企业的市场价值增值。我国的许多互联网企业从成立之初，在股权安排、治理结构、团队构成、运行方式等方面就是立足于海外上市的。从实际情况看，最优秀的商业模式、最具竞争优势的互联网企业大多在海外上市了。由于国内股票市场的审批标准以及有关法律法规因素的制约，互联网企业在国内上市的很少。近年来，随着创业板的开办，已有少数互联网企业在国内资本市场亮相。资本市场为互联网企业的发展提供了资金支持、构建了有效的外部监督机制，为冒险投资互联网企业的各类资本提供了退出通道。与此同时，资本市场也对互联网企业的商业模式创新起了积极的促进作用，尤其是国外资本市场接纳商业模式独特但目前尚无盈利的互联网企业。此外，互联网企业上市后巨大的财富效应也激励着更多的个人和企业投身于互联网领域的创业和商业模式创新之中。

6. 社会结构的变化

我国社会结构的变化是互联网商业模式演变的重要推动因素。目前，我国互联网用户大多在 35 岁以下，他们基本属于 80 后和 90 后。这些新兴人群是伴随着互联网的诞生、发展而成长的，他们天然接受、接纳互联网（60 后以上人群大多对互联网有陌生感），并且在工作生活中已离不开互联网，虚拟空间已成为他们主要的生存环境。随着 80 后、90 后成为社会中坚并走向社会前台，互联网的应用会进一步延展，致使互联网商业模式有了更广泛的适用范围。需要特别指出的是，社会消费的主力军（70 后、80 后、90 后）因房地产高价的压力，普遍成为价格敏感度高的消费者，他们对网上商品的廉价极为重视，这是电子商务迅猛发展的重要原因。此外，新兴人群在宽松的环境下成长，个性相对独立，喜欢表达个人意见，热衷社交网络中的互动和分享，这是微信等社交工具和平台扩张的社会背景。在一定程度上，移动互联的生活已成为他们的一种习惯和文化。

2.3　互联网商业模式对传统商业模式的颠覆和超越

互联网商业模式之所以取得了长足进展，是因为它相对于传统商业模式具有明显的优势和客观价值。从全社会角度看，互联网商业模式可以创新、改善、提升顾客价值，提高企业价值链的运行效率和社会资源的利用效率。本章从商业模式的要素角度出发，对互联网商业模式如何超越和颠覆传统商业模式进行了分析说明。

2.3.1　互联网商业模式对企业价值主张的颠覆和超越

如前所述，商业模式的核心要素——价值主张是公司通过其产品和服务所能向顾客提供的价值，这里包括了顾客的定位、公司提供的产品和服务的问题。在互联网环境下，企业所面对的顾客发生了变化；与顾客沟通的方式也和传统方式迥然有别；同时，公司为顾客提供的产品和服务也更为丰富和专业；互联网商业模式也提升了顾客的价值。

1. 企业所面对的顾客无边界

传统企业因为受到信息传播的限制，所面对的顾客具有一定的地域范围，互联网打破了地域的藩篱，使得顾客可以来自于互联网可以触及的天涯海角，只要信息可以送达、沟通、交流，就可能产生顾客。

在基于互联网的平台上，每个企业面对的都是打破了地域限制的庞大的市场，面对的是每年 365 天、每天 24 小时都可能在线的客户。这对于中国这样一个网民数量世界第一的国度显得更为重要。到 2013 年底，估计互联网使用人群将达到 6 亿，位居全球第一。这样庞大的消费群，只有互联网才能容纳。2013 年 11 月 11 日“光棍节”，这一天的第一分钟，淘宝和天猫就涌进了 1 300 万人

（相当于北京的户籍人口），支付宝全天交易额达350亿元[①]，相当于中国日均社会零售总额的一半。如此大的流量，如此壮观的场景，在任何一个实体商场都不可能出现。这是打破顾客空间、时间限制的电子商务奇迹。

2. 企业可以对顾客精准定位并做市场细分

大数据技术的发展给企业提供了对顾客精准定位的可能。在互联网浩瀚的数据中，通过数据挖掘技术，可以找到具有共同需求的细分顾客群。1993年，美国著名杂志《纽约人》（*New Yorker*）上刊登了一幅漫画，其标题广为人知："在网络上没有人知道你是一条狗。"而如今，人们却将其改为了："在网络上谁都知道你是一条狗。"大数据技术可以通过人们在互联网上的查询、购物等行为记录和信息，判断其性别、职业、年龄、兴趣爱好、需求特征以及购物习惯。可以说，人们已在互联网上无处遁身。

从动态角度看，互联网企业可以对所服务的顾客进行细分、细分再细分，这样企业面对的客户就是一个个小众客户。将小众客户的需求集合起来，即构成了"范围经济"和"长尾"模式（经营品种多、销量小的产品和服务）。互联网上的垂直电子商务（以下简称"垂直电商"）就是针对某一特定的客户群体提供服务的。与传统商务需要主动寻找目标客户不同，垂直电商直接吸引有需求的客户找到自己。垂直电商凭借着更加细分的品类特性，在营销层面上以精准性和互动性赢得了消费者的青睐，令消费者有此方面需求时，第一时间想到该网站。例如，买T恤选"凡客"，买包包上"麦包包"，买儿童用品去"红孩子"，买化妆品选"聚美优品"，3C首选"京东"，图书认准"当当"，这就是定位的作用。目前，互联网上有巨量的小型垂直电商，面向小众群体经营利基产品。

3. 企业所提供的产品无边界

传统企业因为实体店铺的"空间有限"，一般都会选择经营热销产品，以节省店面的租金、商品存储费用和保管维护费用以及资金占用的费用等。在互联网环境下，企业以虚拟店铺的形式经营，采取"订单式销售"，可以将产品直接从厂家发到顾客手中，从而大大降低实体店铺的经营费用，甚至降至零。由此，企业既可以经营热销产品，也可以经营冷销产品。此外，由于产品的购买半径可以随着互联网无边界延伸，所以冷销产品也会汇集成大量的需求。因此，企业经营的产品种类将没有边界限制。

不仅如此，企业为顾客提供产品或服务的时空亦无边界。传统企业为顾客提

① 《"双十一"支付宝单日交易额达350.19亿元》，载《凤凰财经》，2013-11-12。

供服务的时间受到限制，而互联网则打破了服务时间的限制。以商业银行为例，互联网打破了因空间因素造成的时间边界，将为顾客提供服务的 8 小时拓展到 24 小时，顾客不必到银行柜台，通过互联网就可以时时享受银行提供的实时转账、支付结算、交纳费用、买卖证券等金融服务，从而使顾客的需求得到即时满足。

4. 企业改变了与顾客的沟通方式及信息传播方式

如前所述，互联网是信息流的集合。从信息流转、传播的角度看，它有以下特点：①互联网中的信息可以实现多方向无限链接。②互联网的信息结构是网状、扁平、横向的结构；互联网中的每个个体可以平等地参与信息传播（即拥有信息传播的平等权利）；在扁平化的信息链中，不再有绝对的信息传播控制者。③互联网中的个体既是信息的接受者、消费者，也是信息的选择者、生产者和传播者；他们都是信息流转的节点。④互联网上的信息传播天然具有即时性、共享性和互动性。

基于以上特点，互联网商业模式的顾客沟通及信息传播方式与传统的大众传播迥然不同：①“自媒体”是互联网信息传播的主要机制。互联网空间中的每个个体都可以就自己感兴趣的话题进行讨论，都可以自主地转发和传播。这使得网上传播具有极高的效率，同时又有沟通深度。②互联网上的传播可以面向特定的个体和群体，实现精准的广告投放和顾客沟通。③利用互联网可以进行互动式的交流和沟通，可以在网络上构建信息反馈机制。④互联网上的内容载体丰富多样，如文字、图片、音乐、视频等，其中的许多形态是受众喜闻乐见的。⑤互联网具有社交功能，在互联网社交网络里，人们用一种特殊的“面对面”方式进行沟通交流，常有“海内存知己，天涯若比邻”的感觉。与此同时，社交群体往往根据共同的价值观、兴趣、生活方式来分类，相聚在一起的人们惺惺相惜、同气相求。这种良好的体验使得人们津津有味地流连于各种沟通平台，从而增加了沟通的“黏性”。

在互联网世界里，真正的游戏规则是顾客导向。在这里，顾客进行自主选择并反馈信息，牵引供给者的行为。借助于互联网，企业可以同顾客直接建立联系。一方面，全球各地的顾客可以随时了解一个企业的产品或业务，获得基于信息的服务，提出反馈意见，还可以发出订单，甚至可以参与产品的设计等等；另一方面，企业亦能及时、直接倾听顾客对产品、企业的意见和建议，了解相关顾客的地点分布、偏好等有价值的信息，从而提高了企业把握市场的能力。

5. 互联网商业模式提升了顾客价值

顾客价值是顾客效用和顾客成本之比，是顾客对其认知到的效用、利益与其付出成本（产品及服务的价格和价格以外的交易成本）进行权衡后的总体评价。互联网商业模式改变了顾客价值，也是从顾客价值的分子（顾客效用）和分母（顾客成本）两个角度切入的。互联网商业模式为顾客创造了传统商业模式无法提供的顾客价值和体验。

首先，看看互联网金融模式。我们分析一下支付宝的价值创新。在电子商务中，支付一直是制约其发展的瓶颈。我国的信用体系尚不完善，在网络交易环境下的信用问题更为凸显：当发生电子商务交易时，卖家不愿意先发货，担心无法收回货款；买家也不愿意先付款，担心付款后拿不到商品或商品质量无法保证。而支付宝创新性地使用了“第三方担保交易模式”，为买卖双方都提供了信用担保，满足了客户资产安全的需要。同时，其简单、便捷的特性使客户在使用中获得了良好的体验。

下面，以支付宝平台上的余额宝为例，其本质就是以简单、便捷的方式满足了客户支付的需要、流动性的需要以及财富增值的需要，实现了对客户的一站式服务：淘宝的客户可以方便地将银行卡上的钱转入余额宝，然后申购货币基金；需要交费、转账、提现、支付时又可以安全快捷地从余额宝转出，发起货币基金赎回。余额宝同样支持支付宝几十万外部合作商户，帮助客户实现了货币基金份额直接用于支付的功能。余额宝不仅满足了客户对功能的需要，而且更强调产品的简单和便利性，从产品推广之时起，就力求让客户很快看明白产品的功能。在产品的设计上体现极简的原则，使客户使用时非常方便，并能看到真实的收益。

其次，看看互联网的信息（内容）服务模式。与传统媒体相比，互联网上的信息和内容表现为文字、图片、影像、音频等多种形式，最大限度地反映、还原、模拟现实世界的各种情景，同时作用于人们的多种感官（包括触觉）。在大多数情况下，这些信息以立体的形式环绕受众。基于互联网的信息传播极大地跨越了时间和地域的限制，丰富多样的互联网内容载体有效地提升、丰富了用户体验。以游戏为例，互联网游戏产品满足了不同顾客的娱乐需要，同时提供了足不出户就可以多人一起游戏的可能，给顾客带来了被认同感、团队感、领袖感等良好的体验。在接受网站的信息服务时，相对于传统载体，用户可以更加方便、迅速、弹性地处理信息，包括编辑、贮存、链接、下载、发送等。

再次，看看网络社区模式。打破时空限制、无远弗届的互联网，使我们社会交往的范围扩大，也使我们的社交频度、温度、深度增加。在现实生活中相隔遥远、见面不易的人们，在网上则有近在咫尺、天涯比邻的感觉。在虚拟空间内形成了无数的“群落”，其成员共享信息、互动讨论。这也使得全社会知识传播、信息交流的速度加快，结构扁平化。

最后，看看电子商务模式。网上商场的一个重要优势在于品种的无限多样。在现实的有形商业形态中，总有许多消费人群和需求量较小的商品得不到展示的机会，因而小众人群的个性化需求得不到满足。而互联网能容纳海量信息，能展示并交易几乎无穷多的产品，从而能解决这一问题。从经济学角度看，互联网扩大了市场范围、深化了社会分工，是一种自组织程度较高的市场机制，为供需双方创造了福利。

6. 互联网商业模式降低了顾客成本

第一，互联网的一个重要特点是边际成本递减，用户越多，成本越低，甚至趋近零。由此，在互联网平台上，消费者可以获得很多免费的产品或服务，无论是信息查询还是地图导航，或者微信通信等，顾客几乎可零成本地获取价值。

第二，顾客的交易成本较低。在互联网上，顾客通过其他顾客的评价来获得更多的商品知识和消费体验信息，还可以与商家直接交流以获得产品的细节，由此可以降低产品的搜寻成本；顾客想得到信息产品，只需借助互联网的终端就可以获得；对于实体产品，顾客不需要去商场，只需在互联网终端上就可以购物，而且还可以享受送货到家的服务。这减少了顾客的时间成本和精力成本。

第三，网上销售的产品，其价格通常低于有形的商业形态。由于线上交易比线下交易的流通成本低（节约了商场租金、人员费用，也节约了推广促销支出，更可减少库存损失等），因此同类产品的销售价格往往要低得多。在普通消费者心目中，对网上交易的产品会有“便宜”的定位。“小米”手机网络销售的成功，证明了电子商务在降低顾客代价方面的巨大优势。

2.3.2　互联网商业模式对企业价值创造系统的颠覆和超越

价值创造是商业模式的要素之一，它是通过对资源和能力的配制，为了超越竞争对手、向顾客提供更大的价值而构建的系统。在互联网环境下，企业的边界是开放的，因而企业可以在整个社会的价值网络中配置资源，专注于培育自身的核心能力，构建自己独特的价值链（流），提高自身价值链（流）的运行速度和效率，从而超越竞争对手，满足顾客的价值。

1. 在互联网商业模式下，企业价值创造系统是开放的

从经济学角度看，社会经济系统配置资源的方式有两种：一种是市场方式，另一种是组织方式。前者通过分工和交换实现，后者通过组织内的指挥和协同实现，两种方式之间存在替代关系。那么，两者的边界在哪里？罗纳德·科斯

(Ronald H. Coase) 的交易成本理论[①]认为：这两种机制都是有成本的，市场机制中存在着信息成本、寻找成本、谈判成本等交易成本，而组织机制中则存在管理协调成本；组织和市场的边界处于两种交易成本均等处。当市场交易成本大于企业组织成本时，资源配置就会以企业组织方式进行，将交易内部化，以一个长期契约替代外部的一系列短期契约，以减少契约数量、简化契约调整过程、节约交易费用。反之，当企业组织成本高于市场交易成本时，企业的组织边界将会收缩，企业规模将会缩小，市场机制将会扩张。也就是说，如果市场交易成本不断下降，企业就没有必要将众多的业务活动都留在企业内部。市场交易费用在很大程度上是由信息的分散性、信息的不对称性以及由此所导致的不信任所产生的。随着互联网的发展以及物流体系的不断完善，企业沟通的范围大大地扩展了，企业获取市场信息、谈判和签约所需支付的费用不断降低。企业通过互联网可以进行 24 小时的全球运作，网上的业务可以开展到传统销售和广告促销达不到的市场范围。通过互联网完成订单，可以提高营销效率和降低促销费用。企业可以借助互联网在全球市场寻求最优惠价格的供应商，并以招标、投标的方式进行原材料的采购，以降低采购成本。互联网可以改变传统的流通模式，减少了中间环节，使得生产者和消费者的直接交易成为可能；通过与供应商直接进行交流，可以减少中间环节由于信息不准确带来的损失等等。

很显然，市场交易成本的降低，使得市场机制的作用范围扩大了，促使企业更多地用外部契约的方式解决资源配置问题，从而让企业开放了自身的边界，使企业组织和市场的界限变得模糊。这样一来，资源配置的方式既是市场的，又是企业内部的（资源整合在企业统一的价值链、价值流中，或整合在企业平台上）——我们姑且称之为“融合型”。

随着企业边界的打开，企业自身的价值流程可以扩展为一个由企业自身、顾客、供应商、合作伙伴、同盟者甚至竞争对手等组成的价值网络。在这个价值网络中，企业可以针对顾客特定的需求对自身的价值流程进行再造和重组，将有限的资源集中于企业的战略价值流，将自己并不具备核心能力的虚拟价值流交给其他更擅长的企业或个人去做，从而有效利用其他组织所拥有的资源，对来自不同企业的核心能力进行动态组合，即通过共享核心能力，使得企业在整个价值流程上都具有竞争优势，从而达到单个企业达不到的效果。开放的企业价值流程也意味着外部相关利益者共同参与价值创造，由此形成的企业价值流是真实价值流和“虚拟价值流”［詹姆斯·迈天（1997）］的组合。所谓虚拟是指事物看起来好像

---

① 参见罗纳德·科斯等：《企业的性质》，上海，上海三联书店，1995。

存在，使用时也像真实存在一样，但实际上并不存在。

以小米手机为例，为了给顾客提供高性价比的手机产品，小米手机利用互联网对自身的价值流程进行了组合和配置。小米手机的设计价值流是由小米的设计团队和发烧友共同参与的，生产价值流选择了代工制造商英华达和富士康，销售环节则是通过互联网来实现的。从一定意义上讲，小米的战略价值流是设计和销售价值流，虚拟价值流则是生产价值流。

企业边界一旦开放，它必然成为一个价值创造的平台，外部资源会以嵌入方式融入企业价值流程之中。2012年底海尔集团宣布全面进入网络化战略新阶段，实施全面互联网化转型，探索在互联网时代整合全球资源、实施跨界创新的道路，谋求从线下到线上的全面升级。海尔认为传统的调研——设计——生产——销售——售后模式已经落后，于是创造了一个旨在满足客户个性化需求的产品创新平台——结合众筹、用户交互、C2B定制和孵化器等模式于一体的产品创新平台“海立方”。在这个平台上，海尔内部创业团队或者第三方均可提交创意项目，用户对感兴趣的产品进行预定、互动参与以及售后反馈，海尔则提供生产供应链资源、专业资源（专家支持）、渠道资源以及50亿元～100亿元的创新基金，通过已有资源来培育更有竞争力的产品线。①这样，企业可以源源不断地获取稀缺的创意资源，与内部资源互补后，真正成为智慧组织。

企业边界以及价值流程、价值生成机制开放之后，它必然会动态优化和调整。无边界的组织与环境的交互无时无刻不在发生，与环境的关系无时无刻不在进行调适，减少系统“熵值”、保持组织生命力的行为始终都在发生。与此同时，企业变成开放平台后，可以对参加价值创造的外部相关利益者进行优化调整。由于是市场化契约，这种调整比内部调整要容易得多、代价小得多，而且可选择的范围更大。

2. 在互联网商业模式下，企业价值流程的运行速度更快、效率更高

在互联网技术的支撑下，企业价值流程中研发、供应、制造、销售各环节的衔接将变得更为紧密和平滑，摩擦和断裂将大大减少，它们可以在基于互联网的信息系统平台上实现一体化。这是企业价值流程高速运行的前提和基础。近年来，在令人瞩目的“快时尚”领域，ZARA等时装品牌每年推出的时装新款达数万种，没有信息平台的支撑是不可想象的。同时，只有借助于互联网信息系统，多品种、小批量、柔性化、定制式的营运模式才能实现，也使多品种和低成

① 参见尚文捷：《海尔，换一种思维活着》，载《中国品牌》，2013（12）。

本之间的矛盾得以缓解。在定制式的情形下，客户订单以及非标准化的产品品种较多，供应链和生产组织异常复杂，只有通过互联网信息系统，才能解决庞杂的配套物料、部件在时间和空间上的组织与衔接，才能高效率地解决多品种的切换问题，才能有效地控制复杂生产系统的波动成本。此外，企业价值流可以分解为人流、物流、商流、信息流等子流。互联网商业模式以信息流为龙头，牵引其他子流的协同、配合及优化。电子商务本质上是一种分散化、扁平化的信息结构，其中的商流、物流结构是由信息流决定的。在 O2O 模式中，所有的商流、物流也都是在信息流的引导、驱动下进行的。

随着互联网的发展，消费者群体的力量将越来越强大。未来的互联网商业模式将会从以 B2C 为主导变为以 C2B 为主导。在此前提下，许多企业——尤其是传统企业——将会借助互联网优化价值链和价值流的结构，改变价值链（流）的营运模式，提升价值，优化顾客价值的生成机制。可以预见，随着基于规模经济的商业模式的式微，多品种、小批量、顾客定制、快速反应、平台化协作的商业模式将成为主流。

2.3.3 互联网对企业价值实现方式的颠覆和超越

企业价值实现的方式作为商业模式的要素之一，回答了企业作为经济实体如何实现盈利这一核心问题。可以说，任何商业模式都是以顾客价值创造为起点，以企业价值实现为终点，因此任何商业模式最后都必须要归结到“企业如何盈利”这个最原始的问题上。企业在为顾客创造价值的同时，通过一定的途径和方式获取收入。传统的商业模式通常提供的是物理世界的产品和服务，通过出售产品和服务的方式获得收入，只有收入大于成本才可能盈利，在可预见的时间内不能盈利的企业很难生存。互联网对企业盈利模式的影响来源于两个方面：一是收入方式的影响；二是对成本的影响。在成本一定的情况下，如何获取收入就成为研究的核心。在互联网环境下，企业的收入方式发生了重大的变化，我们可以用 3 个关键词来概括。

1. 免费

与互联网商业模式相关的一个有趣现象就是免费。免费模式的核心思想就是互联网企业通过提供免费产品或服务汇集顾客资源，然后在此基础上，通过价值服务的延伸获得收入。互联网提供的产品和服务都是虚拟的，随着使用人数的无限增加，分摊到每个用户的成本可以忽略不计，这就使免费成为可能。当用户在此产品中获得良好的体验时，就会通过网络的传播带来更多的用户，这就是免费模式的自动增强和集聚效应。

此类互联网商业模式包括以百度、Google 等为代表的搜索引擎，以盛大、网易、金山为代表的网络游戏，以新浪、搜狐为代表的门户网站，与通信相关的企业，如腾讯等。上述互联网产品都有适用人群广泛、需求强度大、使用“黏性”高的特点。以奇虎 360 为例，奇虎 360 以为客户提供免费的安全服务而为网民所熟知，继而奇虎 360 通过网络浏览器这个产品逐步为用户所接受。截至 2013 年 11 月底，奇虎 360 在 PC 搜索的市场份额一举突破 20%，成为国内排名第二的搜索引擎。这个令人鼓舞的突破也让奇虎 360 的股票市值比年初翻了两番并首次突破 100 亿美元，成为仅次于 BAT（百度、阿里巴巴、腾讯）的中国第四大互联网公司。①它通过浏览器提供的广告以及游戏的增值服务而获得收入。奇虎 360 总裁周鸿祎曾经指出，今天在互联网上任何一项增值服务都是百分之几的付费率，只有一个巨额的用户群作为基础，你才有可能在上面构造一个塔尖收费的金字塔。②

2. 平台

如前所述，互联网天然是个平台，互联网商业模式的一个重要类型是平台型，即在互联网搭建一个为用户服务的虚拟平台，吸纳多种服务主体前来为用户服务；平台搭建及管理者通过为“多边市场”服务获取收入（收入的来源可能来自于“多边”，也可能来自于“单边”）。所谓多边市场是指包括直接用户在内的多类顾客。以苹果的“App Store”平台为例，软件用户是一类顾客，软件提供者是一类顾客，终端提供者是一类顾客，而运营商也是一类顾客。目前，互联网上的平台大体上有三类：一是电子商务平台，如淘宝、天猫、去哪儿网等，吸引、召集无数商家，在网络平台上向用户提供商品，其收入主要来自于为买卖双方提供增值服务。这是人们耳熟能详的案例。二是以 PC 及移动终端为载体和界面的软件商场。它是一种特殊的电子商务，通过向用户提供用之不竭、不断更新的软件，以与软件提供者以及运营商分享的方式获取使用费和流量费。软件商场中的软件主要来源于外部，其开发、提供者众多。三是 PC 及移动终端上的“平台”型产品和服务。这些产品和服务之所以被称作“平台”，是因为它能为其他与平台相关的主体提供与用户接触、为用户服务的机会——尽管这种机会未必是全开放而是选择性的。终端上的“平台”产品、服务种类很多，可以分成若干个层次，如基础性的“操作系统”，应用型的“浏览器”、“流量分发”、“即时通信”等。目前，这些平台产品、服务的收入模式以吸引用户或流量后的广告模式为

① 参见《周鸿祎：用一生去战斗 遭遇五大公司联合围剿》，载《中国企业家》，2013-12-10。

② 参见《周鸿祎：我是互联网最大“失败者”》，载《中国企业家》，2013-10-21。

主，但有延伸的可能性（尤其是"即时通信"中的微信等）。

"平台"模式和"免费"模式之间有较大的相关性。现实中，互联网商业模式的逻辑往往是通过"平台"型产品、服务的免费使用，以吸引顾客资源，然后在此基础上再设立多边服务平台。这样一来，"免费"成了"平台"模式中的一个组成要素。这里之所以将"免费"作为一个独立的模式提出来，是因为用户免费使用的产品、服务未必是"平台"型的，而"平台"型的产品、服务也未必全部都免费。

3. 分享

既然互联网商业模式往往是开放的，互联网企业没有边界，互联网价值链是"虚拟"、"实体"相互结合，内外部相关利益者相互融合，内外部要素和流程相互嵌入的动态开放结构，那么其利益结构往往是分享型的——与价值链（网）上的相关利益者（供应商、渠道、用户等）共享价值创造的成果。在某些情形下，只有利益共享，这种"开放"才有可能成为现实；否则，谁会来参与和融入呢？我国部分电信运营商、广电运营商的应用服务项目长期以来种类少、吸引力弱，是与其开放、分享程度不高相关的。而前面提到的苹果"App Store"，由于设置了与软件提供者分享的利益机制，才有可能吸引全世界创意及软件人才共同参与，使软件产品始终处于源头活水的状态。

苹果"App Store"的案例告诉我们，"分享"模式和"平台"模式也是相关的。有些"平台"（不是全部）需要"分享"才能成立（提高吸引力），而有些"分享"也需要"平台"作为基础和前提（通过"平台"才能吸纳和确定分享对象）。总的来说，只要是"分享"模式，就在不同程度上具有"平台"属性；而在"平台"模式下，则未必全部采取"分享"模式。例如，互联网金融中的"P2P"平台，有的只收取服务费，有的则构建了与客户风险共担、利益分享的机制。

参考文献

[1] Allan Muah，Christonpher L. Tucci，*Internet Business Models and Strategies*：*Text and Cases*，McGraw-Hill，2005

[2] Linder J. and S. Cantrell，*Changing Business Models*：*Surveying the Landscape*，Accenture Institute for Strategic Change，2000

[3] Peterovic，O.，Kittl，C.，Teksten，"Developing Business Models for E-Business"，Paper Presented at the International Conference on Electronic Commerce，2001，Vienna

[4] Osterwalder，A. and Pigneur，Y.，"An E-Business Model Ontology for

Modeling E-Business，Proceedings of the 15th Bled Electronic Commerce Conference"，*Bled*，Slovenia：2002，1－12

[5] James E. Richardson，"The Business Model：An Integrative Framework for Strategy Execution"，*SSRN*，2005.

[6] Chesbrough H. Rosenbaum RS，" The Role of the Business Model in Capturing Value from Innovation "，Working Paper，Boston：Harvard Business School，2000

[7] Hamel G.，*Leading the Revolution*，Boston (MA)：Harvard Business School Press，2001

[8] Applegate，L. M.，"E-Business Models：Making Sense of the Internet Business Landscape"，in Dickson，G. Gary，W. and de Sanctis，G. (Eds.)，*Information Technology and the Future Enterprise*：*New Models for Managers*，New York：Prentice Hall，2001，136－157

[9] JoanMagretta，"Why Business Models Matter"，*Harvard Business Review*，2002，Vol. 80，Iss. 5：86－92

[10] Michael Porter，"Strategy and the Internet"，*Harvard Business Review*，2001，79 (3)：62－78

[11] 黄卫伟．生意模式与实现方式．中国人民大学学报，2003 (4)

[12] 邹振华，董江山．电子商务网站盈利能力的理性分析．湖北社会科学，2003 (1)

[13] 黄纯纯．网络产业组织理论的历史、发展和局限．经济研究，2011 (4)

[14] 维克托·迈尔·舍恩伯格，肯尼斯·库克耶．大数据时代．杭州：浙江人民出版社，2013

[15] 詹姆斯·迈天．生存之路：计算机技术引发的全新经营革命．北京：清华大学出版社，1997

[16] 中国人民大学经济学院，中国人民大学商学院，中国社会科学院工业经济研究所课题组．中关村国家自主创新示范区电子商务产业研究报告，2010

[17] 魏炜，朱武祥，林桂平．基于利益相关者交易结构的商业模式理论．管理世界，2012 (12)

第3章　互联网金融：理论结构

摘　要

本章主要研究互联网金融的理论和逻辑，涉及五个主要的理论观点，即信息经济学、基于互联网的产业组织理论、金融功能理论、互联网金融中介理论和金融深化理论。随后，在此基础上提炼出互联网对普惠金融的促进作用。

信息经济学和基于互联网的产业组织理论分析互联网的基本功能和组织形式，主要论点是互联网的存在降低了信息的不对称性，降低了交易成本和进入壁垒，因而会带来竞争和集中。金融功能理论从金融功能的角度分析金融机构的作用。互联网金融在很大程度上提升了金融市场的支付、资源分配和风险分散等功能，是传统银行和资本市场的有益补充。互联网金融中介理论主要分析互联网作为一种新的中介形式与传统金融中介的区别和相同之处。借助互联网，人们可以不通过银行等中介而完成金融服务，实现了金融脱媒。因为这种脱媒是继资本市场对银行业的脱媒之后的又一次脱媒，又因为其对银行业脱媒速度之快，我们称之为“二次脱媒”。以阿里巴巴、腾讯等为代表的互联网平台公司将依靠自身优势成为新的金融中介，因而金融脱媒之后，必然带来再中介化。消除中国的金融压抑是金融深化理论要解决的主要任务。一个健全的金融体系需要有一个竞争的、资本能够自由流动的、生产力能够充分发展的金融市场。互联网的特点就是自由。互联网企业依照互联网产业的商业模式和市场思路完成资金支付和资源配置。这种网上资源配置的金融深化可以看作对金融健全化程度、金融多样化程度、价格市场化程度、经济金融化程度的同时提高，因而互联网金融加速了金融的深化。由于互联网金融有效地降低了交易成本，从而降低了准入门槛，这使基于互联网的诸多金融产品为低收入人群提供金融服务成为可能，因而互联网金融提升了金融的普惠性。

3.1 信息经济学

3.1.1 互联网技术对信息传递的影响

互联网最早应用于美国的军事领域，当它用于民用领域后，受到了热烈欢迎，它比任何一种现存的科学技术都更加深刻地影响着现代人们的生活。互联网使得个人电脑开始普及，人们处理信息和咨询的能力更加强大。除新兴的行业外，互联网还令传统行业得到了再次的繁荣，如电子商务就令传统的零售业务从线下转到线上，人们可以方便地查阅商品的信息，从而更好地匹配需求与供给；互联网还改变了现代社会形态，信息的传递转移到了网上，现实中人与人之间的距离因为互联网缩短了。因此，互联网不仅引发了信息技术的革命，而且引起了社会生活习惯的变革。

互联网的发展经过了几个重要阶段，它从最简单的搜集制作信息转变成合并处理信息，从最直接的披露信息升级为经营管理信息；信息接收者也正在完成从接收信息到对信息进行互动、从单渠道获取信息到全方位掌握信息的转变。在信息的传播者和信息的接受者之间不再存在显著的界限，他们的角色可以互相进行切换。互联网使得每个人都成为信息传播的节点，正是由于信息传播节点的大幅增加，促成了今天信息的爆发式增长，推进了网络信息更大范围、更加便利的共享，导致大数据时代应运而生。

网络技术给人类社会带来了极大的冲击，其中最重要的变化在于它改变了人类社会传播信息的过程。它与传统的信息传播方式很好地结合，又在传统的基础上进行了创新，融入了现代生活的点点滴滴，人类社会的生活习惯因此产生了重大变化。互联网使得信息传递不再囿于简单的文字形式，视频、声音都可以成为信息传递的形式。

互联网改变了传统的信息接受方式，它突破了传统的人对着电话机进行交流的单调模式，转变成了人与人之间的互动交流，这极大地提高了用户的体验感。互联网还促进了信息处理技术的发展。一个完善的互联网需要强大的计算机处理能力和成熟的网络信息技术，反之，流畅的网速也为互联网的快速发展提供了良好的条件。

互联网正在将信息传递到互联网之外更广阔的社交领域，并对社会生活的各个方面产生了深刻的影响与改变。在互联网世界中，不仅个人与个人之间、个人与群体之间、群体与群体之间甚至文化与文化之间都在进行广泛的信息交流与融合，海量的信息使得人们接受新知识的成本大大降低，并使社会创新的速度加快。互联网通过推动信息传播的深度和广度，推动着人类文明向前发展。

如今，互联网已成为社会交流不可或缺的必要媒介，信息数据库为科学研究、商业决策提供了强大的支撑；信息接受者和使用者同时加入了信息的传播与创造，并且实现了低成本的实时交流；信息生产的总量与日俱增，信息使用的效率日益提高；每个人的价值因为信息技术的发展而得到极大地提高，即使是普通人也可以通过互联网发出自己的声音，建立在互联网基础上的信息文明应运而生。

3.1.2 互联网金融对信息不对称的影响

信息不对称理论旨在说明在自由市场中，由于买卖双方信息不同，卖方总是掌握更精确的商品信息，这就导致了买方在市场中处于劣势。因此，有效的市场信息能更好地匹配买卖双方，也就是具有市场价值。信息不对称的难题可以被正确的市场信号显示加以修正，因此信息传递对解决信息不对称难题非常重要。阿克洛夫在研究了加州的汽车市场后发现，由于卖方拥有关于汽车更多的信息，而买方拥有的信息相对较少，因而当买方愿意出一定价格时，市场中只有差车的车主愿意卖，而好车的车主不愿意卖，但由于买方没有信息，因此买方最终买到的车是相对较差的车，因而市场中出现了“差车驱逐良车”的现象。这样就产生了“逆向选择”的问题。逆向选择发生在交易双方之间信息不对等的情况下，是指掌握信息少的买方无法区别优质品和劣质品，因而只愿意对劣质品支付低价格，从而导致优质品无法销售。显然，买卖双方对信息的不对称性使得加州的车市很难发挥应有的功能。

在金融自然配置中，信息不对称使得市场容易出现逆向选择。举例来讲，如果银行计划以某一固定的利率贷款给不同客户，那么申请贷款者往往是还款能力较弱的企业，能力强的企业将不愿意以相对其品质较高的利率贷款，因而银行贷款的不良率将上升。最好的方式是甄别不同公司的还款能力，然后针对不同企业的还款能力设定不同的贷款利息。然而，信息不对称阻止了传统银行这样做的可能。

互联网的核心精神就是传播信息，用最短的时间将信息传递给全世界。互联网的存在大大降低了信息获取的成本，因而降低了不同个体之间的信息不对称性。在互联网出现之前，人们获取信息受制于身份和区域的限制，许多信息都没有办法及时获得，等到获得这些信息时，信息的时效性已经大打折扣。在互联网出现之前，无论是飞鸽传书还是烽火通信，其信息传播的成本是比较大的；在互联网出现后，信息实现了近乎零成本的传播。人们在互联网上能够获得最及时的信息，并且这样的信息是来自多方的，因此信息不容易被单一的声音所掩盖。

互联网金融给买卖双方提供了一个具有完全信息且公开透明的市场体制。信息不对称的降低会对市场产生三方面的直接影响：一是社会交易成本将由此大大降低，交易成本主要来自于信息搜集成本和信息错配成本，信息不对称的降低使得这两个成本都大大降低。二是信息不对称的降低促进了市场更加充分、公平的竞争。在信息不对称的情形下，市场更加崇尚政府和权威，这也导致了政府主导的垄断，而随着信息不对称程度的降低，更多的竞争主体获得了相等的竞争地位，其结果是整个社会效益的帕累托改进。三是信息不对称的降低减少了逆向选择和道德风险发生的可能性，这源于对交易对手的信用状况有了更多的了解，并且能够实现对资金流向的监控。

从互联网金融在全世界发展的历史经验来看，互联网金融与传统金融更有可能是一种互补关系，而非颠覆关系。尽管互联网使得信息传播更加广泛、迅速，但并不能完全改变信息不对称的现状。传统金融的规模效应和专业优势依然占据主流，因此传统金融的地位不会动摇，互联网金融更有可能是对其的一种补充。因此，我们对互联网金融应该有一个客观理性的认识——虽然互联网能够降低信息不对称，但并不能完全消除信息不对称。从某种意义上说，互联网是一个工具，互联网金融的参与者并非专属于互联网企业，传统金融机构也可以更多地参与其中。

3.1.3　互联网引入第三方信用

信用管理的实质是信息管理。市场运作的成功与否主要取决于人们能够获取信息的数量和质量。互联网是天然的信用数据库，能够提供大量关于企业或个人的信用信息。但是，小微金融个体的信息分布分散、实时变化，需要中介机构进行整合。因此，互联网金融作为中介可以收集各个角度的资料，对于企业和个人信用资料的检索、收集和保存十分重要。与此同时，网络技术已成为信用分析与评价的重要手段，互联网数据库技术、神经网络技术以及大数据技术已广泛、有效地应用于客户信用分析与评价中。

与传统金融中介不同的是，互联网金融引入了第三方信用。第三方信用来源于互联网媒介中的第三方评价以及互联网金融中介作为第三方对交易双方的保护。互联网金融中介第三方信用的引入有效地降低了客户的信用风险。一方面，人们可以利用互联网金融中介提供和保留的信息，通过查看他人的评价记录，了解交易对手的信用情况。刘丰和朱金伟（2004）认为，网络交易双方的相互评价形成了一种源于第三方评价的“经验信任”。由于评价会影响未来的交易，因此在网络交易中，商品买卖双方都十分在意对方对自己的信用评价。在现代网络社会，查询交易对手的“信用记录”已是人之常情。从另一个角度来看，人们可以利用互联网金融中介的信用降低交易信用风险。基于互联网的网络支付已成为重要的支付方式之一。但是，网络信息也可能出现错误，交易双方之间仍然存在信用风险，而第三方支付中介的出现有助于减轻这一问题的严重性。基于互联网的第三方支付也为交易双方提供保证金及信誉保证。第三方支付中介创造了互联网交易的信用模式，向交易双方提供了信用，对交易双方的行为进行有效监督和约束，在很大程度上消除了交易双方的信用风险。在网络交易中，当买方选定商品后，并不将货款打入卖方账户，而是打入第三方平台提供的账户。第三方平台只有在收到买家的付款后，才会在系统中自动给卖家发站内信通知其发货；卖家发货后，买家收到卖家的货物并表示满意后，第三方支付平台才会根据买方的指示，将存在第三方平台中的货款划拨给卖家。如果货物有问题，第三方支付平台将不会向卖家付款。部分第三方支付平台还依靠收集和掌握的历史交易信息，运用技术优势和专业经验，对参与网上交易活动的双方进行资格审核和评级，以供交易者参考。

3.1.4 互联网金融的几种模式——基于信息经济学的视角

早在互联网产生初期，互联网与传统金融就出现了交叉融合的趋势，比较有代表性的是网上银行。未来互联网将对传统金融造成更大的冲击，金融资源配置的质量和效率将借助互联网平台得到提高。从信息经济学的视角，互联网金融关键是将信息的利用与金融的关键节点相嵌合。从目前来看，互联网金融有以下几种模式：

第一种模式是传统金融机构将网络作为一个金融产品展示平台和销售渠道，简称“金融网店”模式，比较有代表性的是网上银行以及基金淘宝店。网上银行除了银行基本的存贷、汇兑业务之外，还开通了基金、理财、期货、贵金属等多种金融业务的通道，该模式是比较成熟的互联网金融模式。近期，余额宝的模式取得了阶段性的成功。随着人们对余额宝关注度的不断提升，一些基金公司也纷纷尝试将一些基金品种在电子商务网站售卖，甚至有些基金公司策划建立自己的电子商务网站售卖基金。基金淘宝店可以说是对消费者新消费模式的尝试，但是短期内，由于消费者传统消费习惯的影响，人们还不习惯在商业银行之外的网站购买金融产品，对其信任度还不高；从长期来看，应该能够起到与商业银行通道模式互相补充的作用。

第二种模式是将网络平台作为资金融通双方的信息中介，实现资金融通双方资金的撮合，信息中介不参与资金的交易，简称“资金撮合”模式，比较有代表性的是人人贷和众筹融资。在人人贷平台上，用户可以搜集到的信息包括信用评级、借款信息、贷款信息等。贷款资金的提款、还款通常需要经过网络借贷平台的账户完成。人人贷的资金供给方以个人为主，一般风险识别和防范能力较低，为了分散资金供给方的风险，网络借贷平台通常实现的是“多对一”的借贷交易。众筹网给客户提供的基本是一个能推销自行设计产品的平台。这个平台的投资产品涉及现金、股权、债券的投资，投资模式包括募捐、股份和借贷几种形式。

第三种模式是互联网公司或金融机构依托旗下电子商务网站产生的交易和信用记录，对网络商户发放订单贷款或者信用贷款，对网购消费者发放消费贷款，简称 B2C（E-Commerce）模式，比较有代表性的是“淘宝贷”以及商业银行针对旗下电子商务网站商户和消费者的贷款模式。由于中国的征信体系极不发达，获取客户的信用记录以及对客户进行信用评估比较困难。网络商户的业务经营全过程都在网络平台上完成，网络平台可以积攒庞大的信用数据库，主要是网络商户的交易和付款记录。互联网公司或金融机构可以根据交易记录和诚信情况决定是否向消费者发放贷款。最近，商业银行正在积极进军电子商务市场，比如最近刚上线的建行的“善融商务”、工行的电子商务网站。将来，商业银行也将积极开发针对旗下电子商务网站商户和消费者的贷款品种。商业银行在这一领域具备资金优势和品牌优势，具有比较大的后发潜力。

第四种模式是网络平台提供金融产品信息的专业搜索匹配服务，不涉及具体的金融业务，也称“金融百度”模式。由于在用户与金融机构之间存在着信息不匹配的情况，用户与适合自己的金融产品之间存在着严重的匹配问题，因此需要一个专门的搜索引擎帮助用户针对金融机构提供的金融产品进行横向比较，并实现客户与金融机构的对接。目前，这类网站中规模较大的有“融 360”和“全球网”。“金融百度”不参与交易，对用户完全免费，让用户与金融机构直接联系对接。目前，“金融百度”模式中的资金供给方有银行和小额贷款公司，具备较强的信用风险评估及管理能力，贷款资金的提款、还款均在借贷双方之间直接完成，不经过网络平台。

第五种模式被称作“网络金融信息挖掘”模式，该模式依据大数据提供咨询、投资服务。这种模式中比较有代表性的是一些互联网化和数据化程度比较高的咨询公司及评级公司等。比如我们熟知的国际三大评级机构，它们所依靠的信息来源于一些公开的结构化数据以及一些信息数据库、内部访谈的记录。再如，第三方评级机构可以通过电子商务信息和网络交易数据获取企业的“大数据”信息进行评级服务。美国的 Fair Issac 公司就是为银行提供中小企业信用评级的公司，这家公司主要使用企业的交易行为和财务状况等数据进行评级。

从互联网金融的模式来看，关键是要找到金融和信息相互促进的结合点，然后在这个基础上不断进行创新，无论未来的模式如何变化，其核心没有变化。未来，随着创新的不断深入，不排除会有新的互联网金融模式出现，但从整体来说，信息服务金融似乎是互联网金融的精髓所在。

3.2 产业组织理论

(1) 互联网金融在销售、支付、结算等领域可以替代传统金融的基本功能。例如，网络券商、保险/基金电销、第三方支付中的互联网支付等。目前，尽管互联网金融只能代替传统金融完成一些基本的功能，某些复杂的业务还需要与客户进行一对一的直接沟通，但互联网金融仍在不断的发展与完善中，它的未来有很大的提升空间。

(2) 互联网金融在技术和成本上相比传统金融更有优势：当互联网金融体系借助完善的技术建成时，增加一个使用者的边际费用几乎为零。这使得互联网消费的成本和门槛大大降低，从而比传统金融更有优势。在贷款方面，P2P 平台专注于被传统大银行忽视的中小企业融资问题。阿里小贷凭借其强大的数据库建立起安全、高效的小额贷款体制。在理财方面，余额宝的推出对传统银行储值业务造成了冲击。在销售方面，离开了实体营业部的互联网金融在服务边远地区客户方面又形成了成本优势。

3.2.1 互联网的结构和产业组织的特点

1. 互联网体系结构

图 3—1 描述了互联网体系结构和产业价值链的组成以及各类产业在产业价值链中的地位。一个健全的互联网体系包括基础服务公司和网络应用服务公司。在互联网体系中，基于互联网提供的应用与服务可以分为五类：互联网基础服务（如互联网接入、互联网通信等）、互联网信息服务（如门户网站、博客网站）、互联网休闲服务（如网络游戏、网络视频等）、电子商务（如网络购物、电子支付、网络银行等）和其他互联网服务（如社交网站、网络求职、网络教育等）。其中，互联网体系中负责基础设施的公司位于互联网产业价值链的底端，是发展互联网产业的基础，在此基础上发展出网上支付和配送服务。建立在互联网基础设施、支付结算体系和配送服务基础上的是 B—C（公司对客户）、B—B（公司

对公司)、C—C（客户对客户）等网络平台。消费者、企业和政府可享受互联网带来的一系列服务。

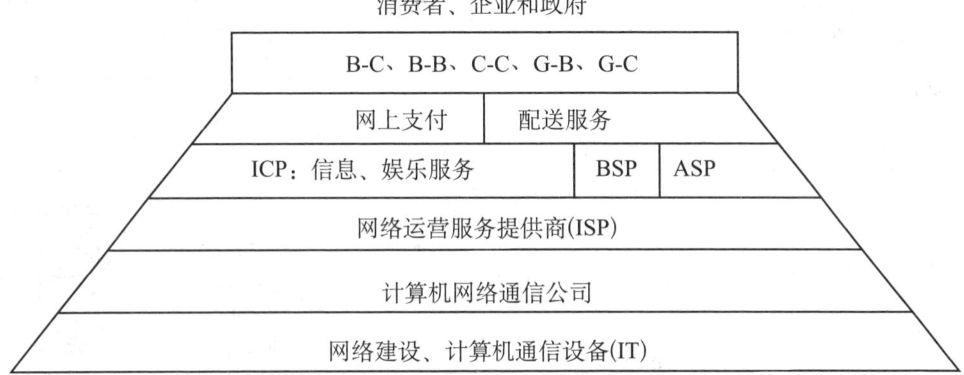

图 3—1　互联网体系结构与产业价值链

资料来源：《电子商务》[黄敏学（2007)]、《中国互联网产业组织实证研究》[刘茂红（2011)]。

2. 互联网产业组织的特点

互联网产业组织主要有“低成本”、“低门槛”和“规模效应”这三个特点。互联网的低成本体现在互联网技术的应用节省了很多成本，包括资金成本和时间成本。例如，网络银行和网络券商可以代替实体营业部的部分功能，从而减少了大量人工成本和设备成本。互联网技术使得人们足不出户就可以消费、投资、结算、储蓄，从而节省了大量的时间成本。互联网还降低了人们进行投资的门槛。中小投资者不但能利用互联网方便地了解市场信息，他们还可以将小额资金投资到“余额宝”、“现金宝”等网络理财产品中获取收益。这些服务在传统金融行业中的门槛较高，而网络降低了它们的最低准入要求。互联网的另一个特点体现在它的“规模效应”。规模效应体现在三个方面：一是一个完善的互联网体系建成之后，增加一个使用者的边际成本几乎为零；二是网络运营商可以利用建成的大数据库快速了解客户的信息，从而消除与客户间的信息不对称情形；三是互联网金融可以有效地分散投资风险，如人人贷平台（P2P）可以让借款人分散自己的借款，从而规避风险。传统金融行业囿于成本和技术上的难题，很难做到以上几点。

3.2.2　提供便利，降低成本

1. 与传统银行相比，互联网金融具有资金成本和时间成本上的优势

（1）互联网金融的资金成本低于传统银行。以银行为例，根据 Inter-banking 网站的统计，美国网络银行每完成一笔交易的成本为 0.01 美元，与网络银行相类似的 PC 银行（个人家庭银行）的成本也只有每笔 0.016 美元，见图 3—2。目前，传统银行的平均单笔信贷成本为 2 000 元左右，而阿里小贷平均每笔信贷的成本远远低于这一数据，仅为每笔 1.07 元。

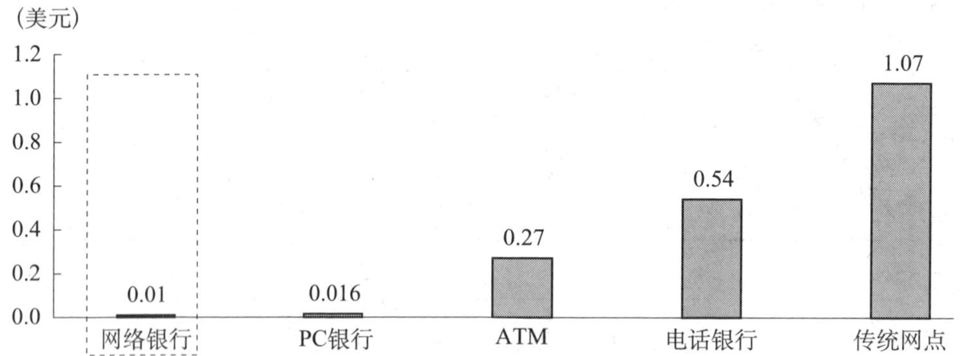

图 3—2　美国各类银行平均单笔信贷的交易成本

资料来源：www. Inter-banking. com。

（2）互联网金融的时间成本低于传统银行。我们以银行小微贷款为例，传统银行办理线下贷款的周期短则数周、长则数月。即使是小微业务专业化程度很高的民生银行，其办理小额贷款业务的时间也有 5 天。但是，对于线上互联网金融，从申请到审批，不受工作日的限制，最快几分钟就能完成。这对于急需用钱的小微企业来说具有极大的吸引力。阿里小贷的优势主要源于它手中掌握的数据，包括会员在阿里巴巴平台上的网络活跃度、交易量、网上信用评价等，这些是传统银行所不能比拟的，见表 3—1。传统银行与客户之间存在着极大的信息不对称，因此需要客户办理烦琐的手续，这些时间成本往往是中小企业不能承受的。

表 3—1　阿里小贷和民生银行“商贷通”的对比

	阿里小贷	民生银行小微贷款品牌“商贷通”
申请资料	1. 企业资金的银行流水 2. 企业法定代表人经过实名认证的个人支付宝账户 3. 企业法定代表人的银行借记卡卡号 4. 信用报告授权查询委托书	1. 相关担保人的身份证、户口本的原件及其原印件 2. 拥有或控制企业的资产证明材料 3. 此次借款将用于何处的相关材料 4. 可以提供的扣保材料，如房屋产权证明等 5. 规定的其他相关材料要求
办理时间	不受工作日的影响，最快几分钟	平均 5 天

资料来源：民生银行、阿里巴巴。

2. 网络使信贷机构容易获取信息，进而降低信息获取成本

互联网金融具有较低的信息成本优势。对比了传统银行和以宜信为代表的 P2P 网贷平台的信用评估方式及评级信息获取途径（见表 3—2），我们发现以互联网上的客户数据为支持的阿里小贷的信息获取成本最低。我们认为，如果传统银行能像阿里小贷一样建立起完善的客户信用数据体系，银行业很有可能在互联网金融时代实现又一次飞跃。

表 3—2　传统银行、宜信、阿里小贷获取信息途径对比

	传统银行	宜信（P2P 网络贷款平台）	阿里小贷
信用评估方式	1. 商业银行内部的个人信用评分 2. 信贷员一对一地对客户进行评估	1. 身份的真实性 2. 收入状况 3. 职业稳定性 4. 居住稳定性 5. 社交网络稳定性等	1. 会员在阿里巴巴平台上的网络活跃度 2. 交易量 3. 网上信用评价 4. 企业自身经营的财务健康状况
评级信息获取途径	申请人提供的各种申请材料、各银行内部保留的客户信用记录、信贷员走访客户获得的信息	潜在借款人通过网站或电话提交借款申请后，宜信的工作人员将与之面谈	阿里巴巴平台上的网络数据、客户信用记录

资料来源：各银行机构的数据、宜信、阿里小贷。

3. 网络券商降低了资本市场的交易成本

在互联网金融的冲击下，国内券商的平均佣金率将进一步下降。目前，尽管监管机构在短期内仍不放开互联网公司网络经纪业务牌照，但传统证券公司正在积极利用互联网来降低成本，以吸引顾客。2006—2012 年国内券商的平均佣金率呈现出不断下降的趋势，预期到 2016 年将达到 0.04%的水平，见图 3—3。这反映了市场在互联网金融背景下的激烈竞争。

4. 基金/保险通过互联网销售降低了买卖双方的成本

（1）第三方基金销售有很大的成本下降空间。互联网金融在代销基金方面的作用主要体现在销售和服务方面。在销售方面，由于网上销售不需要通过实体营业部进行，因此极大地削减了销售成本。在服务方面，由于网上办理业务不受时间和空间的约束，而且网上交易费率更低，因此客户的成本也会降低。此外，基金公司还可以利用网络快捷地向客户传递大量专业的投资信息，从而降低了券商

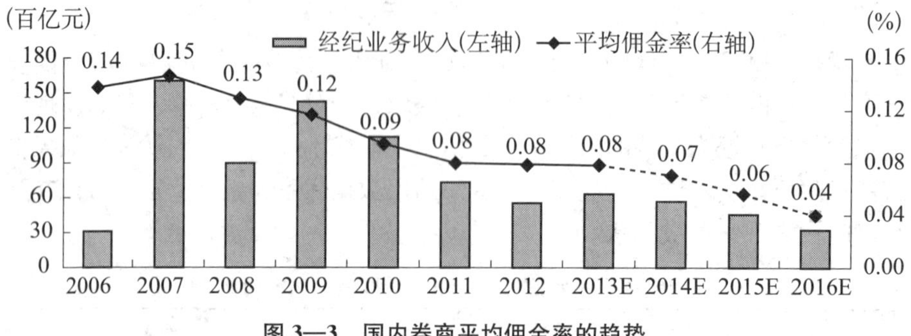

图 3—3 国内券商平均佣金率的趋势

资料来源：证监会。

与客户间信息传递的成本。我们相信，互联网金融将对基金销售起很大的作用。

(2) 保险销售成本降低。2013 年 7 月 20 日，阿里巴巴集团的马云、腾讯的马化腾和中国平安的马明哲联手设立的众安在线财产保险公司正式成立。该公司完全在互联网上进行销售和理赔。根据 2012 年由保监会发布的报告，由于保险公司以网上直销、电话销售的新兴+传统方式的兴起，全国财险公司的保费同比降低 3.9%。互联网作为新兴的模式，在其中大放异彩。

3.2.3 降低门槛

1. 券商利用网上商店降低了中小投资者获取信息的门槛

方正证券和齐鲁证券在淘宝网上设立了自己的网店来销售理财信息，使得中小投资者和机构投资者都可以享受到投资信息，见表 3—3。中小投资者只需付出相对少的价格就可以享受到此类服务。

表 3—3　方正证券、齐鲁证券网店销售产品

券商网店店名	商品名	价格	功能
方正证券“泉友会旗舰店”	专职投顾短信月版	150 元	专职投顾短信是由投资顾问根据市场、政策、个股等情况，对市场走势、个股走势、投资策略等进行研判，不定时发送至客户手机，具有及时性、有效性的特点。
	专职投资组合月版	200 元	投资组合顾问组合是国内首家券商在网站上推出的投资顾客模拟组合，每个组合以两个及以上的个股构建，个股以市场委托方式进行模拟购买。

续前表

券商网店店名	商品名	价格	功能
齐鲁证券“融易品牌店”	“消息红绿灯”（微信季度版）投资资讯产品	88 元	1.《消息红绿灯》早间版：发掘每日宏观、行业、公司的多空消息，帮您发掘最有价值的投资标的，规避投资风险。 2.《消息红绿灯》晚间版：回顾市场涨跌，再现多空双方对战详情，展示市场资金动向，开设系统化的投资讲堂。
	稳健组合 1 号齐鲁证券独家投资策略	198 元	为稳健型高端个人客户提供投资服务规划和投资策略，示范交易盈利模式。

资料来源：淘宝网。

2. 小额借款者可以通过人人贷等互联网金融平台寻求贷款

（1）基于互联网金融的阿里小贷和 P2P 平台“宜信”的高速发展。近年来，依托于互联网的人人贷平台（P2P）发展迅速，截至 2013 年的总成交额据估计为 600 亿元，见图 3—4。民生银行小微贷款的专业化程度在传统银行中名列前茅，但其依然采用线下申请、线下处理的方式，主要依赖于背后强大的专业化小微团队。“宜信”作为国内知名的 P2P 平台，但其采用的仍是线上申请、线下处理的模式，因此仍需要专业团队对贷款人的信用和风险进行线下评估。目前，国内的大多数 P2P 平台都是线下处理贷款申请。

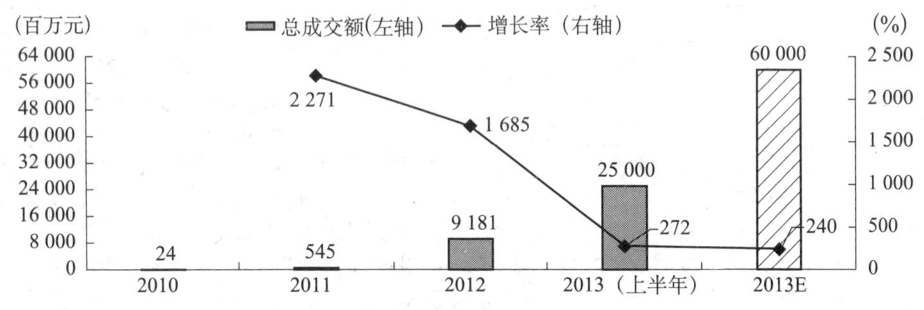

图 3—4　P2P 总成交额

资料来源：网贷之家，和讯网。

（2）互联网金融为小额贷款者提供了贷款平台。前文介绍了互联网金融能够降低贷款的资金成本和时间成本。除此之外，互联网金融还能降低贷款者的准入门槛，为中小贷款者提供贷款途径。“阿里小贷”依赖储存在互联网中的客户数据完成对线上申请的处理。从客户基本条件来看，“阿里小贷”和“宜信”的要求最低，而民生银行对客户的净资产做出了不得低于 50 万元的限制。从担保方式来看，“宜信”和“阿里小贷”都采用了信用贷款方式，无须抵押物。而民生银行的担保方式虽然比较灵活，但仍依赖实物抵押。因此，基于互联网金融的P2P平台“宜信”和“阿里小贷”的准入门槛比传统银行更低。此外，“宜信”和“阿里小贷”的贷款利率高于民生银行的“商贷通”。然而，“阿里小贷”凭借强大的客户数据支持，将不良贷款率控制在0.9%左右，低于民生银行的2.4%和宜信的2%～3%，见表3—4。

表3—4　　民生银行“商贷通”、P2P平台“宜信”、“阿里小贷”的对比

	民生银行小微贷款品牌“商贷通”	宜信（P2P网络贷款平台）	阿里小贷
申请模式	线下申请、线下处理	线上申请、线下处理	线上申请、线上处理
额度范围	原则上不设置最高限制	3万～50万元	最高100万元
贷款利率	年化利率7.2%～8.4%	年化利率18%～24%	最低月利率1.5%，年化利率18%
期限范围	贷款期限最长10年	1～24个月	12个月
基本条件	1. 具备完全民事行为能力，无不良信用记录 2. 拥有或控制某经营实体 3. 家庭实物净资产不低于50万元 4. 有固定经营场所且连续经营两年以上	1. 年龄要求：22～60周岁 2. 企业经营满一年	1. 阿里巴巴中国站会员或中国供应商会员，具有一定的操作记录 2. 申请人为企业法定代表人或个体工商户负责人，年龄在18～55周岁之间，且是中国内地居民 3. 工商注册地在上海市、北京市、天津市、浙江省、山东省、江苏省、广东省，注册时间满1年
担保方式	1. 住房、商业用房及工业厂房抵押 2. 自然人联合担保 3. 市场开发商（或管理者）保证 4. 产业链的核心企业法人保证 5. 应收账款质押 6. 共同担保方式 7. 商铺承租权质押	宜信不为借款人担保，如果借款人违约，宜信会追款，同时从“还款风险金”中提取部分额度补偿贷款人	阿里小额贷款是指以借款人的信誉发放的贷款，借款人不需要提供担保
不良率	截至2012年6月末，银行业小微企业不良贷款率为2.4%	2%～3%	截至2012年2月末，不良贷款率仅为0.9%

资料来源：民生银行、宜信、阿里小贷。

3. 互联网金融使资产管理中的“小额”资金也可参与投资

（1）相对于传统银行理财产品，互联网金融降低了理财产品的准入门槛。传统银行理财产品的客户准入门槛较高，小额资金很难参与。例如，工行商银的“工银财富”理财产品的准入门槛较高，最低投资金额 5 万元，令普通投资者难以接受。随着互联网的发展，准入门槛更低的理财产品应运而生，如工银瑞信推出的“现金宝”，见表 3—5。“现金宝”充分利用互联网的技术，1 元即可申购，使得普通居民的小额资金也可以享受跟银行中高端客户一样的资金收益率。2013 年 6 月，阿里巴巴“余额宝”的出现将互联网金融推到了一个新的高度。“余额宝”对“支付宝”占用的客户资金支付利息，使网购者沉淀在“支付宝”中的钱也能享受到与货币基金一样的收益。

（2）互联网金融还提高了理财产品的流动性。传统银行理财产品的存续期一般较长，而且一般不能中途退出。然而，“余额宝”与“现金宝”大幅提高了流动性，基本做到了随时赎回和及时到账，这将成为互联网金融的一项重要竞争优势。

表 3—5　“余额宝”、银行理财产品、银行直销基金、货币基金的对比

	余额宝	工银瑞信“现金宝”	工银瑞信货币基金	“工银财富”投资型理财产品
主要投资资产	天弘基金“增利宝”货币基金	实质上就是工银瑞信投资基金，投资资产同工银瑞信货币市场基金	1. 现金 2. 通知存款、银行定期存款、大额存单 3. 债券和债券回购 4. 中央银行票据 5. 货币市场工具	1. 债券存款等高流动性资产 2. 债权类资产 3. 其他资产或者资产组合
目标客户	没有特别要求	没有特别要求	没有特别要求	满足下列条件之一的个人高净值客户： 1. 单笔认购理财产品不少于 100 万元人民币的自然人 2. 认购理财产品时，个人或家庭金融净资产总计超过 100 万元人民币 3. 个人收入在最近三年每年超过 20 万元人民币或者家庭合计收入在最近三年内每年超过 30 万元人民币

续前表

	余额宝	工银瑞信“现金宝”	工银瑞信货币基金	“工银财富”投资型理财产品
最低申购金额	单笔最低金额为 1 元，为正整数即可	1 元起购	100 元起购，追加认购最低 100 元	5 万元起购，以 1 000 元的整数倍递增
手续费	无	无	管理费年费率为 0.33%，托管费年费率为 0.1%。销售服务费为 4.79%	托管费率为每年 0.02%，手续费率为每年 0.4%
年化收益率	7 日年化收益率为 4.83%	2012 年年化收益率为 4.05%；7 日年化收益率为 4.79%	2012 年年化收益率为 4.05%；7 日年化收益率为 4.79%	扣除手续费、托管费、最高年化收益率可达 5%
风险水平	风险同天弘基金“增利宝”货币基金，风险较小	工银“现金宝”（工银货币基金）自 2006 年成立以来，未发生过负收益的情况	本基金为货币市场基金，是风险相对较低的基金产品	产品不保障本金，但本金和预期收益受风险因素影响较小
产品期限	转入、转出到余额宝和使用余额宝付款都是实时的，无须等待	随时赎回，使用工行卡最快 1 秒到账	随时赎回，一般 1～2 天到账	94 天，客户一般不得提前终止本产品

资料来源：余额宝、工银瑞信、工商银行。

3.2.4 规模经济

1. 互联网增加一个使用者的边际成本几乎为零，这势必造成规模效应

根据中国互联网协会 2013 年发布的报告，占据前三名的腾讯、阿里巴巴、百度的营业收入就已占营业收入总额的 50%。我们从前 100 强的上市互联网公司净利润方面可以看出，排前五名的腾讯、百度、网易、盛大和搜狐的净利润之和占前 100 强上市互联网公司净利润之和的 72.5%（见图 3—5）。这显示出我国互联网行业的规模效应很明显。

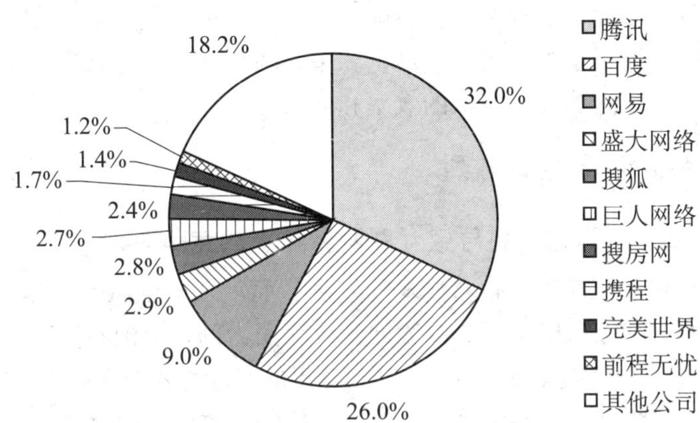

图 3—5　2012 年我国互联网企业净利润市场份额

说明：图中数据因四舍五入的原因，略有出入。

资料来源：中国互联网协会：《中国互联网 100 强》，2013。

2. 大的运营商利用大数据了解客户信息，体现了规模效应

互联网金融同样带来了一个大数据时代。如果运营商都拥有属于自己的客户数据库并互相共享，这将会极大地降低边际成本。以阿里金融为例，阿里金融通过阿里巴巴、淘宝等一系列平台，能够搜集到客户的各种信息，如客户的买卖信息、水电费缴纳记录、结婚情况、个人偏好。通过这些信息，阿里金融就可以建立起属于自己的客户数据库。阿里金融还建立了自己的模型，如能够测试企业主诚信程度的心理测试系统。阿里金融将客户的各种性格数据输入模型中，得出诚信分数，然后根据分数高低来判断是否发放贷款，见图 3—6。在风控方面，阿里金融还推出了由会员评价、经验值等构成的“诚信通指数”，并且利用支付宝

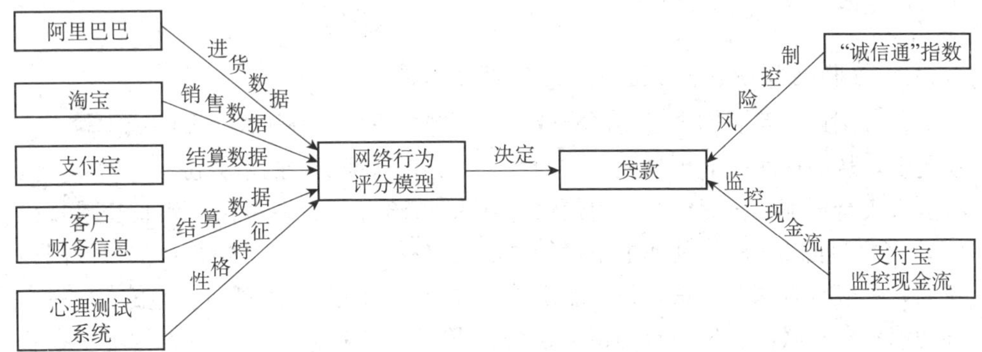

图 3—6　阿里金融大数据体系

资料来源：阿里金融。

等渠道监控贷款发放后的现金流。目前，阿里小贷的不良贷款率仅为0.9%，这个数据低于一般银行小微贷款的不良贷款率。阿里金融充分利用了大数据体系来进行风控和审核，这提高了贷款的效率和质量。

3.2.5 互联网金融竞争激烈

1. 由于低成本、低门槛，将导致互联网参与者的竞争激烈

由于互联网金融基于互联网技术的发展，而一般的互联网技术容易被复制，并没有很强的壁垒，所以竞争非常激烈。以美国为例，美国券商的佣金战愈演愈烈，1990年的平均佣金率为0.19%，2010年的平均成本降为0.03%（见图3—7）。网络券商的激烈竞争导致了全体券商平均佣金率的大幅下降，然而券商的总收入并没有下降。尽管我国的互联网金融还处于发展阶段，但利益的驱使以及较低的成本必将导致行业的过度膨胀，从而带来激烈的竞争。

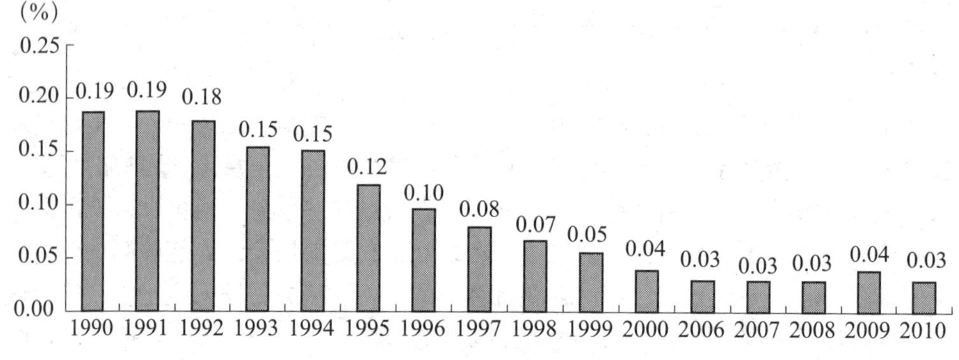

图3—7 美国券商平均佣金率的趋势

资料来源：SIFMA。

2. 由于互联网金融的规模效应，必然产生垄断

前文阐述了互联网金融的规模效应，而规模效应必将使大企业的成本较小企业更低，从而比小企业更具成本上的竞争优势，占据更大的市场份额。例如，国有五大银行再加上招商银行、中信银行共占2013年第二季度网上银行交易规模的98%（见图3—8），其他中小银行的份额仅有2%。但是，银行业的进入门槛较高，一般具有国有背景，并不能说明全部问题。因此，我们再来看私有化占主导的第三方互联网支付平台的市场份额情况。2013年第二季度光支付宝一家企业就已经占据了市场份额的48.7%，其他支付平台只占很少的市场份额。这充分说明了互联网支付领域已经形成了垄断，后来者的生存环境恶劣。因此，我国已日趋成熟的第三方互联网支付平台的竞争情况预示着在互联网金融的其他领域中，竞争主体极有可能仍是排名靠前的企业。

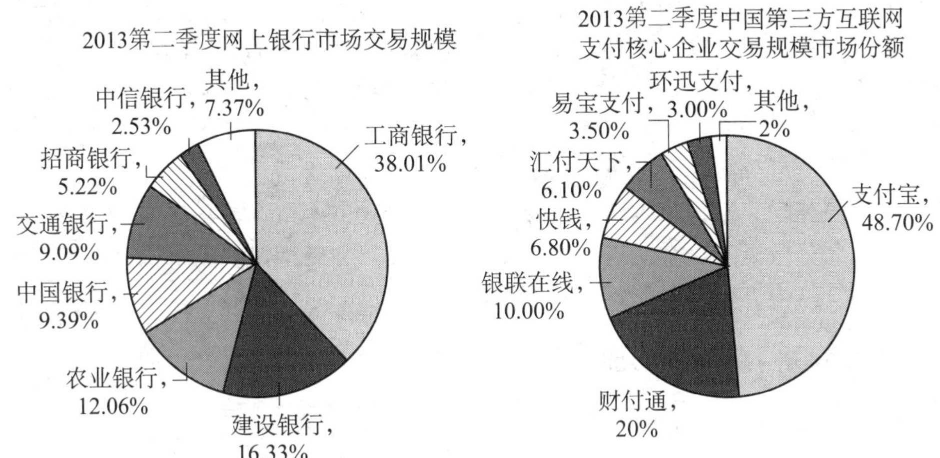

图 3—8　2013 年第二季度我国网银交易额、第三方互联网支付机构市场交易额

资料来源：易观国际，艾瑞咨询。

3.2.6　小结

从国外的历史经验和我国的实际情况来看，互联网金融具有减少成本、降低门槛和规模经济的特点，而这些特点必将导致激烈的竞争并且出现垄断的情形。

3.3　金融功能理论

3.3.1　金融功能理论的含义

金融功能理论可分为传统金融理论和功能金融理论。传统金融理论认为，目前的金融体系从最初发展到现在，已经非常完备，没有必要对其进行大量的修改。目前出现的金融问题都可以在现有的金融体系中找到办法或是通过对金融体系进行修正来解决。为了维护传统金融体制的稳定性，牺牲效率是被允许的。然而，这种理论存在一个漏洞，当技术进步推动传统金融机构（如银行、券商、基金）进行更新时，原有的法律制度就会跟不上改革的速度，必然出现制度和监管的漏洞。1993 年，默顿（Merton）在此基础上发表了功能主义金融的理念。

金融功能理论主要有两个假设：①金融功能较金融机构更加稳定。金融功能随时间和地点的变化转变不大，而金融机构则在不断发展变革。以银行为例，银行已从传统的保管资金、对保管的资金收取费用转变为吸收存款、对存款支付利息；从横向来看，不同国家的银行在组织结构、习惯上也不尽相同，但功能却大同小异。②金融功能更为重要。金融机构的变革都是为了提升和创造金融功能。

根据上述理论，默顿认为：建立一个完善的金融体制的首要问题是确定这个金融体制应该具备的功能，在此基础上再建立能够让这个机制良好运行的金融机构。

金融功能可分成三大部分：①清算支付。例如，货币、银行卡、第三方支付等。②资源分配。银行吸收储户的存款，将其投入资本市场，从而保证企业的资金运行。③分散风险。金融机构本来就是一个经营和管理风险的机构，如银行就在客户的贷款中进行期限配置，从而保持流动性。

3.3.2 互联网金融的功能

1. 便利清算和支付的功能

互联网金融的支付功能主要由第三方支付功能来体现。尽管第三方支付比银行支付更加快捷，客户也不需要缴纳手续费。然而，第三方支付的基础是银行的支付结算功能，如果第三方支付缺少银行的支持，仍会寸步难行。银行一般要求客户到现场办理网银。而第三方支付为了保证用户的客户体验，并不要求客户到现场办理银行与第三方支付的连接手续，所有的业务都在网上进行。目前，银监会发布了旨在规范第三方支付的10号文（即《中国银监会、中国人民银行关于加强商业银行与第三方支付机构合作业务管理的通知》），银行将以此为依据限制和清理第三方支付业务。目前，第三方支付业务的未来发展趋势尚未明晰，但第三方支付体系目前的发展速度依然可观。

首先，中国的网络购物等商业模式的发展极大地推动了以第三方支付为代表的互联网金融的发展。从2011年起，中国人民银行已经为250多家第三方支付机构发放了经营许可书。截至2012年，我国网络购物的交易规模已达到13 040亿元，比2011年增加66%以上。过去，第三方支付体现在人们面前的主要是中介功能，但目前第三方支付通过自身创新，已开始取代传统银行的地位。

与此同时，在互联网金融模式下，网上银行、支付宝等支付工具具有方便快捷、资金配置效率高、交易成本低、产品灵活性高等优点。这些工具的出现减弱了银行的支付作用。2012年网上银行对柜台的替代率普遍超过50%。据调查，支付宝每日的交易数额超过45亿元。

除了传统金融机构与互联网进行融合，一些互联网公司也按照自己的思路创造了属于自己的大数据体系，搭建了自己的搜索引擎，构造了自己的互联网金融战略体系。

2. 聚集和分配资源的功能

目前，中国资本市场存在中小企业筹集资金困难的问题，而银行业的贷款门槛高，很难给中小企业贷款，导致金融供需存在断层的问题。中小企业是中国经济的发动机，对中国经济的意义重大。互联网金融在一定程度上解决了这个问题。

历史上，融资模式出现过两次飞跃。在这两次飞跃之前，由于信息的束缚以及信息不对称，资金充裕者和资金短缺者之间的借贷行为被局限在有限的社交圈以内，全社会的资金流通由一个个小的微循环组成，资金使用效率极低。商业银行的出现标志着第一次飞跃的产生，资金充裕者不再为贷款的信用甄别而花费大量的信息搜集成本，资金短缺者也不再为身边无钱可借而烦恼，商业银行成为信用中介，对信息进行规模化的搜集、甄别并发放贷款。商业银行产生以后，社会交易成本大幅降低，资金配置效率大幅提高。资本市场的出现是融资模式的第二次飞跃，企业的融资不再局限于商业银行，而是在信息充分披露的前提下通过资本市场向社会公开融资，资本市场替代了商业银行的信用甄别功能，这种融资模式成为商业银行的有效补充。如今，互联网金融有可能是融资模式的第三次飞跃，通过互联网对信息不对称的降低，将资金充裕者和资金短缺者更加紧密地联合在一起。

互联网金融建立的大数据体系更有效率，能有效降低客户的边际成本。正因为互联网金融的高效率，让亟须资金的中小企业能迅速获取资金，从而避免了资金链的断裂。互联网金融将成为个人和小微金融贷款的有益补充。例如，阿里小贷就充分利用了阿里集团的大数据。截至 2012 年上半年，已经有 20 余万家小微企业接受了阿里小贷的服务，每户的平均贷款金额约为 6 万元，不良贷款率仅为 0.9%，远低于银行的同期水平。

3. 风险分散的功能

金融体系的风险管理功能要求金融机构能对风险进行定价并处理风险。我国长期的金融管制保证了传统金融机构的利润。在我国，除了海南发展银行被央行勒令关闭外，还没有出现过商业银行倒闭的案例，全体商业银行的信誉其实都由央行保证，我国的银行其实很缺乏应对风险的能力。互联网金融更容易实现资源的开放以及信息的共享，从而降低交易成本。

放贷人可以利用互联网的优势在借贷平台上借入或贷入多笔款项以对冲风险。例如美国 P2P 平台 Prosper，它由借款人设定一个最高贷款利率进行竞标，开出最低利率的出借人胜出，出借人可以把钱贷给多个人以分散违约风险，见表

3—6。英国的 P2P 公司 Zopa 网上互助借贷公司分散风险的方式类似 Prosper。美国著名的 P2P 公司 Lending Club 在分散贷款、降低风险的基础上，还搜集社交平台上的信息，然后根据这些信息来判断贷款者的信用水平。根据 Lending Club 的数据，P2P 有很强的风险分散功能。如果一个放贷人投资 100 笔贷款，那么他遭受损失的可能性约为 1%；如果他进一步将贷款分散到 400 笔贷款上，不良贷款率将降至 0.2%；再进一步分成 800 笔贷款投资，其投资出现亏损的可能性几乎为 0，见图 3—9。

表 3—6　　国外几家 P2P 平台分散风险的机理

	Prosper	Zopa	Lending Club
所属国家	美国	英国	美国
分散风险	由借款人设定一个最高贷款利率进行线上竞标，贷款人利率低者胜出。贷款人可以把钱贷给多个人以分散违约风险。	借款人在线上以贷款利率竞标，利率低者胜出。贷款人贷给每个借款人的最低金额为 10 英镑，最高不限，但是为了分散风险，一笔 500 英镑的贷款可以覆盖 50 个借款人，每个借款份额为 10 英镑。	Lending Club 通过朋友间的互相信任对借款人和贷款人进行聚合，这样贷款人就可以根据借款人在社交网络的个人资料来确定风险并进行借款交易。
贷款规模	3.7 亿美元	超过 3 亿英镑	15 亿美元
坏账率	1%～2%	低于 1%	4%违约

资料来源：Prosper，Zopa，Lending Club；中国金融 40 人论坛：《互联网金融模式研究》。

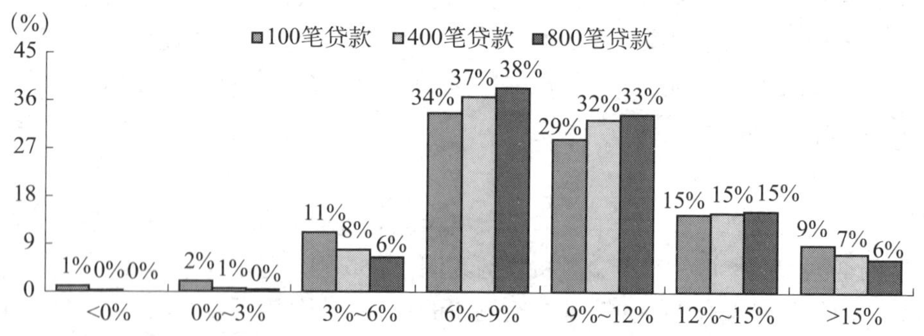

图 3—9　Lending Club 分散风险的效果

资料来源：Lending Club 网站；中国金融 40 人论坛：《互联网金融模式研究》。

互联网金融能有效地搜集和分析小微企业的数据，对其经营情况和信用水平进行实时监控。而银行等传统金融机构依据的征信体系过于烦琐，成本高、效率低，不能满足小微企业对资金的需要。阿里小贷凭借互联网技术，充分挖掘客户的人际关系网络，逐条甄别信息的关联性。此外，阿里小贷还可监控贷款的使用情况，对客户的使用途径（如广告投放、销售、进货）进行评估。同时，大量网络电商的存在，也使得通过网络提供贷款的大型公司很容易分散风险，如阿里金融贷款给几十万家中小企业，其信用风险可降到很低。

总之，互联网金融在销售、支付、结算等领域可以替代传统金融的基本功能，并在技术和成本上相比传统金融更有优势。

3.4　互联网金融中介理论

互联网的核心是信息，与其他产业相比，互联网作为新的信息载体对金融业的影响更加深刻。互联网金融就是金融与互联网相互融合产生的全新金融模式。互联网金融不仅继承了金融和信息技术各自的功能及优势，金融和互联网的融合还产生了协同效应，深刻影响着金融业的发展。

作为金融业的经营载体，金融中介是向金融市场提供信息并撮合资金供给和需求双方达成交易的中间商。金融机构能有效地解决信息不对称问题。信息不对称是指相对于其他投资者来说，被投资的企业具有信息优势，其他投资者为获取信息要耗费一些成本。金融中介的专业经理人可以获得专业的信息，这种信息对于一般投资者来说是不易获取的，因而投资者把资产交给金融中介管理，金融中介的回报金额由信息生产的准确性决定。实证发现，金融中介的管理水平和其获得的非公有信息成正比。因此，经济学家认为，因对成本的节约而产生了解决信息不对称问题的金融中介。

互联网金融的兴起创新了金融中介理论。一方面，互联网金融强化了传统金融中介解决信息不对称和规模经济的功能；另一方面，互联网与金融的协同效应使互联网金融中介突破了传统金融中介的功能，产生了新的变化。

3.4.1　以互联网为金融中介继承和创新了传统金融中介理论

本章认为，互联网作为媒介的特征是网络化、即时性和覆盖广。其中，网络化是互联网区别于其他信息传播中介最重要的特点［陈健和沈献君（2007），欧阳勇（2006），杨海燕（2006）］，也是构成互联网另外两个特征的基础。互联网的网络化特征提高了信息的传递速度，扩大信息传播范围。互联网网络化、即时性和覆盖广的特征强化了传统金融中介的金融服务能力。此外，互联网对金融中介的影响没有停留在网络优势的应用层面，它还使金融中介的发展产生了深刻的变化。互联网金融中介的出现降低了金融行业的壁垒，促进了金融业竞争，降低了金融商品和服务的价格。在信用经济背景下，互联网金融中介作为第三方，向市场提供了信用，活跃了市场交易。在互联网金融中介上述特点的综合作用下，它可以提供更优质、更低廉的金融服务产品。

1. “互联网金融中介”的网络化特征增强了信息源数量

金融中介理论认为，生产、传递和处理信息是金融中介的主要功能。与传统金融中介提供的信息源是一个有限集合不同，互联网是由节点和连接组成的网状系统，其信息传递呈现“多点发散”的特点。这意味着互联网中的每一个节点都能用来生产信息、传递信息，从而增加了人们获取信息的来源和途径。网络化使得作为网络节点的每一位互联网用户都可能成为信息源，从而使得信息生产源无限扩张。因此，互联网的网络化特征使得互联网的使用在信息生产、传递和处理等各个环节都会对金融中介产生影响。互联网金融中介可以利用每一个客户作为信息源，影响其他潜在客户，能够让更多人了解并获得金融信息资源。

金融中介理论认为，规模经济是金融中介存在的重要原因。金融中介的规模经济体现在两个方面：一是单个筹资者与投资者间的交易需要付出较高的交易成本。金融中介汇集了筹资者需求的同时，还筹集了不同投资者的投资资金，因此通过金融中介交易能够降低单位货币和单个投资者的交易成本。二是投资者的资金供给和筹资者的资金需求在金额和时间上并不能完美匹配。由于金融中介拥有信息并能汇集大量资金，因而它通过专业化的金融产品设计。解决了资金匹配问题。梅特卡夫定律表明互联网的价值等于其节点数量的二次方。互联网金融带来了金融中介信息的网络化，其效益也随着互联网用户数量的增加呈指数化增长。这一特征对传统金融中介的规模经济特征产生了强化作用。杨海燕（2006）认为，在网络结构和信息数量的相互作用下，互联网金融具有比传统金融业更高的规模经济效率。互联网的节点数量越多，效率越高，产生的规模经济效益越高。

2. “互联网金融中介”加快了金融信息的传播

互联网金融是一种连续金融。网络银行等互联网金融中介突破了营业时间对传统金融机构的经营约束，为客户提供 24 小时的即时服务，使金融中介在经营方式上发生了根本变革。

传统信息媒介的传播方式是逐级扩散的，故信息扩展需要较长时间，从而影响了投资者决策的效率，有可能付出更高的机会成本。互联网的网络化特征改变了信息传播的传统方式，使信息传输速度飞速提高，能够实现信息在最短时间的传播，从而提高了信息传播效率。在互联网普及的背景下，人们使用互联网获取信息的成本非常低廉。方东兴等（2011）认为，互联网不仅包含了广泛的信息，人们还可以通过互联网即时互动，立即解决自己遇到的问题并对信息进行转发。互联网信息生产、发布、转载和反馈的时间间隔十分短暂。利用互联网的即时性特征，可使互联网金融信息的传播和产品的推广变得更加快捷与高效。通过客户的互动反馈，互联网金融中介能够很快了解客户需求，然后根据客户需要设计相关产品，再推向市场。

信息网络化和传播速度的提高，增强了金融中介的业务处理能力。金融中介能够迅速完成资金集聚和转移，降低了交易成本，极大地提高了金融中介服务的效率。传统银行体系的支付系统的信息传递通过银行间电汇完成，这种方式的传递效率低、速度慢；互联网支付系统的运用使得支付信息以电磁信号方式在网络传递，几乎可以同时完成资金的支付与到账。同时，由于信息传播速度提高，金融中介能够更迅速地完成筹资者和投资者资产期限与规模的匹配以及资产转换。

3. 互联网金融中介扩大了金融中介信息和服务的覆盖范围

互联网“缩小”了我们生活的世界，互联网最小化了空间因素的制约。只要能够接入互联网的地方都可能成为金融业务拓展的新市场。因此，互联网金融中介突破了传统依靠做大规模获得市场的经营模式，摆脱了通过构建地理网点和缩短与客户间物理距离为客户提供服务的模式。由于互联网信息覆盖范围广的特点，营业规模和物理网点数量不再是影响互联网金融中介竞争力的主要因素。依靠互联网本身，互联网金融中介就能够开展业务、拓展销售渠道，互联网延伸到的任何地方都可以成为互联网金融中介的服务范围。例如，网络银行的广泛应用在一定程度上削弱了商业银行物理网点的作用。

此外，互联网金融服务范围的扩大使人们能够跨越地理障碍，方便地完成很多传统金融业务。互联网覆盖范围大的特性给人们使用金融服务带来了便利，人们越来越接受使用互联网处理金融业务。

3.4.2　互联网金融与“二次金融脱媒”

1. 金融脱媒的定义

金融脱媒是指供给方绕过传统商业银行，直接寻找资金需求方和融资方进行资金输送。因此，金融脱媒主要作用于资金供给方和资金需求方：①资金供给方，即存款在利率管制下不再存入银行，而是流向更高收益的投资产品；②资金需求方不通过银行，转而采取直接融资。所以，金融脱媒对于金融媒介——银行来说就是存款供给的流失和贷款需求的减少。

本章将证券业称为“第一业态”，代表了直接融资；将银行业称为“第二业态”，代表了间接融资；将互联网称为“第三业态”，代表了其他融资方式。

本章认为，我国的金融脱媒可以分为两个发展浪潮：第一个发展浪潮从20世纪90年代开始，到现在仍在进行，由“第一业态”证券业引领，见图3—10。它在存款端表现为家庭金融资产从储蓄存款开始转向证券投资，在贷款端表现为融资方从通过银行间接融资转向通过证券等直接融资，见图3—11。本章将这个阶段称为“一次脱媒”。第二个发展浪潮从互联网金融元年2013年开始至今，主要由“第三业态”互联网金融带动，体现为存款方通过互联网理财产品转向货币基金，资金需求方不经过银行而是通过基于互联网的P2P平台获取资金。本章将这个阶段称为银行的“二次脱媒”。

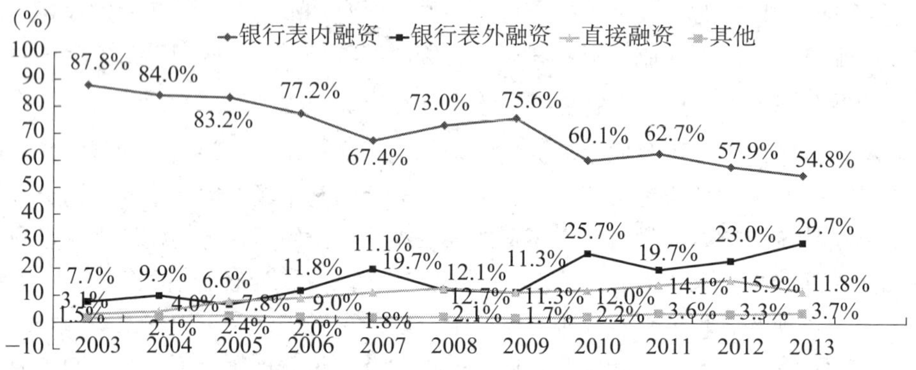

图3—10　中国社会融资结构

资料来源：中国人民银行。

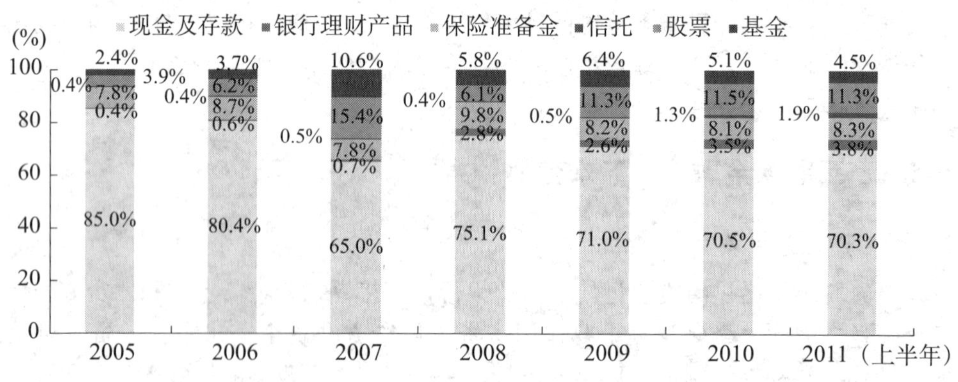

图3—11　中国居民的金融资产结构

资料来源：中国人民银行。

2. “一次金融脱媒”对银行业影响有限

从 20 世纪 90 年代至今，尽管“第一业态”证券业有了长足的发展，但从总体上说，它所起到的“金融脱媒”作用有限。

先从贷款端来看，直接融资由非金融企业股票和企业债券构成，它占社会融资总量的比例从 2003 年的 3.1%提高到了 2013 年的 11.8%，而银行表内融资则从 2003 年占社会融资总量的 87.8%下降到 2013 年的 54.8%。因此，证券业在“一次金融脱媒”中发展迅速。

但是，我们也要注意到银行表外融资占社会融资比例的提升最明显。银行表外融资的主要构成可近似看作信托、委托贷款和银行承兑汇票的总和，它占社会融资数额的份额在 2003 年达到 7.7%，2013 年上升到 29.7%。事实上，银行表内、表外融资占社会融资比例之和从 2003 年的 95.5%下降到 2013 年的 84.5%，近 10 年来不过下降了 10%左右。传统商业银行依然在融资市场上占有绝对主导地位。

再看存款端，居民金融资产中现金及存款的占比从 2005 年的 85%下降到 2011 年中的 70.3%，而居民持有的股票资产占比从 3.9%上升到 11.3%。尽管“一次金融脱媒”减少了银行存款，但银行存款仍占居民金融资产的绝大部分。

“一次金融脱媒”对银行影响有限的原因在于，证券业未能真正地绕过银行，由于历史的原因，“一次金融脱媒”的主要渠道依然被银行把握。例如，目前商业银行在企业债券承销中占有了 60%以上的市场；商业银行在理财产品销售渠道中也占据了巨大的份额，因此从总体上说，“一次金融脱媒”起到的金融脱媒作用有限。

3. “二次金融脱媒”对银行业具有革命性的冲击

“第三业态”互联网金融引导的“二次金融脱媒”主要以存款端的互联网理财产品、贷款端的 P2P 加上第三方支付平台为代表。未来，“二次金融脱媒”将会有很大的发展，它将以新颖的思维影响传统金融业。

（1）“二次金融脱媒”正以“二次方”的速度发展。互联网金融刚刚起步，它的规模与传统金融业的规模仍然相去甚远。最大的互联网概念货币基金余额宝，截至 2014 年 4 月的余额已超过 5 400 亿元，这个金额大致相当于居民储蓄存款 45 万亿元的 1%。但是，“二次金融脱媒”的未来发展潜力巨大，余额宝在不到一年的时间便发展到 4 000 亿元的规模（见图 3—12），2014 年更有望破万亿元。这种速度不仅超过了普通投资者的预期，也大大超过阿里和天弘基金的预期。“二次金融脱媒”正以“二次方”的速度发展。这与梅特卡夫规则（互联网的价值等于其拥有的网络节点数目的二次方）相吻合。

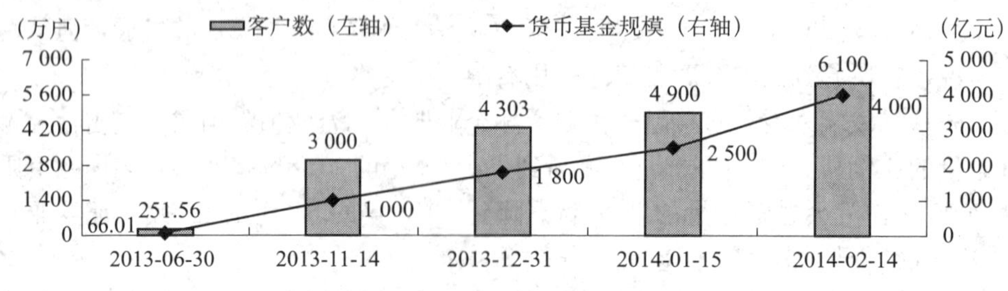

图 3—12　余额宝的规模

资料来源：余额宝、天弘基金。

（2）技术创新是“二次金融脱媒”的主要推动力。“二次金融脱媒”的背后推动力是计算机技术和网络的高速发展，传统银行业在这些领域并不占据优势。就以 P2P 贷款来说，它的核心竞争力是基于大数据体系快速、低成本地甄别个人贷款者和小企业信用的能力，而传统银行往往由于高成本、低收益而将小额贷款者和小企业拒之门外。如果不是基于大数据体系的技术创新，P2P 贷款平台很难在我国业已初步完善的信贷市场占据一席之地。互联网的技术创新还降低了金融的准入门槛，如余额宝和理财通的最低投资额远低于银行的理财产品。互联网理财产品的低门槛吸引储户从银行把储蓄存款转向货币基金市场，从而促进了金融脱媒。再看支付宝和微信支付，如果没有安全的转账支付系统的支持，它们很难与银行的支付系统相竞争。因此，互联网金融的技术创新是“二次金融脱媒”的重要推动力。

（3）“以客户为中心”是“二次金融脱媒”的核心思维。互联网公司一般都很重视对客户的服务，将客户体验放在首位，而银行业在客户关系上长期处于强势地位，所以在客户服务方面难有本质性的提升。P2P 平台以申请手续简便、效率高、放款速度快的特点吸引了很多的个人贷款者和小企业；余额宝等互联网理财产品具有比银行理财产品更高的收益率、更强的流动性以及几乎为零的门槛，因此适合一般投资者投资。例如，支付宝的设计就充分考虑了其转账支付功能的便捷性，客户足不出户就可以完成购买、支付等操作。然而，银行受制于风控的要求，强制要求用户到现场办理网上银行业务。建设银行研究部内部报告将余额宝的成功因素归因于“以客户为中心”的创新意识，建议商业银行强化“以客户为中心”的理念。这也从侧面反映了我国商业银行长期以来居高临下、轻视客户关系的现象。

（4）“二次金融脱媒”更加独立于银行体系。截至目前，“二次金融脱媒”的影响依然远小于“一次金融脱媒”，但从目前来看，“二次金融脱媒”比“一次金融脱媒”更彻底地独立于银行系统。“一次金融脱媒”中涌现出来的证券、信托、基金基本上都与银行关系密切，商业银行在企业债券承销中的市场份额超过60%，商业银行除了销售银行理财产品之外，还销售了超过市场份额50%的基金、信托以及保险产品，因此“一次金融脱媒”的部分影响被银行的混业经营抵消了。

“二次金融脱媒”更加独立于银行体系，如P2P平台贷款，它实际上做长期被银行业忽视的个人贷款和中小企业信用贷款业务。除P2P平台的支付转账需要通过银行外，其他方面受银行的干预较少，银行很难从中分享收益。如果未来我国P2P平台真正发展壮大，将会从银行手中分去极大的一块蛋糕。这种“脱媒”方式对银行来说显然是颠覆性的，除非银行对个人贷款和小微企业贷款加以重视，否则单纯依靠类似“一次金融脱媒”时期的混业经营方式难以保住这块业务的市场份额。

虽然互联网理财产品在本质上仍是银行的协议存款，然而正是银行自己的需求决定了它们的利息。与银行代销基金不同，通过互联网销售货币基金的行为完全绕过了银行，银行不能再从中获取收益，还必须付出比储蓄存款高得多的成本。这将提高银行获取存款的成本。目前，银行业的储蓄存款约45万亿元，每年税后利润1.2万亿元，活期储蓄存款利率为每年0.35%，同业存款利率保持在4%～6%。倘若将储蓄存款都转换成与同业存款收益差不多的互联网理财产品，那么银行业每年的利差收益将为零或为负，因而对银行的经营将造成一定的影响。

4.“二次金融脱媒”的主要表现形式

互联网引领的“二次金融脱媒”的主要形式是贷款端的P2P平台、存款端的互联网理财产品。

（1）P2P平台贷款。P2P平台能起到金融脱媒作用的关键是低征信成本、高处理效率以及风控能力。只有将这些都做好，它才能具有与银行竞争的能力，才能吸引中小企业和个人贷款者找其融资与投资。其中，低征信成本和高处理效率源于互联网技术下的大数据体系。传统银行因为高征信成本而长期忽视小企业，而中小企业也因为传统银行效率低、门槛高而对其望而却步。大数据是减少征信成本的有效途径，客户的海量数据为P2P平台快速判断客户信用提供了依据。P2P平台的放款效率很高，从贷款被批准到发放贷款最快只需1～2天，这符合中小企业的需求。

然而，P2P平台能否在金融脱媒中起到重要作用还要看其风险控制能力。2012年年末发生的很多起P2P平台倒闭事件，很多都是因为风险控制没有做好。

一个注册资本金只有500万元的P2P平台公司，就敢放到几千万元甚至上亿元的贷款，这么高的杠杆率超过了其所能承受的范围。因此，一笔100万元的逾期贷款或违约就能让它倒闭。

当然，证券市场在成立初期也存在很多的不规范现象，不能因为P2P平台目前遇到的一些挫折就对其加以否定。P2P平台若能处理好自身的风险控制问题，将会对解决资本市场的信息不对称问题大有裨益，进而成为银行业的良好补充。

(2) 互联网理财产品。互联网理财产品以比银行存款更高的收益、更高的流动性、与银行存款差不多的安全性和更低的门槛吸引了很多的普通投资者，在短时间内就达到了一定的规模，从而在“二次金融脱媒”中大放异彩。互联网理财产品将储户的储蓄存款转变为货币基金，货币基金再将其转变为协议存款。虽然存款最终仍然回到银行，但在一定程度上提高了银行的成本。更重要的是，互联网理财产品为中国的普通投资者提供了一种新的投资方式，投资者不再需要将资产限制在银行存款中。银行为了留住储户，势必为储户提供高利率，这对于推进利率市场化有积极意义。

目前，国内最出名的互联网概念货币基金是2013年中期出现的“余额宝”。截至2014年4月，“余额宝”的余额已达到5 400亿元，远远超过其他的货币基金。其他的理财产品还有腾讯的微信“理财通”、百度推出的“百发”等一系列产品。此外，P2P平台也推出了自己的理财产品，相应的收益率都高于银行同期存款利率，投资期限为两三个月到数年不等，门槛范围调整为100元到几万元甚至几十万元之间。例如，平安路金所推出的“稳盈——安e贷”，投资周期为36个月，起始资金最低为1万元，参考年收益率为8.4%。

3.4.3 互联网平台与“再中介化”

互联网金融也具有传统金融所具有的成本优势、规模效应及消除信息不对称等特点，因此也会造成“再中介化”，对传统金融产生影响。

如前所述，互联网的特点是新增一个用户所增加的成本基本为零，因而互联网有很强的规模效应。互联网金融的成本低，具有范围经济，再加上大数据的支持可以有效地降低风险，在中介方面比传统金融行业在理论上更有优势，因此互联网金融不可避免地造成“再中介化”。这些新的中介是提供互联网服务的厂商和大的贷款公司，如阿里巴巴、腾讯等。这些厂商依靠已建立的良好的客户群体和良好的分散风险能力而充当“新”的平台中介职责。

2013年第二季度，支付宝占到移动支付市场的四分之三以上，远远超过银

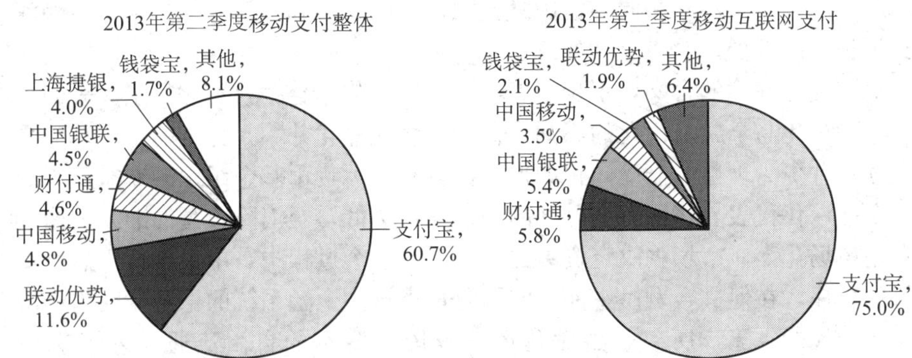

图 3—13　2013 年第二季度第三方移动支付市场市场份额

资料来源：艾瑞咨询。

联的 5.4%，见图 3—13。互联网金融的平台中介作用使得传统银行业的结算功能在互联网支付体系中黯然失色，支付宝等新中介也将成为金融中介中的新领军企业。

3.5　金融深化理论

3.5.1　传统的金融深化理论

1. 金融深化理论的核心

政府减轻对利率管制的程度是金融深化的核心，金融深化的核心在于让市场决定资本的价值，即实现利率市场化、资本自由移动。

金融深化是指如下情形：假如政府实现利率自由化，那么市场化的资本价格利率就能很好地反映出资本这种商品的稀缺程度。资本在市场的调配下就能更好地被分配，一个国家的金融体系就能更好地服务实体经济。

麦金农为了说明这种由金融深化引起的良性金融循环对经济增长的贡献，他修正了哈罗德·多马模型。原模型认为实际产出的增长率与产出资本之比及储蓄倾向有正相关的联系，而麦金农认为储蓄倾向是一个由经济发展和金融深化程度组成的两个变量的增函数。因此，一方面，消除金融管制会提高储蓄比率，增加实际产出；另一方面，实际产出的增加也会提高储蓄的基数，因此形成经济增长与储蓄互相促进的良性循环。

金融深化是一个动态的、多层面的概念。在金融深化理论发展的不同时期，金融深化的内涵是不尽相同的。国际金融市场的发展和经济一体化使得金融深化得到了长足的发展。

对于金融深化的含义，不少学者认为金融深化与金融自由化的定义等同。然而，金融深化与金融自由化的不同点在于，金融深化并不是完全的自由，而是寻求建立一种更为理性的制度。正如世界银行和国际货币基金组织的专家认为的那样，金融深化代表着将国有金融部门民营化，降低乃至消除银行的准入门槛，实施利率市场化，让市场去决定资本的价格。在这个过程中，中央银行仍然肩负着监督的责任，在促进金融民主深化的同时负责维护金融系统的稳定。因为经济全球化是当代的主流，所以金融深化还涉及国际资本的自由流通及外汇交易市场化。

2. 金融深化的最优路径

麦金农提出了金融深化进程中金融控制的理论，即金融民主化中各项改革要配套并存在顺序。麦金农还对金融深化改革的实施过程进行了排序：

（1）控制通货膨胀——实现并保持宏观经济稳定，特别是应使通货膨胀稳定可控。高而不稳定的通货膨胀既破坏了价格体系，也妨碍了正常的投资活动。在金融市场放开后，高通货膨胀还会引起货币替代。因此，在宏观经济稳定后，通过降低通货膨胀率以提高实际利率的做法，比直接提高名义利率的做法更有效。

（2）平衡财政收支——控制财政赤字，保持财政平衡。在财政不能平衡的情况下贸然推动金融深化改革，很可能会导致恶性通货膨胀。政府的收入与国民生产总值的比例应该保持在一定的警戒线之下。同样重要的是，对成功改革的政府来说，在金融深化进程中必须迅速建立一种有效管理的税收制度来保证政府的收入，避免通货膨胀。

（3）放开利率管制——使借款者和投资人都能享受到市场决定的公平利率。不过，只有在物价水平稳定的前提下，企业和居民之间不受约束的借贷才能顺利进行。此外，只有在紧缩的财政控制到位，存款机构才能摆脱严格的准备要求，市场利率的决策过程才能不受政府的过多干涉。

（4）开放经常账户——汇率自由化的改革在国内金融自由化实施之后。经常项目的自由化程度与国际资本的流入保持一致并同时放开本国和外国的商品服务价格。但是，在进出口的中央控制被取消之前，经常项目所有交易上的汇率应先期进行，以便每一个进口商和出口商都能以相同的有效汇价进行交易。

（5）开放资本账户——资本项目的自由兑换应该建立在经常项目能够自由兑换的基础上。否则，难免出现政策变动或突发事件而造成外国投资者信心下降，热钱流出，最后造成大量外债的情况。

3. 金融深化程度的度量

我们对金融深化的衡量应该是综合和全面的，不能局限于一个或几个指标来考量。随着金融深化理论的发展，金融深化程度的度量也不断被完善。目前，常见的度量有以下五类：

（1）经济货币化程度。麦金农最早使用货币化指标来比较欧美国家和亚、非、拉等发展中国家金融深化程度的差异。1989 年，世界银行在其发展报告《金融体系与发展》中，直接采用货币化指标作为金融深度指标，并以此评价各国金融体系。此后，在世界银行和国际货币基金组织的年报和分析报告中，货币化指标就成为评价经济货币化程度的关键指标。

历史经验说明，经济货币化进程是由国家干预型经济向市场主导型经济转轨过程中不可逾越的一个阶段，经济货币化是一国金融深化的首要表现。

（2）经济金融化程度。我们通常使用金融相关比率来比较国家间经济金融化进程的指标。目前通行的金融相关比率是简化后的，即金融资产总额与国内生产总值的比例。在这里，金融资产总量包括货币和非货币金融资产，货币金融资产一般用广义货币表示，是作为交易媒介的金融资产。非货币金融资产是不能充当交易媒介的金融资产，包括各种债券、股票、基金等。

金融深化与人们的储蓄倾向是息息相关的。在经济发展的不同阶段，人们储蓄倾向的转变也是推动金融深化的重要前提。在实物经济时期，人们只是需求实物形式的储蓄，随着以货币为媒介的商品流通在经济生活中主导地位的确立，人们的储蓄观念发生了重大变化，开始转向货币形式的储蓄，这种储蓄观念的转变推动了经济的货币化进程。随着金融创新活动的广泛开展和各类金融工具的大量出现，人们进而寻找各种资产形式的储蓄，经济金融化是一国金融深化程度的风向标。

（3）价格市场化程度。价格市场化程度是金融压制程度的显示器，也可以反映金融深化程度。这里的价格主要包括利率和汇率。利率是调节资金配置的杠杆，也是最灵敏的经济信号。利率市场化被认为是金融深化的重要一环，利率市场化改革是整个金融业（特别是银行业）借贷市场化的关键。考察一国的利率市场化情况，主要通过两个指标：一是实际利率水平，实际利率为负，表明金融深化程度较低；二是银行存贷利差，利差越大，则金融机构的利润水平就越高。汇率与利率一样，它的确定以及名义汇率与实际汇率之间的差异也是金融深化的显示器。但是，由于真实汇率的计量难度非常大，因此在实践中，对金融深化程度进行衡量时，通常采用官方名义汇率与非官方市场汇率的差异和资本流动管制强弱两项指标。

（4）金融多样化程度。金融深化不仅意味着金融体系规模的扩大，也意味着金融多样化。金融深化过程至少会涉及两个方面的变化：一是金融工具的多样化；二是金融机构的多元化，两者构成的金融结构也会表现为多层次性。金融机构本身既不是存款者也不是贷款者，但其多样性的发展会使金融结构趋于高级化；金融工具作为融通资金的途径，其越具多样性，越能满足不同的需求偏好，进而吸引更多的金融主体参与金融交易，因而也就越能发挥金融的功能。

（5）金融健全化程度。当代金融市场是商品经济和信用发展的产物。从形态上讲，金融市场主要包括资本市场、货币市场、外汇市场、期货期权市场等。金融健全化程度与商品经济的发展程度、信用制度的发展程度、金融机构体系的发展程度息息相关。因此，一个健全和完善的金融市场不仅有助于改进经济福利、促进经济的健康发展，而且对于衡量金融深化的程度也有至关重要的意义。

3.5.2 互联网的金融深化逻辑

1. 第三方支付

互联网最早介入的金融深化过程是在提供第三方支付上。这种金融深化可以看作金融健全化程度的提高。在电子商务刚刚兴起的年代，电子交易完成后的货款同步交换问题一时间无法解决。这个问题在C2C模式下尤为突出。尽管国际贸易领域所采用的信用证（letter of credit）和提单（bill of loading）技术不仅可以完全解决货款同步交换问题，也存在良好的法律基础和运营体系。但是，以下三个重要因素使得国际贸易的技术没有被移植到电子商务中。首先，国际贸易的信用证和提单模式是基于纸质单据的体系，必须电子化后才能真正在电子商务中有所作为。其次，由于C2C模式电子商务的参与者多为个人，银行不愿意为个人开出信用证。最后，信用证和提单技术的每笔交易成本过高，不适宜电子商务所发展的C2C零售业务，因此解决货款同步交换问题主要依赖于第三方支付机构。

第三方支付的出现有效地解决了民间买卖双方的信用问题。支付宝作为资金的保管人，解决了买卖双方对于货物和资金安全的顾虑，虽然没有完全地解决信息不对称问题，但是极大地规范了网购。

然而，目前第三方支付的发展受到了限制。基于风险性的考量，也可能源于利益集团的介入，银监会和中国人民银行下发了《加强商业银行与第三方支付机构合作业务管理的通知》（银监会〔2014〕10号）。这给了商业银行政策上的理由和极大的自由操作空间来挤压第三方支付机构的生存空间。

2. 网上资源配置

互联网进一步参与的金融深化过程体现为互联网金融的形成。互联网金融的最大特点就是互联网企业依照互联网产业的商业模式和市场思路间接甚至直接提供金融服务。这种网上资源配置的金融深化，可以看作对金融健全化程度、金融多样化程度、价格市场化程度、经济金融化程度的同时提高。

互联网金融的产生有可能撼动一些陈旧老套的传统金融企业在金融业的地位，是金融业的一次革命和大洗牌。从金融深化的角度看，互联网金融扩展了金融服务的市场，丰富了金融服务的种类，使得金融价格的形成机制更为市场化，在金融健全化程度、金融多样化程度、价格市场化程度、经济金融化程度方面都做了改进。

3. 货币自由化

互联网的金融深化也许有着货币自由化的终极理想。货币自由化的理想是要建立一套不受制于任何货币当局的、具有贵金属货币优秀品质的、完全电子化和分布式的、可靠安全的电子货币体系。如果货币自由化成功，将是金融深化过程的一次量变到质变的飞跃。目前，这种货币体系的原型——比特币系统已经得到了世界范围内的关注。

比特币是一种依需要用户自主发掘的、设计精巧、全球通用的电子货币。比特币的创造只能由用户根据一定的算法、花费标准化的时间才能创造出来，因此它并不存在通货膨胀的现象。但是，这也存在一定的问题，假如比特币成了世界货币，中央银行将无法对其进行调控，一旦市场上比特币的供应量减少，势必造成全球性的货币危机。比特币不存在通货膨胀的性质还导致了它不能很好地调控经济。我们知道，轻微的通货膨胀有利于经济发展。在黏性工资下，轻微的通货膨胀降低了工人的实际工资，从而减少了企业的成本，保证了市场上的就业率，而统一使用比特币则没有这方面的好处。目前，比特币在货币市场上仍然处于从属地位，需要美元等其他货币来对其进行定价。

目前，大多数国家仅仅是开始关注比特币的成长，还没有许多法律规定出台。欧洲央行 2012 年 12 月 6 日发表的《虚拟货币架构》报告将比特币认为是一种与实体经济双向互动的虚拟货币，该报告指出："由于虚拟货币体系的规模小，因此风险不会影响到除比特币体系之外的其他人。"

3.5.3　小结

互联网的本质之一就是自由，任何人都可以几乎无限制地在互联网上收集和发布信息。互联网参与金融服务提供，也带着这种自由化的气息，从而加速了金融自由化的进程，进而实现了金融深化。

所谓的互联网金融，从理论上看，只是互联网参与金融深化过程的一个重要的中间环节。与传统金融深化由经济货币化程度的提高逐步发展到金融健全化程度的提高的顺序相反，互联网参与金融深化过程是从锦上添花的金融健全化程度提高入手，逐步深入金融的本质，并且以经济货币化的质变，即货币自由化为终极理想。这形成了互联网鲜明的特色，使其与经典的金融深化理论在许多层面不谋而合。这便是互联网金融最深刻的理论基础和逻辑背景。

3.6 互联网与普惠金融

普惠金融是指金融服务（如支付、理财等）的广泛性，也就是让更广泛的人群特别是弱势群体享受到金融服务。普惠金融是要建立一种包容性的金融秩序，这个秩序使得不同个体都有享受金融服务的权利，不会因为种族、性别、年龄、财产的因素而把某些人群排斥在金融活动之外。在传统上，金融服务往往针对有钱人进行服务，比如华尔街的大财团是金融投资与服务的主要受益者，与之相反，社会中下层人群并没有足够的条件享受金融服务。然而，家庭的财富积累不仅靠勤劳努力，更需要理财投资。普惠金融对于中国这样一个“二元社会”而言显得尤为重要。由于中国目前的城镇和乡村、西部和东部发展的不均衡，特别是我国还有将近 1.3 亿的贫困人口，如何使得中国的弱势群体享受到合理的金融服务，以达到家庭财富的保值增值，这是普惠金融研究的重点。

3.6.1 普惠金融的具体表现

本部分从金融功能的角度出发，阐述在金融的若干功能中普惠金融的体现。此前的金融功能理论告诉我们，金融的基本功能有支付功能、降低（分散）风险、资源配置等。

1. 支付

支付是金融的最基本功能，也是在我国亟待提升的功能。人口众多是我国的基本国情，而我国的医疗、商店、机场等资源相对有限，这就造成了结账“排长队”的现象。因此，支付功能的改进将给群众带来生活上极大的便捷。特别是在我国的一些偏远农村，由于金融机构严重不足，村民们无法完成最基本的支付。同时，如何为中国 900 万家电商提供便捷、便宜、可信的支付服务成为支付的重中之重。支付成本的高低直接影响支付能否成功进行，特别是对于中低收入家庭而言。因此，降低支付成本、简化支付流程、方便低收入家庭成为支付功能在普惠金融框架下的基础。创新性的支付方式是提升目前支付手段的方向。

2. 降低（分散）风险

（1）降低意外风险。美国的经验告诉我们，贫富分化的存在往往与人民身体的健康程度息息相关，突如其来的疾病往往使穷人变成赤贫。美国耶鲁大学的席勒教授在他的金融学公开课上讲到造成贫富分化很重要的原因是健康损害和失业。因此，使穷人能够买得起保险是社会福利的重要体现。保险制度是将众多单位和个人结合起来，用集体的力量代替个人去应对风险。而在保险制度建立之前，贫穷人群缺乏应对风险的手段，因此在偶然性和突发性事件面前，穷人只能无奈地承受损失，导致他们与富人间的贫富差距越拉越大。

人的一生中不可能一帆风顺，必然会出现很多偶然性的事件，这些事件往往造成贫富差距的加大。对那些富人来说，他们可以通过各种方式来减少风险发生的可能性，如为防范人身安全问题，他们可以花钱请保镖，或者吃更安全健康的食品来保证身体健康和安全。因此，富裕家庭总是比贫穷家庭的生活质量更好，出现意外的机会也更小。而对于一般人来说，他们所从事的工作是很可能给人身造成危险的职业，一旦意外受伤致残，他们不但缺乏资金进行治疗，更有可能失去了收入来源，最终导致贫穷。同时，一旦由于某种原因失业，一般家庭就会承受贫穷带来的巨大压力。突发和意外使得人与人之间不但在当代之间，更在代与代之间拉大差距，产生贫富分化。但是，保险的出现使得贫穷的人可以比以前更有效地防范风险，他们可以对自己最有可能暴露的风险进行投保，从而在出现意外情况后能够最大可能地弥补自己的损失。因突发事件导致财产损失的人可以得到补偿，发生人身意外伤害的人们也可以拿到抚恤金，失业的人们可以足额地领到失业保险。这就给予了穷人一种有效应对风险的能力，使穷人在风险面前不再是手足无措的，从而可以防止贫富差距的扩大。

另外，有些风险（如地震险）对于个体来说几乎无法分散，但对于保险公司来说，若投保人的数量足够大，保险公司可以有效地分散风险，因而保险公司有条件以相对较便宜的价格把保险卖给投保者。也就是说，购买保险本身使得投保者得到实惠。因此，开发出便宜、灵活的保险产品是提升普惠金融的重要组成部分。

（2）降低家庭财富风险。美国 2008 年的次贷危机告诉我们，降低家庭财富风险对于美国家庭来说至关重要。房地产投资是大多数家庭最大的一笔投资。正如美国耶鲁大学的希勒教授所言，美国一般民众由于家庭资产限制，只能购买房产而无法进一步分散资产（特别是还要在大量贷款的情况下），然而富人可以自由地选择投资组合。地产价格的崩盘对于美国一般民众来说是致命的，很多家庭面临破产。然而，很多富人（如银行家）由于较好地分散了风险，因而可以从美国的金融危机中很快走出。在《不平等的代价》一书中，美国哥伦比亚大学的斯蒂格利茨教授指出，美国的下层民众有进一步走向下层的趋势，而上层民众有进一步积累财富的趋势。金融服务上的不平等是造成这方面的原因之一。

对于中国民众而言，我国资本市场还不发达，分散家庭财富以降低风险更为不易。因此，加快资本市场新产品的设计以及对普通民众普及金融知识和教育对于中国家庭财富风险的分散十分重要。在产品设计上，一定要侧重简单、易于操作的特性，以符合“草根”投资者的使用。一个反面的例子是，美国在次贷危机前后创造出来了很多极为复杂的金融产品，这些金融产品是一般民众所无法了解的，更是无法购买的。总之，如何创造出合适的金融工具，使得一般民众可以分散投资进而降低家庭资产的风险是普惠金融面临的重大问题。

3. 资源配置

（1）企业层面。普惠金融的精神要求中小企业也享受较好的金融服务。然而，长期以来大企业或是国有控股企业在与银行的贷款议价过程中常常处于强势地位。相比那些财务报表不透明、不规范、质量低的民营小企业，银行更愿意将资金贷给大企业以减少坏账率。这直接导致急需资金支持的小企业借不到钱，而银行求着不那么急切需要资金的大企业接受贷款。有人将不公平归咎于市场经济下银行为了实现利润最大化的必然结果，但本书认为，这是在国家金融管制下银行缺乏金融创新的体现。在利率受国家管制的大背景下，我国银行的同质化趋势日益严重，除民生（小微）、招行（银行卡）、中信（互联网金融）几家银行的经营在各自领域较有特色外，其他银行并没有自己突出的核心竞争力，因此在面对中小企业贷款定价问题时银行无法进行差异化定价，所以大多采用传统的定价方式，自己放弃了这块市场。反观已经实现利率市场化的美国，社区银行的大量出现在很大程度上解决了当地家庭、中小企业和农户的贷款问题。所以，我国中小企业难获得贷款的问题并非是市场化竞争的必然结果。

（2）个人层面。普惠金融的另一个主要表现就是低收入人群在普惠金融的框架下一样可以享受贷款和投资的服务。例如，股票市场的成立使得一般投资者不需要很大的本金也能享受到经济繁荣带来的福利；基金市场的成立让投资者不需要专业的理财技能并投入时间，也有很大可能获得不菲的收益。

目前，我国的弱势群体相对较难享受到贷款服务，这里主要有三个原因：①我国目前没有成熟的征信体系，收入较低的群体也往往没有长的信用历史。

②弱势群体在贷款时往往没有抵押品。家庭的牲畜、房屋等可以做抵押品的财物往往比较难以量化。因此，即便是扶持性、救助性贷款的利率往往也比较高。③很多劳动者没有固定的工作单位和固定的收入，因而其还款能力很难判断。

在个人投资层面上，对中低收入家庭提供合理的投资工具是普惠金融的精髓。目前，我国还没有实现利率的市场化，储蓄利率被压制在一个很低的水平上。现在，银行的活期存款利率为 0.35%，低于通货膨胀率，显然中低收入家庭依靠活期存款而实现资产保值并不现实。银行为应对利率管制、防止客户流失，推出了基本达到同业市场收益水准的理财产品。此前，理财产品由于其高门槛、低流动性而令普通储户望而却步。例如，工商银行理财产品“工银财富”的最低理财门槛也要 5 万元，因而限制了小储户的投资机会。

3.6.2　实现普惠金融的途径

实现普惠金融的核心是降低金融服务的成本，低成本会使更多弱势群体享受金融服务，进而使得金融机构扩充服务对象。金融服务的门槛有多种，除去成本外还有制度等约束。进入门槛的剔除和金融教育的扩大会使金融服务的参与者增加。从目前来看，降低服务成本和门槛的必由之路是金融创新。

1. 降低金融服务的成本

从传统的金融服务业来看，单位服务成本和资本量成反比。具体说来，对于资本量大的客户，其单位资本的服务成本比较小、享受的服务更多、可选择的投资品种也更多，因而大客户的收益率更高。与此相反，对于资本量较小的客户，其单位资本的成本相对较大，因而这些客户所能享受到的服务相对较为单一，收益率相对较低。举个简单的例子，2013 年底银行的大额协议存款的活期利息可以达到 7%以上且有提前支取不罚息的优惠。然而，以工薪阶层为主的小投资者因存款量太小而不会享受这样的待遇，只能以 0.35%的活期存款利息存入银行。

对于富人来说，金融服务成本相对于财富而言几乎可以忽略，而对于资产量较小的穷人而言，服务成本的大小是决定其是否参与金融活动的主要原因。因此，如果可以普遍地降低金融机构的运营成本（包括资本、人力等），那么相同的服务可以向小客户延伸，使得收入较低的人群享受到同等的金融服务。

2. 降低金融服务的准入门槛

普惠金融的意义在于让最广大的人群都能享受金融服务，参与到金融活动中。然而，很多人因为没有充足的资本，或者不具备投资某种市场的资质（如缺乏抵押品），或者不具备金融学的基本知识，最终被挡在了金融市场之外。举例来说，股票和债券发明之前，普通投资者难以参与大公司的经营，企业的经营往往被财团垄断。由于股票的发明，一个企业可以分成成百上千份资产，因而一张股票的金额可以变得很小，老百姓可以很容易购买，从而对其进行投资。股票和债券的价格就是普通投资者对一家公司、一国政府信誉的评价，也可获得投资收益。在期货、外汇市场中很流行的“小合约”（mini contract）的推出也是基于类似的考虑。

3. 扩大金融教育的范围

这里所说的金融教育并不是传统课堂上讲的“高、精、尖”的研究性教育，而是科普化的教育，主要是针对中小投资者扫盲性的教育。大量中小投资者没有参与金融服务的原因是他们并没有金融的知识，特别是对于金融的风险和收益的辩证关系不了解，更不要说选择适合自己年龄、职业的产品。金融机构的专业理财经理只给大客户提供服务，因而中小投资者在购买金融产品后往往不了解产品背后的风险，因不懂金融知识而误买理财产品或信托产品的案例比比皆是。

另外，对不同年龄的人群而言，老年人领悟新事物的能力相对较低，因而老年人相对不易改变最原始的投资方式。而年轻人思想活跃，乐于接受新的金融产品。举例来讲，阿里巴巴和天弘基金推出的余额宝的平均购买年龄为 28 岁，而 23 岁的购买群体最为庞大。

与此同时，在金融教育中，案例性的教育往往比抽象的理论对人的震撼力要大得多，也更易于接受，因而开发适合不同年龄、阶层的教育资料和平台对于普惠金融有着重要的作用。

4. 金融创新

从历史经验来看，普惠金融的实现与金融创新有很大的关系，这种创新包括制度创新、技术创新和产品创新。金融创新是有效降低金融服务准入门槛和服务成本的工具。

制度创新是指设计金融规则，引入一种制度安排来开创一片新的金融领域，使普通人能够更好地参与金融市场的运作，享受其带来的福利。例如，股份公司制度的建立，让购买股票的投资者无须具备管理经营公司的能力也能享受到高利润公司不断发展带来的价值。股票交易所的建立使投资者能够买卖股票，从而有效地进行投资与赎回。

技术创新是指通过引入新的技术改变金融市场的运行规则，如计算机技术使得股票交易所从人工喊价报价直接变为全程计算机系统的自动撮合。这不但节约了人工成本，也消除了金融市场歧视现象。在计算机系统报价下，一些中间商偏向大额交易者、歧视小额交易者的现象大大减轻，每一位参与者享受到了更平等的地位。

产品创新是指设计出一些金融产品来降低投资门槛，如货币基金的创造就是一个很好的例子。在 1970 年，班特首创世界上最早的共同基金。他所发明的货币基金既具有与大企业相似的收益率，又有和银行活期储蓄存款差不多的流动性。同时，在产品创新时应本着服务中小投资者和弱势群体的理念，因而应尽量开发简单、易于操作的金融工具。实践证明，简单、易学、好用的金融产品往往被中小投资者所接受。

当然，技术创新、制度创新、产品创新并不是割裂的，它们是互相作用的。一方面，技术创新为制度创新的实现提供了技术支持；另一方面，制度创新也催生了技术创新，带来了产品创新。它们共同作用即可实现普惠金融。

美国耶鲁大学的希勒教授在 *Finance and Good Society* 一书中指出，从历史上看，由于信息传递的缓慢，金融创新的步伐比较缓慢，一个新的思想会在很长时间后才能让大多数人接受。比如，共同基金（mutual fund）这个思想在 19 世纪 20 年代左右就出现了，但它直到 20 世纪才变成主流的投资工具。然而，在当今社会，互联网使得信息的传播速度大大加快，创新性的思想会很快被民众接触，特别是社交平台的建立加速了这一过程。比如，余额宝在 9 个月的时间里就获得了超过 5 000 万的投资人群。因此，互联网与金融创新的结合会大大加速金融创新在社会内的传播速度和认知程度。

3.6.3　互联网为普惠金融提供了条件

耶鲁大学的希勒教授在 *Subprime Solution* 一书中指出，信息技术是这个时代的关键，它与金融的融合可以更好地实现普惠金融。作为信息技术的核心，互联网有它独特的优势。互联网可以大大降低金融服务的成本，其原因有三：①进入成本低。本章前面内容涉及互联网一旦建成后，再增加一个用户的成本几乎为零，因而互联网天然具有成本优势。②服务成本低。互联网公司可以通过大数据技术为客户提供优质的服务，这些产品根据不同网民的特点提供差异化的服务，而且不需要人工介入，因而服务成本很低。③规模效应。也就是说，把客户分散的资金通过互联网聚拢起来，进而形成较大量的资金进行金融投资等活动。如前所述，资金量越大，享受金融服务的成本越低，而低成本带来低门槛。互联网金融产品的门槛往往极低，比如余额宝的转入金额可以设置为从 1 元起。

由于手机与互联网的成功嫁接，用户可以随时随地上网，互联网已与个体紧密结合，网民的数量也因而大大增加。互联网金融产品往往操作简单、不需要教程、实用性强，这些特点对于服务“草根”民众非常有帮助，因而互联网金融产品的购买者往往人数众多。众多的参加人数可以“天然”地分散风险，特别是分散流动性风险。比如，余额宝的购买者目前已超过 8 000 万人，投资者会根据自己的资金需求选择是否赎回资金，而这些投资者的所在地域及从事的行业均不相同，因而很难发生大规模的同时赎回，即发生流动性挤兑的可能较小，这就为互联网金融提供连续性（即高流动性，如“T+0”）的产品创造了条件。

同时，互联网有很强的数据优势，如阿里巴巴的淘宝网可以完整地记录电商交易的行为和客户的评价，因而互联网公司有条件通过交易行为和客户评价等数据对电商和购买者进行信用评级。这种信用评级应该说是对中国人民银行征信系统的有力补充，同时它更具体、翔实也更科学。因此，互联网金融有能力为中国老百姓提供一套“网上”征信系统，以解决贷款难的问题。

总之，互联网有条件为普惠金融提供支持和原动力。下面，我们从几个方面具体谈互联网对普惠金融的促进作用。

1. 降低支付费用

2013 年火爆起来的支付宝和财富通占据了第三方支付市场的主要份额，致使银联的影响力下降。支付宝、财付通以近乎为零的手续费来吸引用户，彻底打破了银联通过支付环节收取手续费的盈利模式。在支付渠道之战中，银联的垄断地位正在逐渐丧失。

首先，民营的第三方平台的建立将本来由银联和银行分享的垄断利润返还给了普通的消费者，这是资源配置优化、提高资本效率的一种体现。其次，它使得手机支付登上舞台，支付不再受现金和银行卡的束缚，特别是在银行休息的节假日依然可以自如的转账。移动支付端的便利程度相较传统支付显而易见，通过移动支付，人们能更自由地选择自己喜欢的支付方式，而不必受到银行卡不同而带来手续费高低的限制。同时，移动支付可以使没有金融机构的偏远山区的居民通过手机实现支付，进而在开设银行之前使贫困山区的居民享受到金融服务。世界多个扶贫组织已开始在印度、孟加拉等贫困地区推广“手机银行”等服务。

值得强调的是，支付成本的降低对于富裕家庭来说应该是无足轻重的，然而对于贫穷家庭来说，降低的支付成本就可以用到其他的生活费用上，从而提升其生活水平。

2. 增加理财机会

由于渠道限制，在互联网金融出现之前，低收入人群没有享受到金融的实惠。由于中国实施的利率管制，使活期存款利率长期被压制在一个很低的水平，导致同业市场中的利率是存放在银行中的活期储蓄存款利率的十几倍。长期以来，同业市场中的利率由拥有大额资金的机构投资者独享。余额宝、理财通和百发这样的互联网理财产品不仅收益率达到同业存款水平，而且几乎无门槛、流动性也高，因而适合中低收入人群进行投资。余额宝的本质是利用互联网的销售渠道把小投资者的钱集合起来组成大的财团（即“团购”的思路），进而降低单位投资的成本，同时提升议价能力。余额宝使普通投资者享受到银行同业的市场利率，市场利率不再是少数机构投资者独享，实现了普惠金融。

3. 降低了创业门槛

淘宝网、拍拍网等电子商务平台不但使消费者能够充分享受到网购的乐趣，还给很多人提供了创业的机会。很多没有本金和时间去经营实体店的人在网络电子商务平台上找到了他们的一席之地。与此相配套，阿里巴巴推出的支付宝从制度上保证了在电子商务平台上进行买卖的可实现性。支付宝作为资金的保管人，解决了买卖双方对于货物和资金安全的顾虑，同时规范了网购。

便宜的价格、基于大数据的搜索引擎使得网购相对于实体店也具有一定的优势，甚至很多上班族都将在淘宝上开设商铺作为自己的副业以增加收入。这些电商在向消费者提供更低廉价格的同时，也创造了很多潜在的就业机会。

4. 促进小微企业获得资金

传统金融机构往往因为小微企业征信成本高而将其拒之门外，但是 P2P 凭借着大数据体系的低成本将小微企业作为其主要客户。

小微企业从银行贷款难的原因主要有三个方面：①传统银行业的征信体系不发达，还在沿用旧体系。小微企业缺乏标准化的财务报表，也缺少正规的事务所对其进行审计，故银行由于小微企业的高征信成本、低收益而将其拒之门外。②小企业的资金链更紧张，急需贷款。一般银行的放贷周期往往要几个星期，根本不能满足小微企业的需求。③小微企业一般没有抵押品。对于没有抵押品的企业，银行很难对其进行贷款。

而依托于互联网建立起来的 P2P 平台为很多因自身条件从银行贷不到款或是不方便贷款的企业打开了方便之门。首先，P2P 平台的征信成本较低。P2P 平台的大部分征信工作都通过计算机自动完成，避免像银行那样对每一笔业务的征信都要投入大量的人力。P2P 平台也没有商业银行那么复杂的审批手续，因此也提高了行政效率。其次，P2P 平台的放贷速度快于传统商业银行，最快当天申请、当天到账，而贷款到账速度对于小企业来说至关重要，保证了小企业的资金链不会断裂。“长尾理论”是 P2P 平台的理论基础，它要求投资者与借款人自由竞争，从而实现风险定价和优化资源配置。这种优势是囿于传统方法体系的商业银行所无法比拟的。

P2P平台凭借着它自身的大数据体系以及强大的线上申请、评审和线下审核相结合的方式，成为了传统银行的有力补充。与银行和国家层面的征信系统相对应，P2P平台实际在帮助建立健全中国的民间征信系统，它更有可能凭借着大数据和共享信息的机制在建立征信系统方面走在前列。

5. 网络保险服务小企业员工

保险本身是一种降低贫困、实现普惠的方法。长久以来，很多企业在替员工缴纳保险的高昂保费时望而却步，而一款由阿里巴巴和泰康人寿联合推出的保险产品“乐业宝”，专为互联网金融平台量身定做。

“乐业宝”的服务内容与传统的保险行业相同，主要涉及意外、医疗、养老等保障。“乐业宝”主要为淘宝网电商的工作人员提供保险，即使员工离职换了雇主，该保险也会一直伴随着员工直至到期。“乐业保”的价格远低于市场上的同类产品，它是一款为网络电商的工作人员量身定做的产品。“乐业保”依靠的是阿里集团强大数据体系的支撑。泰康人寿从阿里集团获取数据，因而能对淘宝卖家的信用程度进行衡量，并为自身的专业保险精算提供实际数据的支持。“乐业保”的出现是保险与互联网金融相结合的第一次尝试，体现了互联网金融的普惠性。

6. 以互联网为基础开展金融教育

互联网的特色就是知识传播的便捷、广泛和低成本。依赖互联网而进行的金融教育基本上可以不收费，因而不同阶层的人可以很容易地接触到科普性的知识。举例来讲，美国麻省理工学院和耶鲁大学的网上金融学公开课程是金融学知识科普的有益尝试。同时，互联网和手机的捆绑使得人们可以用更多的时间进行学习。微信等社交软件也有效地将金融知识更广泛地扩散。同时，老百姓平时只能在银行营业所中进行的咨询也可以在互联网上直接获得。

3.6.4 互联网下的普惠金融潜在的问题

普惠金融是给予更多人参与金融服务的机会，但它也会有潜在的问题。从历史上看，普惠金融的无序化给市场造成了恐慌和混乱。基于次级贷款的金融衍生品的初衷是为了让买不起房子的普通民众能买得起房子，其本意是好的，但缺乏监管导致的金融产品和资本市场的无序化最终变成了金融危机，很多普通民众因房价下跌而破产。

没有监管的无序化的普惠金融带来很多不稳定性，高收益的背后存在着极大的风险。例如，我国 2013 年 7 月末就有 5 家 P2P 公司涉嫌违规经营，面临停业整顿甚至破产的危险，其中包括信重庆和汇中公司。进入 2013 年 10 月后，P2P 平台的违约事件经常发生。P2P 平台的投资方式主要有两种：一种是投资端与债权端一一对应，即一笔个人投资对应一笔个人贷款，这样不易产生流动性风险，但资金利用效率低；另一种是资金池模式，即贷款和借款通过资金池进行匹配，无须存在一一对应的关系，业内大多采用这种方式，目前采用这种方式的公司占行业总数的 95%以上。但这种方式的流动性风险很大，容易造成期限错配，从而导致 P2P 平台倒闭。

第4章　互联网金融：风险分析

摘　要

建立在社交网络、搜索引擎以及电子商务平台等基础上的互联网金融创新，在蓬勃发展的同时也存在一定的风险和挑战。本章从金融功能观的视角探讨互联网金融的发展逻辑，主要分析其存在的信息不对称风险、道德风险、操作风险和流动性风险。对信息的管理、分析和使用不当，会带来信息不对称风险；社会信用体系不完善及平台机制设计的缺陷，会带来道德风险和流动性风险；人为或者外部疏漏则会带来操作风险。本章结合互联网金融模式，具体分析了各个风险类型。分析结果表明，这些风险会加剧金融体系的脆弱性，是对金融稳定和金融监管的挑战。在此基础上，本章提出了相应的政策建议。

4.1 引　言

Bodie and Merton（1995）提出了分析金融体系的功能观，并基于金融功能比金融机构的变迁更加稳定和金融功能引导金融机构组织形态的前提，提出了金融体系的六大功能。从金融功能观的角度分析，虽然目前各方对互联网金融的定义和涵盖范围没有一致见解①，但可以认为：互联网金融是以互联网为平台构建的具有金融功能链且具有基本独立生存空间的投融资运行结构；而且从基因的匹配性上看，互联网平台与金融体系功能的支付清算、提供价格信息、风险管理和

① 根据谢平等（2012）的研究，在互联网金融模式下，市场信息不对称程度非常低；资金供需双方在资金期限匹配、风险分担等方面的成本非常低，可以直接交易；银行、券商和交易所等金融中介都不起作用，贷款、股票、债券等的发行和交易以及券款支付直接在网上进行。罗明雄等（2013）认为，互联网金融是利用互联网技术和移动通信技术等一系列现代信息科学技术实现资金融通的一种新兴金融服务模式。

资源配置四大功能，具有更高的耦合性［吴晓求（2014）］。

互联网金融基于网络和移动终端实现资源配置与优化的发展模式，不同于传统的金融业务形态。它不是传统金融机构与金融工具借助互联网实现网络化与便捷化，而是以互联网海量数据为基础，植根于互联网生态系统下金融工具的开发与一体化金融服务的提供。按照这一范畴界定，目前互联网金融模式至少应当包括第三方支付及基于第三方支付的财富管理、P2P 网络借贷（人人贷）、众筹融资、电商小贷（电商金融）以及虚拟货币。

第三方支付是指非金融机构在收付款人之间作为中介机构提供包括网络支付、预付卡的发行与受理、银行卡收单以及其他支付业务中部分或全部货币资金转移服务的行为①，从中国第三方支付发展实际看，第三方支付又有依托电子商务平台的第三方支付和独立第三方支付两种模式。基于第三方支付的财富管理，则是以支付平台为依托提供的金融理财服务。目前，中国的第三方支付平台与金融机构已经合作开发出货币市场基金和保险类理财产品。

P2P 网络借贷是指行为主体之间不通过传统金融中介，而是借助互联网中介平台实现资金匹配和直接借贷的过程。P2P 网络借贷在中国的发展过程中也衍生出多种模式，既有纯线上模式，也有线上与线下相结合的模式。

众筹融资是个人企业家或者企业团体出于文化、社会或者商业等方面的目的，不借助传统金融中介，而是将通过互联网吸引的个人所投入的相对微薄的资金聚集起来，借以实现他们创意的行为［Mollick（2014）］。因为政策与法律等原因，目前众筹融资在我国的发展还处于起步阶段。

电商小贷（电商金融）是指凭借电子商务的历史交易信息和其他外部数据形成大数据，并且利用云计算等先进技术，在风险可控的条件下，当消费者、供应商资金不足且有融资需求时，由电商平台提供担保，将资金提供给需求方的业务模式［黄海龙（2013）］。按照授信对象的划分，电商小贷可以分成消费信贷和供应商信贷，而供应商信贷目前又分为独立的电商金融模式及电商平台与商业银行合作的供应链金融模式。②

根据欧洲中央银行（European Central Bank）的定义，虚拟货币是一种未经监管的数字货币。这种数字货币的发行和流通一般都由其开发者控制，并且在某一类特定的虚拟社区（virtual community）中被接受和流通使用。根据虚拟货币与实体经济的关系，虚拟货币可以分成三类：第一类虚拟货币处于封闭的虚拟货

① 参见中国人民银行 2010 年 6 月发布的《非金融机构支付服务管理办法》。

② 供应链金融并不是互联网金融的产物，这里特指电商与商业银行相结合的一种供应链金融模式。

币体系，主要用于网络游戏中（如虚拟道具和装备的购买）；第二类虚拟货币是单向的资金流动，通常对于虚拟货币的购买有兑换比率，主要用于虚拟商品与服务的购买；第三类虚拟货币有着双向的资金流动，在这种情况下的虚拟货币与主权国家中央银行发行的货币没有实质区别，可用于真实商品与服务的购买。① 比特币（Bitcoin）是第三类虚拟货币的典型代表。

虽然互联网金融具有基于社交网络、搜索引擎和电子商务平台形成的与众不同的金融生态环境，但本质上，互联网金融仍可视为金融再中介化的过程。基于以互联网为平台的金融创新与发展，并不意味着金融中介的消失，而是力图形成更加扁平化和高效透明的中介形态。因此，对于互联网金融发展的考察，也可以借助金融功能观的视角进行分析。从属性上看，互联网与金融发展有着天然融合的基因。金融体系旨在提供支付清算和交易便利、提供企业募集资金和分割股份的途径、提供资源跨时跨区域配置的手段、提供管理风险的方式、提供价格发现机制以及解决激励问题[Bodie and Merton (1995)]；而互联网所具有的开放共享、人人参与的理念，以及在互联网和移动终端基础之上实现大数据获取与分析的先天优势等，则对于金融功能的实现具有重要意义。尤其是在降低信息不对称和交易成本方面，互联网金融通过技术手段的开发，实现了传统交易模式下难以实现的机制设计。

互联网金融的繁荣带来了经济社会的变革，但也在一定程度上带来了新的挑战与风险。这些挑战和风险既有传统金融理论框架下的支付清算风险、金融创新对央行货币政策的挑战，也有异于传统金融模式下的信息风险和操作风险。因此，只有掌握了互联网金融的风险类型与特点，才能对其进行有效的识别、界定并建立动态和前瞻性的预警、监测及后期处置机制，从而保证中国金融体系的安全有效运行。基于此，本章将主要从互联网金融模式对于支付清算、提供价格信息和风险管理功能的影响出发，通过对互联网金融模式的信息风险、道德风险、操作风险和流动性风险的考察，识别出目前互联网金融模式在中国面临的挑战和风险，并提出相应的政策建议。此外，考虑到互联网金融模式在中国发展的现实状况，我们的研究将主要立足于第三方支付和基于第三方支付的财富管理，而电商小贷以及P2P网络借贷、众筹融资和虚拟货币等，由于法律和监管原因，在中国的发展前景还有待观察。

4.2 互联网金融的信息不对称风险

通过虚拟现实信息技术，虚拟化的金融机构可以实现虚拟分支机构或营业网

① See European Central Bank, "Virtual Currency Schemes", October 2012.

点的增设，扩展虚拟化的金融服务。与传统金融服务相比，由于互联网金融中的一切业务活动，如交易信息的传递、支付结算等都在由电子信息构成的虚拟世界中进行，因此金融机构的物理结构和服务网点等实物资产的重要性大大降低。得益于互联网金融服务方式的虚拟性，交易双方无须直接见面，只需通过网络进行交易。虽然这样可以克服地理空间的障碍，但同时也使得对交易者身份、交易真实性的验证难度增大。交易者之间在身份确认、信用评价方面的信息不对称程度提高，进而导致信息风险加剧。

4.2.1　资金流向的信息掌控风险

信息流、资金流和物流三者的结合促进了电子商务和网络信贷的迅速发展。出于资金流环节对支付的便捷性要求，第三方支付平台应运而生。一方面，第三方支付平台为买卖双方整合了众多银行卡支付方式，提升了买卖双方支付的便捷性；另一方面，第三方支付企业为银行整合了零售电子商务、小额信贷的结算业务，节约了银行的营销成本。然而，第三方支付平台的资金运作却很容易成为监管盲区，形成无法掌控的风险。

首先，从交易过程上看，供求双方在完成交易前，必须在第三方支付平台上开设账户，资金支付只有通过公共的第三方平台才能流转。在资金的调拨过程中，虽然依旧离不开银行的底层服务，但从业务性质上看，第三方支付企业事实上已经从事了与银行结算类似的业务。在第三方支付企业基本承担起银行在电子商务里中小规模的支付结算业务后，作为支付中介的一般存款账户实际上成为了银行无法控制的内部账户［范如倩、石玉洲和叶青（2008）］。

其次，在互联网金融模式下借贷平台的资金转账过程中，资金并不是由出借人的账户直接转入借款人账户，而是必须通过网络平台才能实现周转。实际上，大多数的网络信贷平台都是通过第三方支付形式来完成的。由于网络借贷平台具有匿名性和即时性的特点，因此监管部门对于互联网金融模式下资金流向的追踪就变得更加困难。从这个意义上讲，第三方支付企业利用其在银行开立的账户屏蔽了银行对资金流向的识别。当第三方支付企业与各银行系统账户轧差清算时，对于局外人（包括银行）而言，每笔客户资金的来龙去脉将变得更为复杂。正是由于第三方支付的这种特殊模式，使得在第三方支付企业注册了虚拟账户的任意主体都可以轻松地实现不同账户间的资金转移。

4.2.2　放款者决策的信息风险

与传统商业银行的借贷不同，网络借贷是在借款人和放款人之间直接进行的，属于直接融资而非间接融资。其中，第三方平台只起到撮合交易的作用，并不直接从事借贷活动，因此并不属于金融机构。这种交易没有金融机构的直接参与，一般借贷的额度不高，也没有抵押担保，实质是一种信用借贷，而信用借贷也就意味着风险主要由借款者承担。虽然在网络借贷模式下，凭借平台积累的注册信息、销售额现金流和历史成交记录等信息，能为放款者提供一定的参考借鉴，但无法消除放款者的决策风险。

对于P2P网络信贷而言，一方面，网络信贷企业或个人无法通过第三方来获取借款人客观的信用历史数据。虽然很多网贷公司采取了诸如手机绑定、身份验证、收入证明、视频面谈等手段，但如果更为关键的借款人征信记录、财务状况、借款用途等资料无法充分获得的话，仅凭借款人自身提供的一些基本资料，很难构建起客观全面的信用评级体系。另一方面，在各个网络借贷平台信息相互隔绝的条件下，一家平台在对借款人进行审核时，无法得知该用户是否在其他网络借贷平台也申请了贷款。因此，一旦借款人故意隐瞒相关信息，而审核人却按正常流程审核并放出贷款，就可能形成不可避免的风险。

对于电商小贷而言，尽管它可以根据自身积累的用户交易、售后以及客户评价等信息对贷款申请者进行更有效的信用评判，但这种模式依然不能完全消除放款者的决策风险。从电商信用体系建立的机制上看，历史的记录并不能充分地模拟和预测未来，而且贷款申请者也完全可以通过构造虚假交易、提高交易频率以及获取更多好评来提高其信用评价，在信用体系中伪造出较高的信用评级，进而获得更好的信贷与交易优势。

最后，由于互联网金融业务和服务提供者具有显著的虚拟性特征，所以在交易者的身份确认和信用评价等信息方面往往会产生明显的不对称性。在实际业务中，出借人不可能对借款人的资金使用情况进行有效监控，而网络借贷平台又不可能像商业银行一样对贷款的使用进行审查，因此借款人很容易通过隐瞒他们的一些信息，做出不利于互联网金融服务提供者和放款者的决策，从而使放款人在选择客户时处于更加不利的地位。此外，一旦资金出现损失，放款人往往还会陷入无法有效进行追讨的困境。因此，在互联网金融中，放款者决策的风险需要得到重视。

4.2.3 数据爆发式增长带来的信息不对称风险

数据总量的爆发式增长，在带来数据挖掘与分析便利的同时，也会加剧金融市场的信息不对称程度。

首先，信息收集的成本在提高，包括软硬件设施在内的前期投入，是信息收集面临的第一项成本。虽然信息技术的发展使得记录、存储设备的价格变得不再高不可及，但对于一般企业或个人，这种信息收集的前期成本仍不可忽略。除了有形成本外，信息的收集还需要付出时间。一方面，大数据的形成是一个需要一定时间积累的过程；另一方面，在互联网金融的信息收集领域，最先进入者有先发的竞争优势。早在2003年就成立的阿里巴巴电商集团，直到2013年才开展互联网金融业务，其中一个很重要的原因就在于商业数据的时间积累。而阿里金融之所以虽被普遍看好却难以复制的关键，也在于其积累了先发优势，后来者要重新积累这些消费者的交易与信用数据将是十分困难的。

其次，有效信息获取的效率并没有显著提高。不可否认，信息时代的到来使得社会信息沟通的规模和速率大大增强，然而这并不意味着有用信息的获取变得更为迅捷和容易：一是网络信息资源所具有的无限性、广泛性、廉价性、共享性、无序性等特点，使用户在获得有用信息的同时，不可避免地也会被大量的虚假信息、无用信息所困扰。信息大爆炸造成的信息环境污染和“噪音信息”的蔓延，增加了人们识别、判定和利用有效信息的困难。二是信息解读的技术要求在不断提高，增加了获取有效信息的难度。一般来说，可以通过传统搜索引擎搜索到的信息只是互联网的表层信息，层次更加丰富、更加专业的深层信息，通常储存在网络检索界面无法触及的后端，存储在Access、Oracle、SQL Server、DB2等数据库中。这部分数据的读取必须使用网站的搜索工具进行直接交互式查询。由于当前搜索引擎的信息抓取程序还不具备在交互式检索窗体中填写或选择所需字段信息的能力，无法向数据库提交检索关键字，因此一些很有价值的信息资源对用户（尤其是企业用户）来说，是无法直接获取的。

最后，噪音信息带来的交易风险在提高。由于信息在互联网中具有传播速度快、范围广的特点，因此金融资产价格也更易受到网上突发信息的影响。①

---

① 2000年8月26日，Bloomberg News报道了“加利福尼亚的光缆制造商Emulex大幅下行调整结算报告，该公司CEO引咎辞职”的消息。随后，Dow Jones News Service，CBS Marketwatch.com，CNBC，TheStreet.com等各媒体先后发出了同样的消息。人们立即争先恐后地抛售该公司的股票，仅仅15分钟之内，该公司的股价从103美元急跌到45美元。这意味着Emulex公司的股价总额，在15分钟内损失了25亿美元。然而，Emulex声明公司根本未做该项变动。很快，美国联邦调查局和证券交易委员会介入此案。据调查，假消息的始作俑者是一名年仅23岁的学生雅可。两个星期前，雅可向他人借了3 000股股票，并以72～92美元的价格悉数抛出做空。但是，一周前Emulex公司的股价持续上涨，一直涨到了100多美元，这意味着雅可将面临巨额的损失，于是他炮制了那份假新闻，并在Emulex公司股价大跌时以低于原价的价格购进与所借数量相同的股票，并从中获取了5万美元的利益。

4.3 互联网金融的道德风险

互联网金融的理念之一，就是实现全民共享的“普惠金融”，即将那些有着融资需求却因融资额较低或缺少收入证明、抵押担保而被排斥在商业银行和资本市场融资体系以外的普通民众纳入互联网金融体系中。这对于满足中小企业贷款、微型企业的融资需求具有重要意义。但是，就像在所有信息不对称的市场中都存在的问题一样，逆向选择和道德风险仍是制约互联网金融发展的重要因素。

以电商小贷为例，主要有独立电商金融模式以及电商与商业银行合作的供应链金融模式。其中，基于大数据分析的独立电商金融模式更受市场认可，其发展规模也较大。由于电商小贷的资金需求一般以短期、小额的流动贷款为主，通过传统商业银行的线下审核与风控管理成本过高；而互联网企业依托交易量巨大的电商平台，则可以借助大数据技术的数据收集与分析功能，通过对贷款人物流、资金流等交易信息的实时监控，有效识别不同贷款人的行为特征，并据此对贷款人进行自动化、批量化处理，通过模型对风险进行归类和量化统计分析，从而有效降低交易成本、提高资金的周转速度。这无疑是有积极意义的，但我们也必须注意到：一方面，如何避免虚假交易和虚假信用仍是技术上需要不断攻克、完善的难题；另一方面，中国目前的公民征信系统建设尚不够完善，公民征信信息难以实现有效合理的信息共享，容易造成不同体系、不同平台下的信息套利，再加上当前中国信用违约的成本很低，其对借款人究竟能否起到激励和惩罚的作用，仍需做进一步的研究。

目前，学界和业界都对利用大数据技术解决借款人逆向选择和道德风险问题抱有很高的期望。从目前大数据的实际应用来看，无论是电商小额贷款、第三方支付还是基于第三方支付的金融产品设计与开发，都有成功案例。然而，这是否就能说明基于更多数据的生产与挖掘就能一劳永逸地解决信息不对称的问题，乃至化解逆向选择与道德风险？2007 年爆发的美国次贷危机似乎否定了这一结论。自 20 世纪 90 年代起，美国“无论是抵押贷款还是信用卡的申请已经完全实现了自动化，以至于不需要与借款人有私人接触”[Allen（2002）]。但在后期，由于美联储出于就业和经济增长的考量，一直将利率维持在低位，使得资金借贷成本较低；而按揭贷款公司出于追逐高额利润的动机，诱骗甚至串通无偿债能力的借款人申请次级贷款，导致市场利率上行，最终借款人无法偿还按揭，出现道德危机。这也是引发次贷危机的直接诱因。

道德风险问题同样存在于 P2P 网络借贷中。在充分的信息披露、动态完善的风险管理基础上，P2P 平台的整体风险是可控的，因为 P2P 网贷模式与传统模式的重要区别之一，就是在这种模式下，互联网企业作为连接投资者与融资者的中介，是平台、配套金融服务和金融信息的提供方，为投资者和融资者提供期限、风险和收益的识别与匹配。金融机构本身并不以自有资本参与筹融资和抵押担保等第三方行为，因而可以将外部风险与平台自身运营风险有效隔离，并不会存在传统意义上的道德风险。但在实际发展过程中，很多平台越俎代庖，直接成为了借款人或贷款人的交易对手。由于投资者本身很难具备对项目真实性和潜在风险的专业鉴别能力，主要依靠平台提供的信息服务做出判断，因此，一旦平台方为了吸引投资者资金而构造虚假标的，或是隐瞒、修改项目的真实信息，投资者很难获得投资保障。更严重的是，一些平台以互联网金融创新为名，行“庞氏骗局”之实，借助互联网玩借新债还旧债的把戏，一旦因资金链紧张出现流动性问题，就卷款出逃，造成投资者的惨重损失。从实际情况看，多数平台确实存在隐患。很多 P2P 公司强调保证投资的本金安全，还保证 10%以上（多者甚至超过 20%）的年化收益率，并大肆宣传公司的项目违约率非常低、风险管理稳健云云。然而，必须指出的是，过高的收益率被视为高利贷行为，在我国是不受法律保护的，一旦出现纠纷，投资者的权益将难以得到保障①；另一个值得注意的问题是，虽然目前 P2P 平台的违约率相对较低，但毕竟中国已有的 P2P 网络借贷平台成立的时间较短，多数成立于 2008 年金融危机之后，违约率数据普遍积累不足，缺少完整经济周期下贷款人的数据，因此很有可能会低估实际违约风险。而与实际风险相比，普通投资者的期望收益率过高，他们的预期年化收益率甚至达到 18%以上。②

4.4　互联网金融的操作风险

4.4.1　互联网金融操作风险的来源

随着信息技术的发展，操作风险的频频发生及其产生的重大影响，使其受到

① 中国人民银行 2002 年颁布的《中国人民银行关于取缔地下钱庄及打击高利贷行为的通知》规定：民间个人借贷利率由借贷双方协商确定，但双方协商的利率不得超过中国人民银行公布的金融机构同期、同档次贷款利率（不含浮动）的 4 倍。超过上述标准的，则界定为高利借贷行为，不受法律保护。实践中，各地出台的小额贷款公司管理办法也基本遵循了央行对此的界定。

② 根据每日经济新闻和网贷之家发起的《P2P 网贷投资者调查结果》显示，仅有 3%的投资者的预期年化收益率在 18%以下。

人们越来越广泛的关注。《巴塞尔资本协议》的两次修订，将操作风险放在了越来越重要的位置。特别地，新《巴塞尔资本协议》对操作风险的资本补偿做了明确的规定。由此可见，基于人的行为和程序技术所产生的操作风险，是金融机构面临的重要威胁之一，也是互联网金融发展的重要隐患之一。

根据新《巴塞尔资本协议》，操作风险是指由不完善或有问题的内部程序、人员及系统或外部事件所造成损失的风险。从这个定义上看，所有金融中介和金融市场的内部程序在任何环节出现的问题、相关业务人员有意无意的疏漏，都属于操作风险的范畴。大数据时代对系统的安全性和稳定性提出了更高的要求，需要企业建立有效的防控体系，以减少因人为操作或者系统缺陷导致的问题，避免因系统延迟、瘫痪造成的信息遗失和信息拥堵导致的交易失败及客户财产损失。外部事件包括黑客团伙的恶意攻击导致的系统瘫痪、信息泄露等一系列危害金融机构安全性和金融稳定性的事件。由于互联网金融模式植根于互联网，随着网络技术的发展，互联网金融企业信息技术部门要随时应对可能出现的黑客攻击、资金盗用、信息篡改和窃取等行为。

有效防范和控制操作风险的前提在于掌握操作风险的来源。操作风险涵盖的内容非常广泛，而且在不同的互联网金融模式下会产生不同形式的操作风险。以第三方支付为例，中国电子商务交易的蓬勃发展，促进了第三方支付业务的兴起①，为商户和用户提供了便捷、简易的支付交易功能；但与此同时，第三方支付业务也暴露出不少风险。2009 年 3 月，银监会下发的《关于“支付宝”业务的风险提示》，明确提出了五大风险，分别是第三方支付机构信用风险、网络黑客盗用资金风险、信用卡非法套现风险、发生洗钱等犯罪行为风险以及法律风险。在这五大风险中，网络黑客盗用资金风险和信用卡非法套现风险都属于操作风险的范畴。这些操作风险主要来源于两个层面：技术安全和信息的真实性。再以 P2P 网络借贷为例，一方面，由于 P2P 网络借贷看似参与门槛低、模式复制成本低（实则不然），因而使得相当数量的 P2P 企业在内部建设和风险防范上存在诸多漏洞；另一方面，P2P 的客户主要是小微企业和普通个人用户，客户个体资质相对较差，信贷审核环节薄弱，因此 P2P 企业面临的操作风险要大于传统的商业银行。结合新《巴塞尔资本协议》的操作风险指引，对互联网金融操作风险来源的具体分析如表 4—1 所示。

① 目前，中国第三方支付业务的开展需要取得中国人民银行发放的经营牌照。自 2011 年 5 月 26 日中国人民银行首次发放 27 张第三方支付牌照，至 2013 年年底，央行已经 7 批次共计发放了 250 张牌照。

表 4—1　　互联网金融模式的操作风险来源

事件类型	定义	事件细分	业务举例	可能发生的模式举例
内部欺诈	故意骗取、盗用财产或违反监管规章、法律的公司	未经授权的活动和项目	交易不报告（故意） 交易品种未经授权（存在资金损失） 头寸计价错误（故意）	P2P 模式、大数据金融模式、基于第三方支付的财富管理
		盗窃和欺诈	欺诈/信贷欺诈/假存款 盗窃/勒索/挪用公款/抢劫 盗用资产 恶意毁损资产 伪造 多户头支票欺诈 走私 窃取账户资金/假冒开户人 贿赂/回扣 内幕交易（不用企业账户）	所有的互联网金融模式
外部欺诈	第三方故意骗取、盗用财产或逃避法律导致的损失	盗窃和欺诈	盗窃/抢劫 伪造 多户头支票欺诈	P2P 模式、大数据金融模式、众筹模式
		网络系统安全性	黑客攻击损失 盗窃信息（存在资金损失）	所有互联网金融模式
就业政策和工作场所安全性	违反就业、健康或安全方面的法律或协议，个人工伤赔付或者因性别歧视事件导致的损失	劳资关系	薪酬、福利、雇佣合同终止后的安排、有组织的劳工行动	在我国主要表现为员工的流失，影响最大的是提供专业理财服务的互联网金融平台，其次是各类融资服务平台
		安全性环境	一般责任（滑倒和坠落）等违反员工健康及安全规定事件公认的劳保开支	
		性别及种族歧视事件	所有涉及歧视的事件	

续前表

事件类型	定义	事件细分	业务举例	可能发生的模式举例
客户、产品及业务操作	因疏忽未对特定客户履行份内义务（如信托责任和适当性要求）或产品性质或设计缺陷导致的损失	适当性、披露和信托责任	违背信托责任/违反规章制度 适当性/披露问题 泄露私密 冒险销售 为多收手续费反复操作客户账户 保密信息使用不当 贷款人责任	所有互联网金融模式
		不良的业务或市场行为	反垄断 不良交易/市场行为 操纵市场 内幕交易（不用企业的账户） 未经当局批准的业务活动 洗钱	第三方支付模式，P2P模式等
		产品瑕疵	产品缺陷（未经授权等） 模型误差	互联网金融门户等
		客户选择，业务提起和风险暴露	未按规定审查客户 超过客户的风险限额	P2P模式、众筹模式
		咨询业务	咨询业务产生的纠纷	P2P模式
实体资产损坏	实体资产因自然灾害或其他事件丢失或毁坏导致的损失	灾害和其他事件	自然灾害损失 外部原因（恐怖袭击、故意破坏）造成的人员伤亡	P2P模式、大数据金融、众筹模式
业务中断和系统失败	业务中断或系统失败导致的损失	系统	硬件 软件 电信 动力输送损耗/中断	所有互联网金融模式

续前表

事件类型	定义	事件细分	业务举例	可能发生的模式举例
执行、交割及流程管理	交易处理或流程管理失败和因交易对手方及外部销售商关系导致的损失	交易认定，执行和维持	错误传达信息 数据录入、维护或登载错误 超过最后期限或未履行义务 模型/系统误操作 会计错误/交易方认定记录错误 其他任务履行失误 交割失败 担保品管理失败 交易相关数据维护	所有互联网金融模式
		监控和报告	未履行强制报告职责 外部报告失准	P2P 模式等
		招揽客户和文件记录	客户许可/免责声明缺失 法律文件缺失/不完备	所有互联网金融模式
		个人/企业客户账户管理	未经批准登录账户 客户记录错误（导致损失） 客户资产因疏忽导致的损失或损坏	
		交易对手方	非客户对手方的失误 与非客户对手方的纠纷	
		外部销售商和供应商	外包 与外部销售商的纠纷	第三方支付模式

资料来源：巴塞尔委员会：《巴塞尔新资本协议（征求意见稿）》，2003。

由于互联网金融发展脱胎于传统的金融发展模式，因而其沿袭了金融的所有本质特征。两者的不同之处在于，互联网金融模式在借助互联网的力量分散和化解部分风险的同时，也通过传导效应放大了一部分风险。在互联网金融模式下，其内部各部分的风险权重相对于传统模式有所不同，由内部程序和系统所造成的损失风险比传统模式有所上升，在监管时应引起重视。

4.4.2 互联网金融的操作风险与金融脆弱性、金融稳定性

1. 操作风险与金融脆弱性

明斯基（Minsky）认为，以商业银行为代表的信用创造机构和借款人的相关特性，使金融体系具有天然的内在不稳定性。随着经济周期的进展，在现实经济中，谨慎融资、冒险融资和“庞氏融资”这三种融资行为中的后两者将越来越多。其中，任何打断信贷资金进入生产部门的事件，都有可能引起一连串的破产，最终如果导致金融机构破产，特别是银行的倒闭，会引发金融危机的出现。同时，在经济高涨时期会出现所谓的市场换位，即谨慎融资逐渐换位于冒险融资，冒险融资则换位于“庞氏融资”［向新民（2005）］。基于这一假说，随着中小企业融资需求越来越大，在传统商业银行体系难以满足中小额贷款需求的制约下，越来越多的民营资本将进入互联网金融平台，为中小企业提供资金和担保。如果出现这种换位，由于操作风险所引发的信贷资金的投放、使用不当，有缺陷的融资机制设计导致的资金周转困难甚至资金链断裂，就会造成金融体系局部的不稳定，并可能使这种效应在金融各部门之间传导。

Diamond and Dybvig（1983）认为，银行是金融中介机构，其基本功能是把不具流动性的或流动性差的资产转化为流动性强的资产。由于银行的负债和资产在时间、数量上不对称，因此在面临信贷风险时，如果各类准备金总和低于同期贷款损失，银行就会失去清偿能力。如果没有存款保险制度，这种资产质量的总体恶化就可能触发挤兑风潮。由于信息不对称以及“羊群效应”的存在，银行的挤兑会变成整个银行业的恐慌，甚至是金融体系的崩溃。

在互联网金融时代，越来越多的信贷服务类企业正扮演着商业银行这一中介机构角色。这些互联网金融中介机构在弥补传统商业银行不足的同时，也面临和承担着与商业银行类似的风险，而且它们所面临的资金需求方和供给方的不稳定因素比传统商业银行更多、更难以预测。因此，如果它们由于操作管理上的不善和信息系统漏洞而导致操作风险，则很可能带来更大的恐慌，引发挤兑风潮。

随着互联网金融模式的发展，可以看到越来越多的金融工具、金融机构和金融市场将不再是简单的数量加总，而是相互之间有机地结合在一起。因此，一旦某一环节产生风险，如果没有必要的风险隔离与保险制度设计，风险很容易传导到其他互联网金融业务中，甚至放大到整个金融体系中。也就是说，由操作风险所暴露出的金融工具、金融机构和金融市场的脆弱性，可能带来更大的损失。但是，如果企业和监管部门能有效地防范操作风险，建立起良好的协调运作机制，则有可能借助互联网金融平台，更好地分散、吸收风险，将损失减到最小，进而

降低整个金融体系的脆弱性。

2. 互联网金融的操作风险与金融稳定性

保证金融稳定性才能保证金融机构、金融市场的健康发展和金融体系运行的效率，从而保证金融为实体经济服务，促进实体经济的健康发展。从互联网金融与实体经济的关系上看，互联网金融带来的不仅是更加丰富的金融产品：由于互联网技术的辐射和普及作用，这种模式可以使普通民众以更低的成本享受到金融服务带来的便利，能够帮助企业部门更有效地筹措和运用募集资金，使得金融与实体经济的联系更加紧密，但其传导链条也更加多元和复杂。[①] 所以，很多政策不但会产生直接的效果，更有可能产生间接渠道的溢出效应。金融风险对于金融和实体经济稳定性的影响会因此变得更加深远和复杂。操作风险作为主要金融风险之一，在金融体系中无处不在。随着互联网和信息技术的日新月异，以及金融产品与金融服务的不断创新，金融风险，尤其是在很多业务模式下由于模式的设计缺陷而隐含的操作风险，也会逐渐增多。[②] 在金融与实体经济联系日益紧密的今天，如何减少风险，特别是减少操作风险对金融体系稳定性与实体经济的冲击，是需要有关部门加以认真思考的。

4.5　互联网金融的流动性风险

互联网金融为借款人与贷款人提供了突破时间和地域限制的匹配机会。从其实现的功能来看，平台类互联网金融创新类似于证券交易所：两者都需要制定市场规则和参与方的行为规范，都需要提供完成交易必需的服务并从中收取一定的费用。但是，由于中国相当数量的互联网金融模式通常会保证投资人本金的安全，使得中国互联网金融模式的设计看上去又类似于商业银行和信托等金融机

---

① 以电商小贷模式为例，从服务对象上看，电商小贷旨在通过数据挖掘与分析，为中小企业融资提供短期或中期的流动资金。这种模式的定位未来完全可以拓展到基于客户端和移动终端支付的消费者信用贷款，从资金来源上看，电商小贷的资金渠道也会更加多元，除了传统的自有资金渠道、发行股票和债券（企业债、中短期票据等）以外，企业完全可以借助资产证券化、P2P网络借贷以及众筹融资的方式实现资金需求方与资金供给方的匹配，将目前互联网金融的全部模式打通。

② 康奈尔大学的两位计算机学者埃明（Emin）和埃内勒（Eyal）指出："比特币矿工合作进行挖矿的时候，他们有可能获得超出自己劳动所得的比特币数量，而当这一规模不断发展变大后，作为一种货币体系的比特币将不再具备资金分化和去中心化的特点。之后，这一坐拥更高比例比特币数量的团体将可以决定有资格参与挖矿的人员数量和进行的具体交易，甚至可以随意取消比特币交易。"

构。但相比于商业银行的存款准备金、风险资产拨备覆盖以及正在酝酿中的存款保险等制度保障，互联网金融模式缺少对短期负债和未预期到的资金外流的应对经验和应对举措，因而流动性风险成为必须要引起重视的问题。

从中国互联网金融模式的投资者（参与者）数量看，还是普通投资者居多，机构投资者并没有大量进入这一领域。与机构投资者更为理性和分散化的投资思路不同，普通投资者一般都有风险厌恶倾向，更关心的是本金的安全性和收益的高低，很少会对互联网金融创新的模式与机制设计予以太多关注。此外，普通投资者与平台方存在非常严重的信息不对称，一旦有任何可能危及投资安全的事件出现，比如某平台被发现是“庞氏骗局”，或者作为第三方的担保机构出现资金链紧张等，普通投资者会迅速将资金抽回。这种类似于银行挤兑的冲击不但会轻而易举地击垮那些资金链紧张的平台，甚至会将那些资产负债表非常健康的平台也拖入泥潭。Diamond and Dybvig（1983）对此有非常经典的描述：从实际情况看，设计越是复杂、风险越是难以评估的金融模式和金融产品，越容易在危机出现时首当其冲。

当然，也有不同的观点。其例证是，2013 年 11 月 11 日当天，尽管第三方支付平台支付宝实现了 350.19 亿元成交金额，但与支付宝绑定的货币市场基金产品——余额宝并没有因突增的赎回压力而出现流动性问题。但是，这是否足以证明基于第三方支付平台的投资产品（货币市场基金、债券型基金、股票型基金以及保险产品等）开发模式没有流动性风险呢？

首先，像“双十一”这种可预见的资金赎回，无论是普通投资者还是资产管理方都已经产生较为充分和同质化的预期。对于资产管理方而言，由于发生资金赎回的时间窗口与基于历史数据的交易量、成交金额分布都可以进行前期模拟与预判，通过调整资产池的投资组合和预留一定的现金类资产缓冲，基本可以保证不会出现偿付问题；对于投资者而言，即便是交易当天出现了支付问题，由于他已经有了交易量巨大可能会造成支付清算系统出现短期故障的预期，所以投资者不会出于对投资产品的流动性担忧而大量赎回。

其次，目前国内基于第三方支付平台的现金管理或财富管理投资标的过于集中，主要是投资于股份制商业银行的协议存款。协议存款具有较低的信用风险、良好的流动性和相对更高的收益率，能够满足货币市场基金投资组合高流动性与较短久期的要求。然而，如果监管部门考虑到目前第三方支付财富管理的庞大规模，出于金融稳定的考虑而取消协议存款提前支取不罚息的优惠，或者协议存款单位因为资金压力而推迟支付应计利息，那么如何避免因为异常事件造成货币市场基金大规模赎回的资产变现压力，进而冲击其他金融机构的流动性与负债管理，就是非常值得关注的。货币市场基金大规模赎回最典型的案例是 2008 年 9 月美国著名的货币市场基金 Reserve Primary Fund，因为投资雷曼相关债券造成资产净值（net asset value）跌破 1 美元而引发的货币市场基金恐慌性赎回。在该基金宣布"破净"两天内，投资者便从优质（prime）货币市场基金的赎回资金近 2 000 亿美元［Cipriani，Holscher，Martin and McCabe (2012)］；在 4 周之内，优质货币市场基金的资产规模下降了 4 500 亿美元［McCabe（2010）］。与中国货币市场基金的投资集中于协议存款和短期国债、政策性金融债不同，美国货币市场基金是私营部门短期融资的重要渠道，货币市场基金大规模赎回造成的流动性枯竭，意味着工商业企业的短期借款不能展期，到期债务无法偿还，由此带来的大规模违约甚至破产，将严重冲击实体经济。最终，美国财政部通过政府担保的方式，避免了货币市场基金的进一步赎回和流动性危机的蔓延。

流动性风险不仅是基于第三方支付的现金管理或财富管理所面临的问题，P2P 网络借贷、电商小贷也会面临或多或少的资产负债期限结构不匹配和外部事件冲击的影响。目前，中国 P2P 网络借贷不仅限于纯线上模式运作，在实际发展中还演化出了担保本金偿付、信贷资产证券化以及仍处于争议中的债权转让等模式。衍生出如此多的 P2P 借贷模式固然与中国的现实国情和投资者风险厌恶的因素分不开（没有一定程度的自身或第三方担保，很难吸引普通投资者，甚至是风险容忍度更高的投资者参与），但由于 P2P 平台本身并不独立于资金供求链条，当经济面临下行风险而造成整体违约率提高，或是因为操作风险（比如 P2P 行业中常见的"拆标"行为，这种长期变短期、大额变小额的方式，很容易受到资金面供求形势或外部事件的冲击而造成资金链紧张甚至断裂）而引发投资者对 P2P 平台风险管控的担忧，缺少风险缓冲和救助机制的 P2P 平台如何抵御流动性冲击？更重要的是，目前对于互联网金融模式的监管思路、监管机制以及监管手段都没有明确，包括流动性问题产生后应当由谁具体处理、通过什么样的形式处理、依据什么样的法律法规等均悬而未决。因此，我们有必要重视互联网金融的流动性风险。

4.6　结论与政策建议

从目前可以识别出的互联网金融业务模式看，无论是第三方支付、P2P 网络借贷（人人贷）、众筹融资、电商小贷还是虚拟货币等互联网金融创新，都在某种程度上加速甚至是重塑了金融业务形态与金融中介格局，并为金融和实体经济的发展带来了新的变革。然而，就像任何事物的发展一样，互联网金融的繁荣带来了经济社会的变革，也在一定程度上带来了新的挑战与风险。

具体到互联网金融模式中，不同的业态规模和发展趋势也有较大的差异。其中，第三方支付、基于第三方支付平台的财富管理和电商小贷已在中国运行得比较成熟：基于第三方支付的金融业务创新，得到了普通投资者与机构投资者的积极参与；电商小贷也形成了各具特色的业务模式。目前，第三方支付业务的风险主要集中在信息风险和操作风险；基于第三方支付的现金管理与财富管理，主要应当防范流动性风险；电商小贷的主要风险是违约风险，流动性风险与支付清算风险相对较低。而其他几种模式中，P2P 网络借贷在中国发展迅速，同时也暴露出非常多的问题，既有传统金融理论框架下的风险，也有新的信息安全和操作风险；众筹融资目前在中国尚处于起步阶段，主要还是监管与法律缺位带来的政策和法律风险；虚拟货币的争议较多，中国人民银行对比特币的态度是不承认其地位。[①] 互联网金融不同业务模式在不同发展阶段面临的主要风险在不断转化。由于蕴含了互联网和金融两大业态的基因，互联网金融的创新效率非常高，新的业务模式和金融工具会不断出现，不同业务模式的发展规模也会不断变化。因此，对于互联网金融存在的风险，也需要以动态的眼光加以审视。

总体而言，制约互联网金融发展的关键问题是相关法律、法规滞后于互联网金融创新的发展。对于监管部门而言，由于互联网金融的发展模式形态多样，一些业态在不同的监管部门之间游离，因此很难进行有效的对口监管，也难以及时制定相关法律、法规对其进行界定，从而导致各监管部门责任不清、职责疏漏、矫枉过正等一系列的监管问题。此外，法律、法规的制定还要注意实现两个平衡：一是保障投资者的合法权益；二是不能阻碍金融创新，但也不能放纵违规违法行为。这同样是一个挑战。

对于互联网金融风险的分析并不意味着对互联网金融模式的批判。我们既要以积极乐观的心态认识和看待互联网金融的发展，也要对其风险与挑战保持关注；既要确保互联网金融模式不能简单成为另一种代客理财机制，也不能成为高息揽储的工具，更不能演变成非法吸收公众存款和非法集资的平台。保证投资者的资产安全是最基本的风险边界。

---

① 2013 年 12 月，《人民银行等五部委发布关于防范比特币风险的通知》指出："比特币应当是一种特定的虚拟商品，不具有与货币等同的法律地位，不能且不应作为货币在市场上流通使用。"

参考文献

[1] 巴塞尔委员会．巴塞尔新资本协议（征求意见稿），2003

[2] 范如倩，石玉洲，叶青．第三方支付业务的洗钱风险分析及监管建议．上海金融，2008（5）：47－50

[3] 黄海龙．基于以电商平台为核心的互联网金融研究．上海金融，2013（8）：19－24，117

[4] 罗明雄，唐颖，刘勇．互联网金融．北京：中国财政经济出版社，2013

[5] 桑榕．金融业混业经营风险辨析及防范．经济导刊，2004（11）：60－65

[6] 王继晖，李成．网络借贷模式下洗钱风险分析及应对．金融与经济，2011（9）：11－13

[7] 吴念鲁，郧会梅．对我国金融稳定性的再认识．金融研究，2005（2）：156－162

[8] 吴晓求．中国金融的深度变革与互联网金融．转引自：中国资本市场发展报告（2014）．北京：北京大学出版社，2014

[9] 向新民．金融系统的脆弱性与稳定性研究．北京：中国经济出版社，2005

[10] 谢平，邹传伟．互联网金融模式研究．金融研究，2012（12）：15－26

[11] 张玉喜．网络金融的风险管理研究．管理世界，2002（10）：140－141

[12] Allen，F.，J. McAndrews，and P. Strahan，"E-finance：An Introduction"，*Journal of Financial Services Research*，2002，22（1－2）：5－27

[13] Cipriani，M.，M. Holscher，A. Martin，and P. McCabe，"Money Market Funds and Systemic Risk"，http：//www. newyorkfed. org

[14] Diamond，D.，and P. Dybvig，"Bank Runs，Deposit Insurance，and Liquidity"，*The Journal of Political Economy*，1983，401－419

[15] European Central Bank，"Virtual Currency Schemes"，October 2012

[16] McCabe，E.，*The Cross Section of Money Market Fund Risks and Financial Crises*，Board of Governors of the Federal Reserve System Finance and Economics Discussion Series，2010

[17] Merton，R.，and Z. Bodie，*The Global Financial System：A Functional Perspective*，Harvard Business School Press，1995

[18] Mollick，E.，"The Dynamics of Crowdfunding：An Exploratory Study"，*Journal of Business Venturing*，2014，29（1）：1－16

第5章　互联网金融：监管与法律规范

摘　要

互联网金融正改变着目前的商业模式，其主体大致包括商业银行、基金和投资公司、资本市场经纪人机构、电商机构等，其投资者涵盖社会各阶层，其业务范围则横跨银行业、证券业、保险业等多个部门。这种兼具普惠金融与混业金融的双重特性，导致其在现有分业经营、分业监管的金融监管体制下极易出现监管真空或监管重复，诱发监管套利。由于缺乏统一的监管机构和明确具体的监管规则，我国互联网金融的风险日益积聚，也严重损害了金融消费者的利益，亟须政府监管的介入和法律的规制。

我国互联网金融监管和法律规则的构建应将互联网金融消费者利益的保护置于首位，力求达成金融效率与金融公平兼顾、金融创新与金融安全并举的目标。就其监管而言，应契合中国金融监管体制的改革和多重资本市场下证券交易制度的变革，实行功能性的统一监管，设立统一的金融消费者保护机构；就其法律规则而言，应建立起以公平原则、信息充分披露原则、金融交易适合性原则、广告招揽禁止不当劝诱原则以及金融隐私权和个人信息权保护原则为核心的统一、独立的监管规则，并应在作为互联网金融基础设施的银联领域建立起以金融消费者承担限额失卡责任、银行承担全部失卡责任的新规范体系。

毋庸置疑，互联网金融是金融创新的产物。作为当前推动中国金融变革的最重要力量，其在中国的迅猛发展可谓“其兴也勃焉”，甚至有学者谓之将会带来“互联网金融革命”。[①] 然而，不谋全局者不足以谋一域，我们在鼓励互联网金融创新的同时，更应正视我国互联网金融监管缺位、风险积聚的严峻现实。从互联

① 参见杨再平：《互联网金融之我见》，http://kuaixun.stcn.com/2013/1016/10818964.shtml。

网金融的可持续发展和金融消费者利益保护出发，政府监管和法律规制的介入刻不容缓。

然而，在制定互联网金融监管规则时，究竟如何实现鼓励创新与加强监管的平衡并非易事。由于互联网金融具有典型的普惠金融特征，其面向的投资者（金融消费者）非常广泛，涵盖社会各阶层，若我们一味鼓励金融创新、强调效率而忽视金融消费者的利益保护，忽视金融安全，在利益分配时置公平规则于不顾，则其必将成为无源之水、无本之木，酿成系统性风险亦在所难免，严重者更可能引发大规模群体事件；反之，若过度监管，强调金融安全，又会阻碍互联网金融创新。因此，我们认为，创新与监管并重，效率与公平兼顾，是现阶段我们设计互联网金融监管法律规则体系时应秉持的基本价值取向。

5.1 我国互联网金融监管存在的问题

据央行统计，目前我国互联网金融已全面涵盖了第三方支付、网络信贷、众筹融资等领域，其业务范围已从单纯的支付业务扩展至转账汇款、跨境结算、小额信贷、现金管理、资产管理、供应链金融、基金和保险代销、信用卡还款等传统银行业务。① 互联网金融的参与主体已涵盖了电商机构、基金和投资公司、资本市场经纪人机构和商业银行等，其业务格局带有典型的混业经营特征，在现有分业经营、分业监管的金融监管体制下，势必会出现监管真空、监管重复，而仅靠目前的行业自律显然难以定纷止争、防范风险。此外，就行业自律而言，目前全国范围内仅有中关村互联网金融行业协会、中国小额信贷联盟 P2P 行业委员会等数家互联网金融行业自律组织②，因而自律乏力、风险频现。究其原因，主要存在以下两大问题。

5.1.1 缺乏统一的监管机构

互联网金融监管是金融监管体制的一部分，必须契合中国金融监管体制的整体变革。现阶段，我国仍延续传统的分业经营、分业监管的金融监管体制，以一行三会为监管主体，以金融机构类型确定监管对象，以机构设立审批、业务合规

① 参见中国人民银行货币政策分析小组：《2013 年第二季度中国货币政策执行报告》，2013－08－12。

② 中国小额信贷联盟 P2P 行业委员会已于 2012 年制定了《个人对个人（P2P）小额信贷信息咨询服务机构行业自律公约》。

性审查和从业人员资质审查为具体监管形式。这种机构型分业监管模式本就难以适应银行业、证券业、保险业间的交叉性业务创新，易造成监管重复、缺位。[①] 随着中信、光大、平安三大金融控股公司和各商业银行全牌照布局的加速，事实上的混业经营在我国已经确立。[②] 而互联网金融的出现，使得银行业、证券业、保险业间的交叉融合和跨市场金融创新常态化。我国金融业混业经营格局进一步深化，依靠现有体制进行监管无疑捉襟见肘，亟须统一的监管机构对之进行有效监管，加之互联网金融所具有的小微金融特征（比如余额宝，1 元钱都能参与），必将对现行的以大机构为主要监管对象的监管体制提出严峻挑战。可以说，互联网金融的出现，使得我国金融监管从主体监管向行为监管、从分业监管向统合监管的过渡显得更加迫切！

然而，仅依靠目前的金融监管协调制度无法从根本上解决互联网金融带来的监管难题。根据《中华人民共和国中国人民银行法》第九条、《国务院关于同意建立金融监管协调部际联系会议制度的批复》（国函［2013］91 号）等规定，国务院建立了由中国人民银行牵头，银监会、证监会、保监会和外汇局等成员单位参加的金融监管协调部际联系会议制度。该制度的建立虽有助于促进金融监管政策和法律法规之间的协调，交叉性金融产品与跨市场金融创新的协调，防止目前的碎片化监管产生监管套利[③]，避免形成监管“向底部竞赛”（race to the bottom）。[④] 但是，金融监管协调部际联系会议并非常设机构，其成员都是部级单位，大家平起平坐，一旦发生监管争议，协调难度自然增大，势必影响监管效率。[⑤] 此外，由于该制度并不改变现行金融监管体制，不替代、不削弱一行三会现行的职责分工，因此，无论就中国金融监管体制的整体变革还是仅就互联网金融的监管而言，该制度都是权宜之计，难祛根本之疾！

总之，现行的金融监管体制并没有明确互联网金融由谁监管的问题，而互联

---

① 参见巴曙松、王璟怡：《从微观审慎到宏观审慎：危机下的银行监管启示》，载《国际金融研究》，2010 (5)。

② 目前这三大金融控股公司都在加速全牌照布局。中信集团还差基金、租赁牌照，平安集团还差租赁牌照，而光大集团拟通过收购甘肃信托补齐信托牌照，成为第一家全牌照的金融控股公司。此外，各商业银行已开始全牌照布局。在 16 家上市银行中，工、农、中、建、交五大行综合化程度较高，证券、保险、基金、租赁牌照已经全面布局。民生、招商、浦发、兴业等银行也在积极向全牌照努力。由此可知，中国金融业走向混业经营大势已定。

③ 参见胡晓炼：《完善金融监管协调机制 促进金融业稳健发展》，载《金融时报》，2013－09－07。

④ 参见刘士余：《美国金融监管改革概论——〈多德-弗兰克华尔街改革与消费者保护法案〉导读》，北京，中国金融出版社，2011。

⑤ 参见曹凤岐：《联席会议只是金融监管体系改革的第一步》，载《人民政协报》，2013－08－27。

网金融的混业性、专业性都亟须一个统一的机构对之进行监管。例如，商业银行开发的互联网金融产品，如非交叉性金融产品，自属银监会监管，但一旦跨行业、跨市场创新，由谁监管不无疑义；第三方支付、电商小贷等，虽然央行已经颁发了牌照，但究竟由央行还是银监会管辖，目前尚无定论；P2P 借贷平台则处于无法可依状态，无论央行还是银监会都无法实施有效监管；而诸如余额宝此类融合了第三方支付与货币基金的交叉性互联网金融产品，单靠一行三会任何一方监管似乎都难收成效。鉴于现行中国金融监管体制的弊端，为避免出现多头监管或者无人监管，我们认为应该设立或指定一个统一的监管机构（如设立学界倡议的中国金融监督委员会）对互联网金融进行监管，而这一机构目前是不存在的。

5.1.2　缺乏具体合理的监管规则

互联网金融作为一种新兴的金融业态，在我国出现的时间并不长。惟其新，法律调整滞后，使得目前的互联网金融几乎处于没有规则约束的状态。

为了说明此问题，可检索现有法律规范体系，其中与互联网金融相关的可大致分为三类：

（1）旨在鼓励、扶持互联网金融发展的规范。这类规定零星散见于国务院颁布的行政法规、国务院各部委的部门规章、地方政府的规范性文件中。中央层面的文件，如国务院发布的《国务院办公厅关于金融支持经济结构调整和转型升级的指导意见》、《国务院关于促进信息消费扩大内需的若干意见》、《国务院办公厅关于金融支持小微企业发展的实施意见》，工业和信息化部发布的《信息化和工业化深度融合专项行动计划（2013—2018 年）》，中国人民银行发布的《中国金融业信息化“十二五”发展规划》，中国银监会发布的《消费金融公司试点管理办法》等。地方层面的文件，如《北京市石景山区支持互联网金融产业发展办法（试行）》、《北京市海淀区人民政府关于促进互联网金融创新发展的意见》、《上海市黄浦区人民政府关于印发黄浦区建设外滩金融创新试验区实施意见的通知》、《南京市政府关于进一步强化金融服务小微企业发展的实施意见》、《天津市人民政府办公厅转发市金融办关于金融支持实体经济和小微企业发展实施意见的通知》等。

（2）与互联网金融消费者利益保护相关的零星规范。此类条文散见于《中华人民共和国消费者权益保护法》、《中华人民共和国商业银行法》、《中华人民共和国银行业监管管理法》、《中华人民共和国中国人民银行法》、《中华人民共和国证券法》、《中华人民共和国保险法》、《全国人大常委会关于加强网络信息保护的决定》等法律中。

（3）与互联网金融基础设施建设相关的零星规范。例如，《中华人民共和国电子签名法》、《电子银行业务管理办法》、《非金融机构支付服务管理办法》及《非金融机构支付服务管理办法实施细则》、《中国人民银行关于推进信贷市场信用评级管理方式改革的通知》、《网上证券委托管理暂行办法》、《证券账户非现场开户实施暂行办法》等。

前述三类规范皆不直接涉及互联网金融的具体监管规则，或虽有涉及，但其规则仍不够明确、不尽合理。总之，我国目前仍缺乏具体、合理的互联网金融监管规则。下面举两例说明：

（1）第三方支付。央行发布的《非金融机构支付服务管理办法》及《非金融机构支付服务管理办法实施细则》对客户支付的备付金利息归属问题均未做出明确规定。第三方支付虽定位于为用户提供网络代收代付的中介，但其实际运行却类似于结算业务，在为交易双方提供第三方担保的同时，其平台上积聚了大量在途资金，实与银行吸储无二，极易触碰《中华人民共和国刑法》第一百七十六条非法吸收公众存款罪的红线。

（2）P2P网络借贷。目前，P2P网贷平台的资金池、居间交易和平台担保等，法律风险极大，背离了P2P网络借贷平台撮合中介的本质，亟须监管。①

首先，P2P网贷平台监管无据。P2P网络借贷究其实质不过是民间借贷的网络翻版，但目前《放贷人条例》尚未出台，民间借贷中介的合法性无法确认，因此无法对P2P网贷平台进行监管。

其次，国内的P2P网贷业务模式多游走于非法吸收公众存款罪和集资诈骗罪之间，法律风险非常大。具体说来，主要包括以下三类：①理财—资金池模式导致的非法集资风险。一些P2P网贷平台通过将借款需求设计成理财产品出售给放贷人，或者先归集资金再寻找借款对象等方式，使放贷人资金进入平台的中间账户，产生资金池。在这种模式下，平台涉嫌非法吸收公众存款。②不合格借款人导致的非法集资风险。部分P2P网贷平台经营者未尽到借款人身份真实性核查义务，未能及时发现甚至默许借款人在平台上以多个虚假借款人的名义发布大量虚假借款信息（又称借款标），向不特定多数人募集资金，用于投资股票、债券、期货等市场，有的直接将非法募集的资金高利贷出以赚取利差，此类借款人的行为涉嫌非法吸收公众存款。③“庞氏骗局”产生的集资诈骗风险。个别P2P网贷平台经营者发布虚假的高利借款标募集资金，并采用在前期借新贷还旧

① 现已有部分地方政府金融办发文对P2P网络借贷平台的乱象进行整治，如重庆市金融办于2013年11月4日发布的《重庆小额贷款公司“十不准”》，但这些规范的效力层级太低，尚不具普适性。

贷的“庞氏骗局”模式，在短期内募集大量资金后用于自己生产经营，有的经营者甚至卷款潜逃。此模式涉嫌非法吸收公众存款和集资诈骗。①

最后，变相高利贷的法律风险。根据《最高人民法院关于人民法院审理借贷案件的若干意见》第六条规定，民间借贷的利率不得超过银行同类贷款利率的四倍，超出部分不予保护。而实践中 P2P 网贷的年利率普遍高达 20%～30%，网贷平台实际操作时将合同利率控制在 10%以内，高出的部分改以咨询费、审核费、服务费等名义收取。此类风险极大的变相高利贷行为，是否需要承认其合法性，目前尚无规定。

可喜的是，国家已经注意到互联网金融存在的风险。继银监会、央行先后就网络信贷行业召开专题研讨会、开展调研活动后，由一行三会、工信部、公安部、国务院法制办等多部委组成的互联网金融发展与监管小组，也根据国务院部署，于 2013 年 8 月 1 日起在沪、杭等地开展专题调研。② 2013 年 11 月 25 日由银监会牵头的九部委处置非法集资部际联系会议也明确了 P2P 网络借贷的业务经营红线。由此看来，我国互联网金融监管规则的出台为期不远。

5.2 互联网金融监管的国际借鉴

以美、英等国为代表的发达国家互联网金融起步早、成效显著，其互联网金融监管是整个金融监管体制的有机组成部分，积累的经验较多，可资借鉴者主要有三个方面。

5.2.1 应对互联网金融实行统一监管

综观世界各国的金融监管立法，在金融行业和金融商品从纵向规制向横向规制的转变过程中，出现了从原有的单一监管者的功能性监管模式向统合金融市场、资本市场相关法律为一部法律的发展趋势，从而将传统的银行业、证券业、信托业、保险业等整合起来。③ 例如，英国《2000 年金融服务与市场法》中“集合投资计划”的定义就涵盖“存款、保险合同、集合投资计划份额、期权、

① 参见史进峰：《央行划界 三类 P2P 涉嫌非法集资》，载《21 世纪经济报道》，2013-11-25。

② 参见张飒：《监管层最大规模调研互联网金融 聚焦行业风险和监管建议》，载《东方早报》，2013-08-02。

③ 参见杨东：《论金融服务统合法体系的构建——从投资者保护到金融消费者保护》，载《中国人民大学学报》，2013（3）；杨东：《金融消费者保护统合法论》，北京，法律出版社，2013。

期货及预付款合同等”[①]。2004年欧盟《金融工具市场指令》则引入“金融工具”的概念，将可转让证券、短期市场金融工具、集合投资计划份额和衍生品交易等纳入其中。[②] 2006年日本《金融商品交易法》、2007年韩国《资本市场法》分别在统合各自《证券交易条例》、《期货交易法》等资本市场相关法律的基础上，引入了英国法的“集合投资计划”概念，并以此为基础全面导入了抽象概括性的金融投资商品和金融商品的定义。[③] 这种抽象概括的集合投资计划或者金融商品定义足以涵盖各类互联网金融产品。与这种金融市场统合法相应，对互联网金融的监管也从对金融机构主体的规制转为对“经济实质相同的金融功能”进行“统一规制”的功能性规制。

5.2.2 应设立独立统一的金融消费者保护机构

由于互联网金融具有交易标的的无形性、交易内容的复杂性和专业性、交易意思表示的格式化、交易方式的电子化、销售方式的高度劝诱性等特征，金融消费者囿于其资力、投资经验等因素的限制，较之于金融商品提供者往往处于弱势。若一味强调买者自慎（caveat emptor）原则，不仅金融消费者的合法权益难以保障，也极易引发系统性风险，故有必要设立金融消费者保护机构。

但是，互联网金融又属于混业金融，其业务往往在银行业、证券业、保险业间交叉，若根据其业务分设银行业消费者、证券业投资者、保险业投保人保护机构，又会产生角色冲突和监管套利。因此，设立独立统一的监管机构势在必行。例如，2010年美国《多德-弗兰克华尔街改革与消费者保护法案》就在美联储之下创设了相对独立的消费者金融保护局（Bureau of Consumer Financial Protection，BCFP），集中行使原来由7家不同监管机构行使的金融消费者保护职权。英国《2012年金融服务法》也设立了金融行为监管局（Financial Conduct Authority，FCA），取代了过去的金融服务局（FSA），专门实施金融消费者保护之责。

---

① See *Financial Services and Markets Act 2000*, Sec. 235, (1) - (3).

② See Directive 2004 /39 / EC of The European Parliament and of the Council of 21 April 2004 on markets in financial instruments amending Council Directives 85 /611 / EEC and 93 /6 / EEC and Directive 2000 /12 / EC of the European Parliament and of the Council and repealing Council Directive 93 /22 / EEC, L 145 /1, 30. 4. 2004, Annex I, Section C.

③ 参见杨东：《市场型间接金融：集合投资计划统合规制论》，载《中国法学》，2013（2）。

5.2.3　互联网金融立法应正视小微企业的融资需求

从比较法上看，美、英等国的互联网金融发轫于小微企业的融资需求，最典型的如 P2P 网贷、众筹融资等，但其立法对这些新生事物并非畏之如虎，必欲除之而后快；相反，立法对此类金融创新持鼓励、支持态度，从而极大地解决了小微企业的融资需求，促进了小微企业的发展。

以美国为例，由于小微企业通常并不具备符合商业条件的市值，若寻求 IPO 上市融资，则高昂的信息披露成本、合规性成本、时间成本往往使其不堪重负，而网上经纪、高频交易和百分位报价的出台更使得小微企业 IPO 雪上加霜。鉴于此，2010 年的《多德-弗兰克华尔街改革与消费者保护法案》明确要求政府问责办公室（Government Accountability Office，GAO）会同联邦银行业监督机构、SEC、消费者团体、外部专家及 P2P 贷款行业进行磋商，研究确定 P2P 贷款最佳的联邦监管框架①，以为小微企业通过 P2P 贷款融资提供指引。同时，2012 年的《初创企业扶持法案》（*Jumpstart Our Business Startups Act*）则通过适度放松管制，完善了小微企业与资本市场的对接，进一步满足了企业的小额融资需求。该法明确承认了众筹融资的合法性，定义了一个新的网上小额发行融资交易的中介机构——集资门户（Funding Portal），并对中介的资格和限制行为做出了明确规定，以规范融资行为、防止不当交易损害投资者利益。② 随后，SEC 于 2013 年 10 月 23 日发布了关于众筹融资的指导规则（proposed rules），就众筹企业的年度可融资总额、投资者的年度可投资额、众筹企业的信息披露、众筹融资平台的行为规范做出了详细的规定。③ 立法的及时跟进为小微企业的发展提供了制度保障。

5.3　互联网金融监管的公平规则

5.3.1　互联网金融监管的基本目标

互联网金融监管须遵循金融监管的一般原则，即确保金融安全、金融效率与

---

① See *Dodd-Frank Wall Street Reform and Consumer Protection Act*, Sec. 989F（2010）.

② See *Jumpstart Our Business Startups Act*, Sec. 301-Sec. 305（2012）；另参见鲁公路、李丰也、邱薇：《美国 JOBS 法案、资本市场变革与小企业成长》，载《证券市场导报》，2012（8）；袁康：《互联网时代公众小额集资的构造与监管——以美国 JOBS 法案为借鉴》，载《证券市场导报》，2013（6）。

③ See SEC, *SEC Proposed Rules on Crowd Funding*, available at http：//www. sec. gov/rules/proposed/2013/33-9470. pdf, last visited 2013－11－06.

金融消费者保护（金融公平）三大目标的达成。但就现阶段的情况来说，我们更应侧重以下三点，并将其作为我们制定监管规则的出发点，以确保互联网金融法律关系的各方当事人的利益分配趋于公平合理，用以防范风险。

1. 保护互联网金融消费者的合法利益

首先，现行监管体制容易导致监管目标冲突，使得互联网金融的消费者权益保护往往落后于审慎监管，戕害市场根基。根据英国经济学家泰勒的双峰（twin peaks）理论，金融监管的目标有二：①审慎监管，防范系统性风险；②行为监管，保护金融消费者利益。[①] 就我国现行金融监管体制而言，一行三会既实施审慎监管，防范系统性风险，同时又各自设立了金融消费者保护机构，承担消费者保护职责。这种纵向分割的监管体制容易导致监管目标的冲突，原因在于：审慎监管机构的主要目标是金融机构的安全与稳健，但同时将金融消费者保护置于审慎监管机构之下，两相比较，金融机构的安全、稳健更能吸引监管者的注意。在履行消费者保护职责时，监管者可能更多地考虑维护金融机构的名誉、降低诉讼风险等。监管目标的冲突必然使得审慎监管者将金融机构的短期利益置于金融消费者权益之上。[②] 这种短视性的偏好极有可能从根本上扼杀市场。原因很简单，金融消费者的信心是金融市场存在的基础，如果金融消费者的利益无法得到保护，导致他们丧失信心，必然会选择“用脚投票”，市场将不复存在。

其次，互联网金融消费者与互联网金融机构间实质上不平等。由于互联网金融产品的复杂性和专业性，互联网金融交易的“非面对面”性，互联网金融消费者救济渠道的不通畅，以及互联网金融消费者与互联网金融机构在信息收集、专业能力、风险偏好方面的巨大差异等诸因素的制约，使得互联网金融消费者不可能与互联网金融机构处于平等地位，而现代私法实质正义的理念要求我们必须对互联网金融消费者进行倾斜保护。

为了达成此目标，我们在构建互联网金融监管规则体系时，应尽可能降低现有金融监管体制带来的不利影响，尽可能使互联网金融监管规则的设计与中国金融监管体制的整体变革相结合，将金融消费者利益保护置于金融监管规则设计的首要位置：

首先，应对中国金融监管体系进行整体改革，并在此基础上对互联网金融实

---

① See Michael Taylor, *Twin Peaks: A Regulatory Structure for the New Century*, Center for the Study of Financial Innovation, London, pp. 1－18, 1995.

② 参见刘士余：《美国金融监管改革概论——〈多德-弗兰克华尔街改革与消费者保护法案〉导读》，北京，中国金融出版社，2011。

行统一的功能性监管，即设立一个统一的金融监管机构，比如学界建议的中国金融监督委员会（以下简称“金监会”），以便统一制定金融监管法规、协调监管政策和监管标准、调动监管资源，对中国金融机构和金融市场进行统一监管。[①] 现有的银监会、证监会、保监会可调整为金监会的下属监管部门，分别负责对银行业、证券业和保险业的监管，而对互联网金融所涉及的行业交叉部分，可由金监会制定统一的监管规则或牵头机构，进行统一的功能性监管。

其次，应逐步将现行的一行三会四个政府性金融消费者保护机构整合为独立、统一的金融消费者保护局，同时在各级消费者协会内部设立专门的金融消费者保护工作协会，并辅以中立、独立、公正的第三方替代性金融纠纷解决机构（ADR）[②]，切实保护互联网金融消费者的利益。

2. 制定统一、独立的监管规则

互联网金融依靠大数据、云计算等先进技术挖掘金融消费者的消费偏好，并据此设计出不同类型、不同风险偏好的交易产品。这些产品既带有行业交叉性，又具有传统金融产品的专业性、复杂性、风险性。为消除监管套利和监管盲区，从长远看，我们在规则设计时可以借鉴英、日、韩等国金融法的横向规制体制，以集合投资计划统摄各类互联网金融产品，并在此基础上构建独立统一的规则，实行功能性监管。

我们认为，此独立统一的规则应包括以下基本原则：

（1）公平原则。互联网金融服务合同本质上是私权关系，理应受到私法上公平原则的强行法约束。《民法通则》第四条规定：“民事活动应当遵循自愿、公平、等价有偿、诚实信用的原则。”《合同法》第五条规定：“当事人应当遵循公平原则确定各方的权利和义务。”订立合同时显失公平的合同，根据《合同法》第五十四条的规定，相对方可诉请法院撤销或变更。同时，鉴于互联网金融服务合同的格式合同属性，交易当事人尤其是处于强势地位一方的互联网金融机构须依公平原则合理配置各方的权利和义务关系，在利益分配、风险分担等方面不能只考虑自身利益，而应合理平衡金融消费者的利益。

（2）信息充分披露原则和金融交易适合性原则。充分披露原则是由善良管理人注意义务中的告知（说明）义务所衍生的，实乃告知义务中风险告知的一部分，它要求互联网金融机构在销售金融产品时，应将金融产品的内容及所涉风

① 参见曹凤岐：《联席会议只是金融监管体系改革的第一步》，载《人民政协报》，2013-08-27。

② 比如英国、澳大利亚等国的金融申诉专员服务机构（FOS），新加坡的金融业争议调解中心，我国香港的金融纠纷调解中心，我国台湾的金融消费评议中心等。

险，尤其是可能导致金融消费者损失的事项，忠实详尽地告知消费者。[①] 这既是互联网金融合同的格式合同属性使然[②]，也是买者自慎原则的适用前提。互联网金融机构只有尽到了充分的信息披露和风险揭示义务，则在此基础上要求投资者就其投资损失自负其责才公平合理。

金融交易适合性原则（即投资者适当性原则）是对信息披露原则的强化，强调互联网金融机构应将合适的商品或服务推荐给合适的金融消费者。[③] 实践中，金融机构所践行的“了解客户”程序（know your client），即其适例。

我们认为，应赋予这两项原则可诉性，使之成为金融消费者可以援引的私法规则。若互联网金融机构违反了这两项规则，致使金融消费者遭受损失的，原则上应承担损害赔偿责任，除非它能证明损害的发生并非因其未充分了解金融消费者的商品适合度或非因其未说明、说明不实、错误或未充分披露风险的事项所致。

（3）金融隐私权、个人信息权保护原则。互联网金融机构可以通过云计算、大数据等技术轻易获取金融消费者的个人信息，如消费者的资产状况、信用等级、投资偏好、个人身份信息等。这些个人信息，有仅具人格利益者，也有兼具人格利益和财产利益者；有属于金融消费者的个人隐私者，也有与隐私无涉而反映个体特征的可识别符号系统。前者涉及隐私权范畴，后者涉及个人信息权范畴。[④] 对两者的保护，应遵循个人同意原则，即除法定目的外，非经个人同意，不得收集、使用其个人数据。[⑤] 但在大数据时代，个人只要使用互联网，其个人信息就有可能被大数据平台采集，要求互联网金融平台收集金融消费者个人数据时事先征得其同意是不现实的，因此对金融消费者的隐私权和个人信息权保护，应侧重于互联网金融机构的保密义务及未经金融消费者许可不得擅自使用等方面。[⑥]

---

① 参见陈国华、李珮瑄等：《金融消费者保护法解析》，新学林出版股份有限公司，2012。我国新修订的《消费者权益保护法》第二十八条就体现了该原则的意思。

② 对互联网金融交易合同，《合同法》第39～41条，《合同法司法解释（二）》第六条、第九条、第十条等关于格式合同的规定当然适用。

③ 目前，国内部分金融法律规范中已有此原则的身影。参见《商业银行个人理财业务管理暂行办法》第三十七条、《商业银行金融创新指引》第十六条等规定。

④ 关于个人信息权的详细论述及其与隐私权的区别，参见王利明：《论个人信息权的法律保护——以个人信息权与隐私权的界分为中心》，载《现代法学》，2013（7）。

⑤ 参见王泽鉴：《人格权法》，北京，北京大学出版社，2013；王泽鉴：《人格权的具体化及其保护范围·隐私权篇（中）》，载《比较法研究》，2009（1）。

⑥ 2012年颁行的《全国人大常委会关于加强网络信息保护的决定》确立了互联网金融消费者个人信息和隐私保护的一般规则，但互联网金融业态下个人信息、隐私保护有其特殊性，在制定监管规则时仍有必要就其特殊问题做出特别规定。

（4）广告、业务招揽禁止不当劝诱原则。该原则意在确保互联网金融消费者在意志自由的状态下，依其个人理性自主判断投资风险，做出投资决策，从而自负其责。它要求互联网金融机构在从事广告、招揽业务时，应依诚实信用原则，尽到前述信息充分披露的义务，禁止不正当劝诱[①]，不得承诺投资回报率或者收益率，不得暗示其与国家机关及其工作人员有关联。其对金融产品的披露，诸如利率、费用、风险等，应以显著的方式和中文表达并力求浅显易懂，不得使用深奥晦涩的语句误导金融消费者。

3. 契合多重资本市场下证券交易制度的变革

互联网金融推动了证券业的产品创新和制度创新，新的证券发行、交易方式和券商盈利模式必将出现，其必将对我国资本市场法律规范体系带来巨大的冲击，如何监管，实值研究。

首先，互联网金融的发展，使得众筹融资、互联网直接公开发行（DPO）、互联网证券交易等新的证券发行、交易方式成为可能。众筹融资的合法性目前亟待监管层予以认定。在 DPO 模式下，证券发行人无须通过承销商，可直接借助互联网发布招股说明书、公开募集股票，无须履行 IPO 的申报注册程序和严格的信息披露要求，但需要《证券法》予以规范。互联网证券交易使得证券交易可绕过经纪商等中介机构，通过网络直接撮合成交，其实质相当于虚拟的证券交易所，也不可避免地对现行法制提出了挑战。这三项制度虽不符合我国现行法规定，但从技术进步的外在推动和市场发展的内在需求上看，基于互联网金融，追求更高效率、更低成本的场外证券发行和交易方式是必然趋势。

其次，随着《证券公司开立客户账户规范》、《证券账户非现场开户实施暂行办法》等规定的陆续颁行，我国资本市场上的电子券商已经出现，证券销售的电商化亦已初具规模。一方面，通过非现场开户，券商通过自建网上平台或嵌入电商平台，可以迅速切入电子商务。借助于电商的强大平台和庞大的客户群，券商在服务存量客户的同时还能开拓新客户。另一方面，除将经纪业务的相关产品平移到电商平台上，券商还可以将柜台市场嫁接到互联网，其产品线不但从初级的财富管理产品延伸到资管类产品，还将覆盖直投、并购、对冲等衍生品领域。[②]交易成本的提升、交易效率的提高必将推动现行券商佣金制度（如折扣经纪商的出现）、业务线的深刻变革。

---

① 例如，证监会认定百度“百发”8%年化收益的承诺违规，就在于其广告招揽违背了《证券投资基金法》公开披露基金信息不得有预测投资业绩、违规承诺收益或者承担损失等行为的规定。

② 参见胡吉祥：《互联网金融对证券业的影响》，载《中国金融》，2013（16）。

我们认为，前述证券发行、交易乃至券商盈利模式的变化，或仅为发行方式的变革，或仅为交易场所的变更，或为券商盈利模式的突破，并没有从根本上动摇证券交易制度在多重资本市场中的基础性地位。从理论上说，在互联网金融业态下，证券估值是否准确，形成的交易价格是否公平、合理，仍离不开集中竞价交易制度和证券商报价制度；仍需为不同类型、不同风险偏好的投资者设立不同的交易制度，满足其不同的投资需求。总而言之，互联网金融的发展仍需与特定市场上的证券交易制度相契合。

目前，我国多重资本市场尚未建成，主板市场、二板市场和三板市场均未区分投资者类型而统一适用投资者指令驱动的集中竞价交易制度，导致证券商报价制度缺失、机构投资者散户化、多重市场类主板化、证券经纪简单代理化。[①] 为力克此弊，我国多重资本市场的建设必然要求证券交易制度进行重大变革，引入证券商报价制度，即变单一的集中竞价交易制度为多种交易制度并存，从而建立起以集中竞价交易制度为主、兼容证券商报价制度的主板市场，以证券商报价制度和强制性做市商为主、以投资者指令驱动为辅的二板市场和实行证券商报价制度配之以非强制性做市商功能的三板市场的多种交易制度。基于前述理由，互联网金融的发展和监管当然必须契合我国多重资本市场下证券交易制度的变革。

5.3.2 金融机构的公平交易规则

虽然互联网金融加速了金融脱媒，但正如有些学者所说，互联网金融是标准化金融，处理的是软信息，最终仍离不开传统金融的支持。在互联网金融业态下，支付结算体系仍是整个金融体系的基础设施或“金融市场公用事业”（financial market utilities，FMUs），所有的互联网金融交易都必须通过支付结算体系方能完成。[②] 银联就属于此类金融基础设施。

不可否认，银联对商业银行参与互联网金融起到了积极的约束作用，但银联自身的定位决定了其不可能以超然、公正的态度来合理平衡商业银行与金融消费者间围绕银联卡产生的诸般利益纠葛，故有进一步研究其公平交易规则的必要，以协助互联网金融支付结算规则的制定和完善，确保金融稳定；同时，也为解决目前互联网金融中存在的“类银行平台”（比如余额宝通过汇集消费者支付宝账户的余额投资货币市场基金，实则扮演着传统商业银行吸储的角色）事实上履行

① 关于我国多重资本市场建设中存在的诸多问题，详见董安生、何以等：《多层次资本市场法律问题研究》，北京，北京大学出版社，2013。

② See *Dodd-Frank Wall Street Reform and Consumer Protection Act*, SEC. 802 (2010).

支付结算功能时与金融消费者之间产生的纠纷提供借鉴。

因此，本章拟根据银联卡的两种类型——借记卡和信用卡（贷记卡），分两部分探讨其公平交易规则。本部分先探讨银联借记卡的公平交易规则。

1. 银联卡合同的法律性质

欲明晰银联借记卡的公平交易规则，必先厘清银联借记卡存款合同的法律性质。

我国《合同法》并没有规定存款合同，故该合同系无名合同。根据《合同法》分则第一百二十四条的规定，无名合同适用《合同法》总则的规定，并可以参照《合同法》分则或其他法律最相类似的规定。而大陆法系通常认为存款合同是消费寄托中的金钱寄托，即持卡人为寄托人，银行为保管人，以银行保管为目的，由持卡人存金钱于银行，约定金钱的所有权移转于银行，并由银行以同种类、品质、数量相同的金钱返还的契约。① 在法律适用上，消费寄托准用消费借贷的规定。② 中国内地也有学者将金钱寄托归为消费保管合同的一种。③ 消费寄托与消费保管，名异而实同。英美法系将存款合同界定为消费借贷关系，持卡人是将其存款贷给银行，持卡人为债权人，银行为债务人。④ 两大法系的学说实质上相近，唯前者从持卡人角度强调银行保管持卡人货币资金价值的功能，后者从银行角度强调银行对存款的消费利用而已。

本章采纳前一种学说，将银联借记卡存款合同定性为消费保管合同，但该合同又不单纯表示持卡人与银行之间的债权债务关系，还应受国家金融监管规则、消费者权益保护等经济法的制约，实带有公私法交融的色彩。

2. 倒账和透明度问题

实践中，经常出现银行挪用持卡人账户资金去倒账，过一段时间又将账户资金划拨回来的事例。与此同时，由于银行限制了持卡人可查询账户的时间（如持卡人只能查询其账户上最近三个月的资金变动情况），待持卡人查询时，可能不会发现其账户资金在可查询期间之前被挪用的情况。从会计处理上看，银行允许账户可查询的期间越长，则持卡人就越有可能发现其账户资金被挪用的事实，但

---

① 参见邱聪智：《新订债法各论（中）》，北京，中国人民大学出版社，2006。

② 如《德国民法典》第七百条、《意大利民法典》第一千七百八十二条、《日本民法典》第六百六十六条的规定。

③ 参见郭明瑞、房绍坤：《新合同法原理》，北京，中国人民大学出版社，2000。

④ See E. P. Ellinger, Eva Lornnicka, and Richard Hooley, *Modern Banking Law*, 3rd ed., Oxford University Press, 2002, p. 165.

银行为了掩盖其倒账的事实，往往会限制甚至拒绝持卡人查账。

依消费保管合同和货币作为特殊动产占有即所有的法理，待持卡人将货币存入银行，银行就取得该货币的所有权，持卡人则享有请求银行返还同品种、同数额货币的债权请求权。银行可对持卡人账户上的资金行使占有、使用、收益、处分之权，无须征得持卡人同意，但此时持卡人账户上仍然记载有与其存款数额相等的金额以表示银行对持卡人的债务。换言之，银行的行为对持卡人不发生清偿的效力，持卡人的合法权益不受影响。

倒账则不同，银行会将持卡人账户上的资金清零，过一段时间再拨回来。在银行回拨之前，持卡人账户的余额为零，意味着银行已经对持卡人的本金和利息进行了清偿，双方之间的债权债务关系业已消灭！如果此时持卡人碰巧查询，发现自己账户上面的资金不翼而飞 ，银行既可能以操作错误为由补回挪用的存款，也可能以不知情为由拒绝补回。此时的倒账行为既同时构成民法上的违约和侵权，又可能构成犯罪。

根据《商业银行法》第六条、第五十二条，《支付结算办法》第二百零八条、《金融企业财务规则》第十六条等规定，我国法律实际上严格禁止银行挪用持卡人存款，但实践中的倒账行为屡见不鲜。从金融监管的角度看，该行为极有可能产生操作风险，不仅违反了《巴塞尔资本协议》的规定，也反映了银行在内部控制方面存在的重大漏洞。同时，该行为还可能面临这样的诘问：为何银行能获知存款密码，或者说不需要存款密码就能自由进出持卡人账户，将账户资金清零?!这一问题显然会动摇持卡人对银行甚至对金融市场的信心，不可小觑。

因此，为杜绝倒账行为，确保持卡人作为金融消费者依法享有的知情权，我们认为：银联除了要加强内部控制外，还应允许持卡人可自由查询其存款账户自存款合同订立之日起所有往来资金变动情况，即通过此种外部监督增加银行的透明度。

3. 密码保护问题

银联卡的密码保护虽是一个老生常谈的问题，却攸关银行与持卡人双方当事人的核心利益。围绕银联卡产生的种种纠纷，如银联卡被克隆盗用、冒用后损失该如何承担等，皆因此而起，不可不察。而要减少此类纠纷，除了需要银行、持卡人尽各自的注意义务外，还必须从技术上提高银行卡的安全性。

我国现行的银联卡绝大部分为磁条卡（magnetic stripe card），受磁技术水平的限制，磁条卡的存储容量小，其致命缺陷是极易被复制或者盗刷。早在2003年，EU-ROPAY、VISA和MasterCard三大国际银行组织就设计推出了EMV标准的芯片卡［即带CPU的集成电路卡（integrated circuit card），又称金融 IC 卡]，并在欧美和亚太部分地区全面推行使用。与磁条卡相比，芯片卡的安全性获得极大的提高，增加了读写保护和数据加密保护，在使用时采取个人密码、卡与读写器双向认证模式，很难被复制和伪造，且其信息容量大，可以存储密钥、数字证书、指纹等信息。三大组织还规定，如果欧洲在 2005 年、亚太区在 2006 年、全球在 2008 年期间，ATM 没有应用 EMV 认证的芯片卡技术，则该交易相关的银行或金融机构将自行承担客户遭受欺诈的损失。换言之，如果银行仍发行磁条卡，一旦持卡人的银行卡失窃后发生损失，银行须承担全部责任。①

本章认为，为减少银联卡被复制、盗刷的风险，保护银行和持卡人的合法权益，同时为互联网金融基础设施提供技术保障，我国银联卡应进行技术升级，全面使用芯片卡代替现行的磁条卡。目前，央行先后发布了《中国金融集成电路（IC）卡规范》（PBOC 2.0 标准）、《中国人民银行关于推进金融 IC 卡应用工作的意见》，要求在全国范围内启动银行卡芯片迁移工作，换发银联 PBOC 2.0 标准的金融 IC 卡。我国银联卡全面换发芯片卡指日可待。

4. 限制提款、转款问题

限制持卡人提、转款也是目前银联卡的通例。这种限制既有柜台大额资金支取的限制，如中国人民银行《关于大额现金支付管理的通知》第三条规定，个人一次性提取现金 20 万元（含 20 万元）以上的，应请取款人必须至少提前 1 天以电话等方式预约，以便银行准备现金；也有 ATM 机每日单笔金额、每日最高金额的限制；还有依取款人身份不同（单位或个人）而对提、转款金额的限制等；更有转款手续费等的限制。其原因虽多出于银行限制竞争的目的，但其实质在于，是否应承认和保障持卡人依法享有的自由兑取权。

我们认为，依《商业银行法》第二十九条、第三十三条等规定，商业银行办理个人储蓄存款业务，应当遵循存款自愿、取款自由、存款有息、为持卡人保密的原则。商业银行应当保证存款本金和利息的支付，不得拖延、拒绝支付存款本金和利息。据此，银行应承担保证个人自由提款、转账的绝对责任，原则上不能加以限制。如要限制，也由储户自己设置提、转款限额，或由法律做出明确规定，并基于正当而充分的理由（比如基于风险管控等原因），且应当符合比例原则，而不能由银联自行规定。

① 参见马翠莲：《银行卡“换芯”进行时》，载《上海金融报》，2011－04－26。

5. 失款责任

银行失款责任大致可分为两种类型：银行挪用持卡人账户资金去投资或者倒账应承担的责任以及银联卡被冒用，银行应承担的责任。对于前一问题，倒账部分已有论述，银行的行为构成违约和侵权，持卡人可择一向银行主张。由于违约责任实行严格责任归责原则，从持卡人举证难易程度考虑，通常情形下向银行主张违约责任更能获得救济。这里重点探讨银联卡被冒用时责任承担的问题。

本章认为，依消费保管合同法理，基于严格责任归责原则，无论持卡人是否有过错，银行原则上均应承担全部责任，只有当持卡人因重大过失未尽注意义务时，才适用过失相抵原则①，由持卡人承担部分责任。原因在于：银行作为保管人应尽到善良管理人的注意义务，持卡人应对存款安全尽到一般人的注意义务（如保管好银行卡、不泄露密码、及时挂失等）。在受理取款请求时，银行应对取款人的身份识别承担实质审核的义务②，必须按照法定操作规程的要求，以一般业务人员的智力水平和辨别力为标准，以充分的注意和警觉，对取款人的真实身份进行核查（如查验存款凭证真伪、核对密码和签名等）。同时，银行应就取款环境的安全承担安全保障义务，如不能设置功能不完备的 ATM 机等。若银行未尽到前述法定义务而使存款被冒领时，其对持卡人构成违约，虽然银行可对冒领人主张侵权责任，但不能以此对持卡人主张已生清偿效力，除非该冒领人为债权的准占有人，且银行为善意。③

遗憾的是，现行借记卡的失卡风险分担机制非常不合理，严重违反了消费保管合同的基本法理，置弱势的金融消费者于不顾，反倒给予银行倾斜性保护，有悖于公平原则，亟待国家制定《银行卡条例》等更高效力层级的规范予以纠正。例如，《银行卡业务管理办法》第五十三条规定，借记卡遗失或者失窃，在银行挂失手续办妥之前，持卡人需要承担全部责任。此规定大谬之极！在挂失生效前，若存款被冒领，依前述法理，基于严格责任归责原则，银行应对持卡人承担全部责任，除非银行证明持卡人有重大过失，方可由银行与持卡人按过错比例承担；而在挂失生效后，无论持卡人是否有过错，银行应承担全部责任！再如，中国人民银行《电子支付指引（第一号）》第四十一条规定，因银行保管、使用不

---

① 关于如何适用过失相抵的详细论述，See Victor E. Schwartz，*Comparative Negligence*，4th ed.，Lexis Nexis，2002。

② 参见《中国人民银行储蓄所管理暂行办法》第五十九条、《最高人民法院关于林木香诉中国工商银行福州支行仓山办事处、中国农业银行闽侯县支行、闽侯县闽江信用社赔偿案件如何适用法律问题的复函》、《最高人民法院关于审理票据纠纷案件若干问题的规定》第六十九条的规定。

③ 参见邱聪智：《新订债法各论（中）》，北京，中国人民大学出版社，2006。

当导致客户资料信息被泄露或篡改，造成客户损失，银行只有止损、通知和协助义务而无赔偿责任。该规定将本应由银行承担的损失转嫁于持卡人，明显与《中华人民共和国合同法》、《中华人民共和国侵权责任法》等法律的规定相抵触。

从比较法上考察，绝大多数国家都对借记卡持卡人的失款责任进行了限制。仅当持卡人对银行卡遗失、失窃有重大过失时，方承担一定限额内的责任，超过该限额的损失由银行承担。[①] 我们认为，该规定符合成本效益原则，可以最大限度督促银行和持卡人尽到各自的注意义务，值得借鉴。

6. 收费问题

目前，银联卡收费项目可大致分为三类：①手续费（如挂失费、跨行取款费等）；②管理费（如银联卡年费、小额账户管理费等）；③服务费（如短信提醒费等）。这些收费项目备受质疑和诟病，其合法性和合理性值得研究。

根据现行法规定，商业银行本无权自行制定收费项目和收费标准，但银监会和中国人民银行已依法授权各商业银行总行就涉及市场调节价和中间业务的价格自行制定收费项目和收费标准。[②] 由于这些授权是概括性授权，商业银行实际上掌握了收费的自主权，怎么收，收多少，全由商业银行自行决定，种种收费乱象由此而生。

虽然 2013 年 8 月银监会发布的《银行业消费者权益保护工作指引》明确要求银行业应当严格遵守国家关于金融服务收费的各项规定，披露收费项目和收费标准，不得增加收费项目和收费标准。但该指引并未明确银行违反规定应当承担的责任，仅属于宣示性条款，不能从根本上解决商业银行乱收费的问题。

本章认为，正本清源方可根治银行收费乱象。首先，银监会和中国人民银行应当收回授权，统一制定商业银行收费项目和收费标准的规则，以兼顾金融消费者利益的保护。退一步说，即使要授权，也应当明确授权范围，不能概括授权，并明确商业银行违反授权的罚则。其次，严格实行价格听证，强化社会监督。根据《中华人民共和国价格法》第二十三条规定，凡制定关系群众切身利益的公用事业价格，应当建立听证会制度，征求消费者、经营者和有关方面的意见，论证其必要性、可行性。商业银行本身就带有一定的公共性，其收费关系到万千持卡

① 例如，根据美国《电子资金划拨法》和美联储 E 条例等规定，如果持卡人在获悉借记卡遗失或者失窃之日起 2 个营业日内通知发卡机构的，其责任限额为 50 美元。转引自钟志勇：《网络支付中的民事责任研究》，载《法学论坛》，2007(9)。

② 参见《商业银行法》第五十条、《商业银行服务价格管理暂行办法》第九条、《商业银行中间业务暂行规定》第十九条的规定。

人的切身利益。因此，无论银监会、中国人民银行是否收回授权，只要收费，均应严格按照《价格法》的规定建立听证会制度，综合考虑其所提供服务的质量与服务成本等因素，决定收费项目和收费标准。

5.3.3 信用卡监管规则

在互联网金融业态下，银联信用卡已开始逐步转型，以应对蓬勃发展的第三方支付带来的挑战。凭借移动支付技术的支持，银联传统的塑料信用卡正逐渐被手机信用卡、虚拟信用卡等所取代。[①] 我们认为，互联网金融下信用卡的物理介质虽有所变更，但其法律结构并无变化，仍存在发卡行、持卡人、收单行和特约商户这四方主体。因此，检讨现行信用卡产业模式和交易规则的不足，并预先制定对策，对互联网金融业态下新型信用卡的发展和监管极具指导意义。

1. 信用卡产业整合问题

目前，我国各主要商业银行都设有信用卡中心，发行自己的信用卡，信用卡实际上附属于各商业银行。此种一行一卡的产业布局，不仅增加了信用卡升级为芯片卡的成本，更使得我国信用卡产业同质化竞争严重，不利于银联与国际发达信用卡组织的竞争。同时，信用卡发卡泛滥，使得资产实力一般的单个持卡人可以同时持有多家银行的信用卡，也就是综合授信额度可能高达数十万元，从而助长了其非理性的信贷消费冲动，推高了信用卡违约率，甚至可能诱发信用卡债务危机。

反观欧美信用卡市场，其信用卡运作具有明显的集中化、规模化特征。以美国为例，目前其市场主要有 VISA、MasterCard、American Express、Diners Club 四家信用卡发卡组织。[②] 这四家信用卡发卡组织或是商业银行的联合发卡组织（如 VISA、MasterCard），或是自己同时担任收单行发行信用卡（如 American Express、Diners Club），不依附于各商业银行，独立经营、独立核算、具有很强的国际竞争力。与此同时，这种集约化的产业发展模式也便于国家对信用卡市场的审慎监管和对金融消费者利益的保护。

在互联网金融业态下，我国信用卡市场若不改变这种一行一卡的产业发展模式，不迅速整合既有资源，打造有竞争力的信用卡品牌，恐无法应对国内第三方支付产业和国际信用卡品牌的挑战。银联凭借其区位优势，应当在信用卡产业的整合中发挥更为积极的作用。

---

① 如中国工商银行早在 2010 年就推出了手机信用卡。

② 参见安炤泫：《美韩信用卡发展历史对中国的启示》，对外经贸大学硕士学位论文，2006（4）。

2. 信用卡失卡责任

在信用卡法律关系中，目前纠纷最多、亟待规范的就是信用卡被冒用后如何在持卡人和发卡行之间分配损失的问题。①

客观地说，信用卡遗失、失窃后被第三人冒用造成损失的风险，是信用卡的固有风险，法律应预为规范。但我国目前尚无一部系统规范信用卡各方主体权利与义务的法律甚至行政法规，仅有的《银行卡业务管理办法》第五十二条第（五）款粗略规定了信用卡的失卡责任："发卡银行应当向持卡人提供银行卡挂失服务，应当设立 24 小时挂失服务电话，提供电话和书面两种挂失方式，书面挂失为正式挂失方式。并在章程或有关协议中明确发卡银行与持卡人之间的挂失责任。"该规定将信用卡失卡责任的分配赋予了发卡行，否定电话挂失的法律效力，严重违反了公平原则。根据此规定，各发卡行多在信用卡章程和领用合约中规定失卡责任的"24 小时条款"：如果信用卡遗失或者失窃，持卡人应及时挂失，发卡行对挂失前和挂失后次日 24 小时内的损失不承担责任。

这种通过格式合同将信用卡被冒用的风险转嫁给持卡人的"24 小时条款"，严重违反了《合同法》第四十条和《消费者权益保护法》第二十六条的规定，违反了公平原则，严重侵害了金融消费者的合法权益，属于无效约定。然而，实践中一旦信用卡被盗用，发卡行不仅要求持卡人还款，还以将不及时还款者提交央行征信中心、列入不良信用黑名单相威胁，逼迫持卡人还款，霸道之极！

本章认为，就信用卡遗失、失窃后被冒用的损失，应采取挂失前持卡人承担限额责任，发卡行承担主要责任；挂失后发卡行承担全部责任的规则。其原因如下：信用卡持卡人与发卡行间的合同属于混合合同，同时包含委托合同与消费借贷合同关系，属于典型合同（委托合同）附带其他种类的从给付（消费借贷），在法律适用上采用吸收说②，原则上应适用主要部分（委托合同）的法律规范来解决责任分担问题。就其委托合同关系而言，一般解释为发卡行受持卡人委托，为其处理清偿债务事宜。③ 根据委托合同的法理，发卡行应按照持卡人的指示处理委托事务，在此指示下所为的法律行为，由委托人（即持卡人）承担；反之，未按持卡人的指示所为的法律行为，则持卡人对此不承担责任。在信用卡被冒用的情形下，持卡人并未做出委托付款的意思表示，发卡行并未领受持卡人真实准

---

① 参见闫瑾：《半数银行信用卡未设挂失保障 失主损失自己埋单》，载《北京商报》，2011-05-06。

② 参见韩世远：《合同法总论》，3 版，北京，法律出版社，2011。

③ 参见杨淑文：《新型契约与消费者保护法》，2 版，台北，元照出版公司，2006。

确的付款指示或要求[1]，其未尽到善良管理人的注意义务，为此支付的价款当然不构成受托人“处理委托事务的费用”，属违约行为，其行为产生的法律效果也不能归于持卡人，持卡人当然无须偿还该笔款项。[2] 因此，原则上应由发卡行承担失卡责任，此乃信用卡失卡责任的一般原则。

然而，若信用卡冒用损失发生在挂失前，由于持卡人也未尽到妥善保管义务，致使信用卡遗失、失窃，因而持卡人的行为也构成违约。根据《合同法》第一百二十条的规定，双方违约的，各自承担相应责任。不过，从消费者保护、现代私法实质正义的理念出发，发卡行作为专业的金融机构，较持卡人有更佳的风险承受能力（如可通过购买信用卡失卡保险分散风险），更优的损失预防措施。从这个意义上讲，将挂失前（含挂失日在内）持卡人的失卡责任限制在一定数额内，由发卡行承担主要责任，符合实质正义原则。目前，国内已有部分银行推出了及时挂失免责制度，主动承担了信用卡挂失前被冒用的风险，甚具积极意义，值得推广。[3]

若信用卡冒用损失发生在挂失后，由于挂失前双方违约均未造成损失，而挂失后持卡人再也无法采取预防措施，发卡行却可立即采取措施支付减损（将该信用卡列入止付名单）。因此，若挂失后发卡行未尽到法定减损义务，根据《合同法》第一百一十九条的规定，发卡行应就双方违约后扩大的损失（被冒用的损失）承担全部责任。

当然，为防范持卡人的道德风险，督促持卡人尽到普通人的注意义务，应当对持卡人的限额责任规定若干例外，符合以下例外情形的，持卡人应承担全部责任：持卡人允许或故意将卡交给第三人；持卡人故意将密码或足以辨识持卡人同一性的签名方法告诉第三人；持卡人于信用卡遗失、失窃后怠于立即通知银行或报警；信用卡遗失、失窃系持卡人家属所为，而持卡人未提出控告等。

信用卡持卡人对于挂失前信用卡被冒用的损失原则上仅承担限额责任，也是比较法上的通例。美国《诚实信贷法》（*Truth in Lending Act*）将信用卡遗失、

---

① 参见杨淑文：《新型契约与消费者保护法》，2版，台北，元照出版公司，2006。

② 例如，英国《消费者信用法》第83条规定，信用卡被他人冒用（misuse），而他人并不是或可视为（not acting，or to be treated as acting）持卡人的代理人的，持卡人对该次使用所产生的损失不向发卡人（creditor）承担偿还的义务。See *Consumer Credit Act 1974*，Sec. 83.（1）.

③ 例如，广发银行信用卡章程规定，挂失前48小时内发生的被盗用损失，客户可向银行申请最高为该卡授信额度的补偿；招商银行信用卡章程规定，挂失前48小时内发生的被盗用损失，在限额（普卡1万元，金卡1.5万元、白金卡为授信全额）内由银行承担。光大、交通、平安、北京等银行也有类似规定。

失窃后被第三人使用定义为“未经授权的使用”①。根据该法及条例 Z 的规范，对于信用卡未经授权使用造成的损失，持卡人最高应负担的损失以 50 美元或小于 50 美元的实际损失为限，当持卡人将卡遗失、失窃的事件通知发卡行后，持卡人对此后的损失皆无须负责。而 VISA 早在 1997 年就规定，持卡人在卡遗失、失窃后 48 小时内通知发卡行，VISA 就提供持卡人失卡零风险的保障，如持卡人未尽到 48 小时内通知义务，最高也仅需负担 50 美元的损失。② 英国、澳大利亚等国也有类似规定。③

3. 信用卡全额罚息问题

国内信用卡收费领域最具争议的莫过于各银行普遍声称为国际惯例的全额罚息问题。所谓全额罚息是指持卡人如未能在到期还款日前全额还款，则银行就要以本期透支的全额进行计算，从该笔账款记账日起收取罚息，按照中国人民银行的相关规定，日利率为万分之五，并按月收取复利。银监会制定的《商业银行信用卡业务监督管理办法》仅对超限费的收取进行了规制，并未对全额罚息问题予以规范。

全额罚息条款作为信用卡领用合约的一部分，本身就是格式条款，根据《合同法》第三十九条的规定，银行在制定时应遵循公平原则，应以合理方式提醒消费者注意，并应消费者要求对之进行说明。暂且不说全额罚息条款显失公平，在实践中推销信用卡时，银行也只注重宣传信用卡所具有的透支额度等足以吸引消费者的功能，以至于在订立合同时，很少提醒消费者注意合同中全额罚息条款的规定。即使消费者提出要求，银行在解释时也对此避重就轻，不会详尽告知消费者全额罚息如何操作。因此，根据《合同法司法解释二》第九条的规定，当事人可申请撤销该条款。

然而，在司法实践中，银行多以订立合同时已采取了足以引起消费者注意的文字等提出抗辩，比如采用大号字体。我们认为，此时全额罚息条款仍然落入《合同法》第四十条的规制范围。因为其将本应由银行承担的经营风险全部转移到了消费者头上，明显属于“加重对方责任”，也应属于无效条款。

鉴于全额罚息的非公正性，2013 年 7 月 1 日修订生效后的《中国银行卡行

---

① See *Truth in Lending Act*，SEC. 133 (1968).

② 参见王文宇、林育廷：《票据法与支付工具规范》，台北，元照出版公司，2008。

③ 对于信用卡挂失前被冒用的损失，英国《银行业守则》规定持卡人最多承担 50 英镑的责任，澳大利亚《电子资金划拨行为法》规定持卡人最多承担 150 澳元的责任。转引自钟志勇：《网络支付中的民事责任研究》，载《法学论坛》，2007 (9)。

业自律公约》明确要求银行业协会成员单位提供“容时容差服务”[1]，同时要求发卡行严格履行信息披露义务，保证持卡者对发卡行计息、收费标准及相关风险的知情权和选择权，以缓和全额罚息带来的银行与消费者之间的紧张关系。然而，该规定仅是银行业协会的自律规范，效力太低，“容时容差”并未从根本上废除信用卡全额罚息制度。迄今为止，国内商业银行中只有工商银行于2009年取消了信用卡全额罚息，其余各行至今仍未叫停该制度。[2]

实际上，对于信用卡罚息问题，欧美发达国家目前多采用“平均每日余额法”（average daily balance）。根据该方法，发卡行把账单周期内每天的透支余额相加（发卡机构可选择是否累加计算当期发生的消费投资额），算出账单周期内日平均投资额，然后乘以账单周期天数、日利率来计算利息。[3] 例如，美国《2009年信用卡问责、责任和信息披露法》就明确禁止全额罚息。采用这种计息方式，较全额罚息，不仅利息相对减少，也合理平衡了银行与消费者间的利益。国内商业银行迟迟以国际惯例为借口，不愿实行平均每日余额法，很大程度上因为全额罚息收入是其信用卡业务的主要来源。但在互联网金融业态下，第三方支付和国际信用卡组织的强力介入，给予了金融消费者更多的选择，如果银行再不改革，引入“平均每日余额法”，消费者很有可能选择“用脚投票”！

当然，谈及金融机构的公平交易规则，还应指出的是，我国目前的资本市场经纪人机构交易规则，如买者自慎、担保清算、逐日盯市等，还是比较合理的。通过二十多年的资本市场法制建设，我国已建立起了一套体系完整的资本市场经纪人机构交易规则，比较公平地平衡了资本市场经纪人机构与投资者之间的利益。在互联网金融业态下，资本市场经纪人机构交易规则仍应在遵循公平原则的基础上与时俱进。

互联网金融是现代金融的发展趋势。展望未来，随着我国统一的金融监管机构和金融消费者保护机构的确立，以及监管规则体系的构建和完善，我们深信：银联领域必将建立起以金融消费者承担限额失卡责任、银行承担全部失卡责任的新规范体系；基金和投资公司必将出现大型的交易机构。同时，随着多重资本市场和多种交易制度的逐步确立以及证券商报价制度和做市商制度的引入，我国证

① “容时”，即发卡行应为持卡人提供一定期限的还款宽限期服务，还款宽限期自到期还款日起至少3天；持卡人在还款宽限期内还款时，应当视同持卡人按时还款。“容差”，持卡人当期发生不足额还款，且在到期还款日后账户中未清偿部分小于或等于一定金额（至少为人民币10元）时，应当视同持卡人全额还款。

② 参见曹蓓：《信用卡还款时间有所松动 全额罚息仍未废除》，载《证券时报》，2013-02-19。

③ 参见张维：《“全额罚息”是霸王条款还是国际惯例》，载《法制日报》，2012-11-09。

券交易制度必将发生重大变革，而互联网金融的发展也将契合多重资本市场下证券交易制度的变革！

参考文献

［1］安炤泫．美韩信用卡发展历史对中国的启示．对外经贸大学硕士学位论文，2006（4）

［2］巴曙松，王璟怡．从微观审慎到宏观审慎：危机下的银行监管启示．国际金融研究，2010（5）

［3］曹凤岐．联席会议只是金融监管体系改革的第一步．人民政协报，2013-08-27

［4］曹蓓．信用卡还款时间有所松动　全额罚息仍未废除．证券时报，2013-02-19

［5］董安生，杨巍．后金融危机时代的美国金融监管改革法案：《2010 年华尔街改革和个人消费者保护法案》初评．证券法苑，2010（2）

［6］董安生，杨巍，黄炜，陈洁，张保红．金融创新与市场监管究竟如何匹配？——国际金融危机及其应对系列之三．上海证券报，2009-03-23

［7］胡晓炼．完善金融监管协调机制　促进金融业稳健发展．金融时报，2013-09-07

［8］胡吉祥．互联网金融对证券业的影响．中国金融，2013（16）

［9］鲁公路，李丰也，邱薇．美国 JOBS 法案、资本市场变革与小企业成长．证券市场导报，2012（8）

［10］马翠莲．银行卡“换芯”进行时．上海金融报，2011-04-26

［11］王利明．论个人信息权的法律保护——以个人信息权与隐私权的界分为中心．现代法学，2013（7）

［12］王泽鉴．人格权的具体化及其保护范围·隐私权篇（中）．比较法研究，2009（1）

［13］杨东．论金融服务统合法体系的构建——从投资者保护到金融消费者保护．中国人民大学学报，2013（3）

［14］杨东．市场型间接金融：集合投资计划统合规制论．中国法学，2013（2）

［15］杨再平．互联网金融之我见．证券时报网，2013-10-16

［16］袁康．互联网时代公众小额集资的构造与监管——以美国 JOBS 法案为借鉴．证券市场导报，2013（6）

[17] 张维．“全额罚息”是霸王条款还是国际惯例．法制日报，2012-11-09

[18] 钟志勇．网络支付中的民事责任研究．法学论坛，2007（9）

[19] 中国人民银行货币政策分析小组．2013年第二季度中国货币政策执行报告．中国人民银行网站，2013-08-12

[20] 陈国华，李珮瑄．金融消费者保护法解析．台北：新学林出版股份有限公司，2012

[21] 董安生，何以．多层次资本市场法律问题研究．北京：北京大学出版社，2013

[22] 郭明瑞，房绍坤．新合同法原理．北京：中国人民大学出版社，2000

[23] 韩世远．合同法总论．3版．北京：法律出版社，2011

[24] 刘士余．美国金融监管改革概论——《多德-弗兰克华尔街改革与消费者保护法案》导读．北京：中国金融出版社，2011

[25] 邱聪智．新订债法各论（中）．北京：中国人民大学出版社，2006

[26] 王泽鉴．人格权法．北京：北京大学出版社，2013

[27] 王文宇，林育廷．票据法与支付工具规范．台北：元照出版公司，2008

[28] 杨淑文．新型契约与消费者保护法．2版．台北：元照出版公司，2006

[29] SEC. *SEC Proposed Rules on Crowd Funding*, November 2013

[30] E. P. Ellinger, Eva Lornnicka, and Richard Hooley, *Modern Banking Law*, 3rd ed., London: Oxford University Press, 2002

[31] Michael Taylor, *Twin Peaks: A Regulatory Structure for the New Century*, London: Center for the Study of Financial Innovation, 1995

[32] Victor E. Schwartz, *Comparative Negligence*, 4th ed., New York: Lexis Nexis, 2002

第6章 互联网金融：中国的发展

摘 要

互联网金融是当前中国经济金融社会中最具吸引力的词汇之一。中国互联网金融的各类模式整体上处于初创期，或者说呈现出较为明显的碎片化发展态势，不仅不同模式之间缺乏足够的关联，并未构建起一个相对完整的金融服务链或金融业态，而且在相当程度上仍依托甚至可以说是依赖于与之对应的传统金融体系。在我们看来，作为一种诱致性制度创新，互联网金融在中国的出现和发展既有金融功能（实施效率）提升等一般性的金融发展原因，更为重要的则是与中国独特的经济金融环境相关——从某种意义上说，互联网金融在中国的兴起，既折射了中国现实中对现有商业银行为主导的过于僵化的金融体系的不满，也反映了包括电子商务公司在内的各类主体对以商业银行为代表的金融业垄断性高额收益的艳羡或向往。因此，互联网金融在中国的出现及发展将引发金融业务的跨界冲击，有可能成为促使金融业态变革，进而对中国当前较为传统且相当固化的以商业银行为主导的金融体系及结构带来全面挑战并引发革命性变化的主要力量之一。展望未来，要想实现互联网金融在中国的健康、有序、平稳发展，除技术进步外，可能更为重要的决定因素是在构建一个适合互联网金融的金融结构、金融监管、金融基础设施等支撑体系的同时，通过规范与安全基础上的持续创新，更好地使互联网金融满足社会需求。

如果以基于互联网平台的金融服务创新而非金融的互联网化或互联网的金融化[①]来界定互联网金融（模式）这一概念，那么互联网金融在中国的出现及发展可以说基本与世界同步：早在2007年8月，中国就出现了第一家P2P信贷公

① 顾名思义，金融的互联网化是指将部分或者全部由商业银行、证券公司、保险公司等金融机构提供的金融服务通过互联网来完成，而互联网的金融化是指互联网企业，尤其是电子商务平台公司为平台的商户提供了更多的增值服务，也就是嫁接了部分金融机构的资金。

司——拍拍贷。[①] 尽管从国际层面看，Web 2.0 的兴起和 2008 年全球金融危机为互联网金融这一模式在全球范围内的发展提供了重要契机（前者允许用户直接介入信息生成体系，进而创造信息与价值；后者则在信贷萎缩的大背景下成为互联网金融的推进器），但其在中国的社会接受度、发展进程以及影响力似乎远超包括美国在内的其他国家——目前，中国活跃的 P2P 网络信贷公司数量已超过 300 余家，而整个网络信贷行业在 2012 年的成交量就超过 200 亿元，几乎每天都有数量众多的新公司诞生；进入 2013 年后，在 P2P 依旧火爆的同时，包括阿里巴巴、腾讯、百度等在内的电子商务或互联网巨头纷纷以一种低调而迅猛的姿态快速地通过网络信贷、信用支付、财富管理等创新不断渗透到中国的金融服务业中，尤其是阿里巴巴公司借助“支付宝”设计并成功推出的“余额宝”，更是把竞争的矛头直接指向商业银行，引发了中国金融服务业的一连串化学反应。在切身感受到近年来中国互联网金融在“无门槛、无标准、无监管”的环境下近乎“野蛮”的发展态势，中国对互联网金融的学术探讨和争论日益激烈，欢呼者有之，质疑者亦有之。但现实地看，无论社会各界对互联网金融模式的存在及发展有何不同的理解及看法，但中国金融学术界与实务界目前已形成一个基本共识，那就是互联网金融的出现及发展将引致金融业务的跨界冲击，成为促使金融业态变革，进而对中国当前较为传统且相当固化的以商业银行为主导的金融体系及结构带来全面挑战并引发革命性变化的主要力量之一。本章试图在简单勾勒中国互联网金融现有发展状况的基础上，尝试从中国特殊的经济金融体制背景出发，探讨互联网金融兴起的内在逻辑，然后以金融业态为切入点，对互联网金融兴起可能对中国现有金融业态的冲击以及未来金融业态的重构（历史性跨越）给出若干理论判断，最后从互联网金融在中国健康发展的视角，对其未来发展所需的内外部制度环境提出一个框架性的设想。

6.1 中国互联网金融的发展状况

互联网金融可谓是当前中国经济金融社会中最具吸引力的词汇之一。而之所以会出现这种状况，最主要的原因是不到几年甚至在短短几个月时间内，以阿里

---

① 英国的 Zopa 作为全球第一家知名的 P2P 借贷平台，创设于 2005 年；美国的 Prosper 和 Lending Club 两家主要 P2P 借贷平台分别创设于 2005 年和 2007 年。此外，致力于支持和激励创新性、创造性、创意性的活动，被视为众筹模式原型的 Kickstarter 于 2009 年 4 月在美国纽约成立。

小贷、天鸿基金（依托余额宝）等与互联网金融概念相关的公司创造了众多奇迹[①]的同时，其触角涉及许许多多的网络普通民众，进而在中国掀起了一股“自金融”（即人人都是金融家，人人都是金融的受益者，或者说“去金融中介化”，尤其是“去银行化”）的热潮。问题是，尽管互联网时代来临之后，互联网内在的巨大信息黏合和信息整合作用开创了一个无边界的社会，整个世界更加扁平化，行为更为平民化，人与人也更加平等、自由，但如何有效地借助互联网来克服金融活动内在的不确定性、逆向选择和道德风险等限制因素，进而构建一个以互联网为平台的、具有金融功能链且具备独立生存空间的投融资运行结构（互联网金融）却并非易事。客观地说，目前中国的互联网金融还处于初创时期——尽管一些颇具创新精神（有时也可能带有投机色彩）的经济主体在借鉴他国经验以及自身的摸索中创造出了一些依托互联网、与传统金融迥然有别的金融运行模式，并在一定程度上受到了社会的认同，但标准意义上的功能链完整的互联网金融尚处在破壳之中，并未完全形成。

6.1.1　中国互联网金融的现有模式

目前，中国的互联网金融格局可谓群雄逐鹿，包括阿里巴巴（淘宝）、京东等电子商务公司，腾讯、百度、新浪等互联网技术巨头以及普通民众等在内的众多经济主体都在试图实现向金融领域的跨界发展，其捷径就是借助互联网提供借贷、理财以及支付结算等多种金融服务，模仿或替代商业银行、证券交易所等现有金融中介的部分功能。

1. 网络支付

网络支付包含第三方支付平台和移动支付。

（1）第三方支付。第三方支付平台是指与银行（通常是多家银行）签约，并具备一定实力和信誉保障的第三方独立机构提供的交易支持平台。

截至2013年8月底，中国获得第三方支付牌照的企业数量已达250家[②]；在这些企业中，提供互联网支付服务的有97家，其中银联在线、支付宝、杉德、财付通等非独立支付企业的优势明显，而通联、快钱、汇付、易宝、怀讯等独立

---

① 天弘基金可能是有代表性的例证——在与阿里巴巴合作前，天弘基金经过8年的运行，截至2013年第二季度末的资产规模仅136亿元，在全国72家基金公司中排名第45位。但截至2013年第三季度末，也就是在与阿里巴巴公司的余额宝对接4个月后，其旗下的“天弘增利宝”货币市场基金规模就达到了557亿元，一举超过此前470亿元的华夏现金货币基金，成为当时规模最大的公募基金。

② 参见中国人民银行：《中国金融稳定报告（2014年）》，2014。

第三方支付企业亦凭借其优势领域取得了一定市场空间。2012 年，中国第三方支付的行业交易规模突破 10 万亿元大关，达 12.9 万亿元（其中，线下收单市场占比 68.8%，互联网支付占比 28.3%）。2013 年，支付机构共处理互联网支付业务 153.38 亿笔，金额总计达到 9.22 万亿元。

支付宝是全球最大电子商务公司阿里巴巴集团的关联公司，创立于 2004 年 12 月，定位于电子商务支付领域。截至 2010 年 12 月 31 日，已经基本覆盖了中国绝大部分网购人群。据阿里巴巴总部的数据显示，2013 年 11 月 11 日的网络购物节，天猫以 350 亿元的交易额成功收官，这个数字大概是 2012 年美国网络星期一①交易额的两倍。

财付通是腾讯公司于 2005 年 9 月正式推出的专业在线支付平台，其核心业务是帮助在互联网上进行交易的双方完成支付和收款，致力于为互联网用户和企业提供安全、便捷、专业的在线支付服务。个人用户注册财付通后，即可在拍拍网及 20 多万家购物网站上轻松购物。财付通支持全国各大银行的网银支付，用户也可以先充值到财付通，以享受更加便捷的财付通余额支付体验。财付通与拍拍网、腾讯 QQ 有着很好的融合，按交易额来算，财付通排名第二，份额为 20%，仅次于阿里巴巴公司的支付宝。

（2）移动支付。移动支付也称手机支付，就是允许用户使用移动终端对所消费的商品或服务进行账务支付的一种服务方式。移动支付将终端设备、互联网、应用提供商以及金融机构相融合，为用户提供货币支付、缴费等金融业务。移动支付主要分为近场支付②和远程支付③两种；数据研究公司 IDC 的报告显示，2017 年全球移动支付的金额将突破 1 万亿美元，这意味着全球移动支付业务将呈现持续走强的趋势。

第一，基金公司的移动支付。在移动支付上，基金公司的直销产品也走在前沿。2013 年初，华夏基金推出了货币基金理财软件——华夏活期通，投资者可以通过 APP 实现份额查询、申购、赎回等功能。汇添富现金宝、华安货币通、工银瑞信现金宝、国泰超级钱包、易方达天天理财等也将服务延伸至移动终端。华夏、南方等基金公司还将 T+0 服务的触角拓展至微信平台，投资者可以通过微信服务号实现快速赎回。

---

① “网络星期一”是指“黑色星期五”之后的第一个星期一，是美国一年当中最火爆的购物日之一。在这天，许多商家会在网上商店里提供相当大的折扣幅度以吸引顾客。

② 近场支付就是用手机刷卡的方式坐车、买东西等，很便利。

③ 远程支付是指通过发送支付指令（如网银、电话银行、手机支付等）或借助支付工具（如通过邮寄、汇款）进行的支付方式。

第二，商业银行的移动金融。移动金融日益成为商业银行发展的重点。自2010 年开始，各大银行竞相发布客户端版手机银行，涵盖账户管理、转账缴费、基金理财等多种功能，利用手机终端完成远程支付和近场支付。同时，基于手机客户端，为客户提供各种信息、生活服务等增值服务。

2. P2P 模式的贷款平台

P2P[①] 网络借贷（以下简称“P2P”）是指个体和个体[②]之间通过网络实现直接借贷[③]，国内通常称为“人人贷”。据统计，国内 P2P 平台从 2009 年的 9 家增长到 2013 年末的 350 多家，其中活跃的大约有 30 家，P2P 平台的客户已达数百万个，累计交易额超过 600 亿元。国内 P2P 平台过半数在广东、浙江和上海，其余零星分布在湖南、湖北、广西、福建等地，其发展路线是从沿海地区逐步向内陆地区、从经济发达地区向不发达地区过渡。从规模和经营状况看，P2P 平台公司的门槛较低，注册资本大多为数百万元，从业人员总数大多为几十人，单笔借款金额大多为几万元，年化利率一般不超过 24%。

国内小额贷款公司及 P2P 模式的兴起，主要是由于传统金融体系对小微客户的金融排斥[④]，其次是由于目前的 P2P 市场监管空白，致使大量的 P2P 平台不断涌现。[⑤] 相比较而言，美国对创新金融与传统金融都有严格的监管要求[⑥]，美国的 Prosper 曾被证券与交易委员会认为出售未经注册的证券产品[⑦]而暂停业务近一年，在其平台的注册声明于 2009 年 7 月生效之后，才重新恢复正常业务运营。

① P2P 是一个互联网学理概念，表示了互联网的端对端信息交互方式和关系发生特征。该交互是在对等网络中实现的，不通过中间工作站平台。

② 出借的一方为个人，但借入方可以为个人或者法人企业。

③ 直接借贷的模式在国外已经不多，国内也非常少；以 Prosper 为例，放款人和借款人之间不存在直接借贷关系，放款人对贷款并无直接的追索权，只能信赖 P2P 平台收回贷款，但平台不提供担保，借款人也无其他抵押。

④ 有数据显示，国内有 4 200 万家中小企业，其中只有 3%的企业主能从银行获得贷款。

⑤ 中国现有的 P2P 模式依据的是《合同法》，其实就是一种民间借贷方式，而民间借贷是受到《中华人民共和国民法通则》等法律法规、司法解释保护的，只要贷款利率不超过银行同期贷款利率的 4 倍，就是合法的。

⑥ Prosper 和 Lending Club 要在 SEC（证券与交易委员会）注册成为证券经纪商，接受 SEC 对 P2P 平台的监管，如公司是否按要求披露信息；除此之外，还要在选定的州证券监管部门登记，由监管者审查平台发售的产品是否公平、公正，有些州还增加了个人最低收入或投资占个人资产比重上限的要求等。

⑦ 一旦放款人确定了要投资的贷款，Prosper 平台将向放款人出售与该笔贷款相对应的收益权凭证。

2005年，P2P平台在英国首次出现①，2006年传入中国。自进入中国发展至今，P2P平台已经衍生出很多模式②，众多P2P平台之间互相学习与模仿，导致各类平台之间的差别越来越小，业务模式和产品逐渐趋向雷同，但绝大多数P2P平台为有担保的P2P平台模式，典型代表有人人贷、宜信、红岭创投等。在创建初期带有明显个性特点的平台，像陆金所这种依托集团开展互联网服务的模式以及有利网等众筹模式，与其他P2P模式的界限也越来越模糊。本章选取了2012年国内交易量最大的前三家③ P2P平台以及部分有代表性的平台进行比较分析，并给予总结。

（1）纯信用模式的P2P平台——拍拍贷。拍拍贷模式从诞生起一直坚持做最纯粹的P2P模式，该平台不参与担保，只进行信息服务，以帮助资金借贷双方更好地进行资金匹配。拍拍贷也有“100％本金保障”④，但其本金保障与其他P2P平台的“网站担保”、“担保标”、“安全标”相比存在本质区别。拍拍贷的本金保障服务是以科学投资为前提，以大量历史数据为基础，科学地分散各类投资风险；而“网站担保”等只是将风险从平台转移到担保公司，存在较大的系统性风险。拍拍贷模式的本质是直接融资的概念，是金融脱媒的一种表现形式，改变了资金通过银行等中介集散的模式，应该算是一种纯粹的互联网金融模式。

（2）大型金融机构推出的互联网服务平台——陆金所。陆金所作为中国平安集团倾力打造的网络投融资平台，致力于为中小企业提供融资新渠道，更为个人提供创新型投资理财服务，实现财富增值。

陆金所发布的投资产品⑤都会经过陆金所及专业机构线下严格的内部审核，

① 截至2013年3月31日，美国最大的网络借贷平台Lending Club和Prosper的放贷金额分别为15.31亿美元和4.47亿美元；英国最大的网络借贷平台Zopa的放贷金额为4.39亿美元。美国的P2P市场总量远超英国。截至11月30日，Lending Club的总成交量超过30亿美元。

② 其中，最具代表性的有三类，分别是以电商为服务对象的“阿里小贷”模式，纯粹金融中介的“拍拍贷”平台模式和由担保机构担保的第三类P2P平台模式。

③ 2012年，从平台交易量乘以期限（月）得出的加权指标来看，排名前三的分别为陆金所、红岭创投和人人贷。

④ 拍拍贷本金保障服务的前提是建立在“分散投资”、“收益覆盖风险”和“投资组合”三个投资原则上，即其不仅要分散投资，还要通过对资本合理分配、适当控制大额投资和小额投资的比例来进行最优化的投资组合，从而实现收益覆盖风险的目的。在此前提下，其投资人只要同时满足以下三个条件：一是通过身份认证；二是成功投资50个以上（含）借款列表；三是每笔借款的成功借出金额小于5 000元且小于列表借入金额的三分之一。在这种情况下，当投资人的坏账总金额大于收益总金额时，拍拍贷将在3个工作日内赔付差额。

⑤ 陆金所采用的是“1对1”模式，1笔借款只有1个投资人，借款人的借款金额在1万～30万元，最低1万元，需要投资人自行在网上操作投资，投资期限为1～3年。

并由平安融资担保（天津）有限公司[①]进行担保，或寻找第三方 AA 级以上的企业提供担保。该平台现已推出债权转让功能，投资人可以在持有一笔投资项目一定时间后，将债权转让给他人。陆金所不会在网站上显示借款人信息，投资人和借款人之间是完全隔离的；因此，陆金所的模式是投资人对平台，平台再对借款人。投资人和借款人之所以选择陆金所，是对平台、对平安融资担保（天津）有限公司，或者说是对平安集团的信任。从这个意义上说，陆金所只是一个中介，其核心是平安融资担保（天津）有限公司的担保行为，本质上是平安集团传统金融业务的网上平台延伸，是由传统金融行业向互联网布局，因此在业务模式上的传统金融色彩更浓。

（3）综合性现代服务业企业——宜信。经过多年的发展，宜信公司从最初经营债权合同转让模式的 P2P 平台，发展到目前集财富管理、信用风险评估与管理、信用数据整合服务、小额贷款行业投资、小微借款咨询服务与交易促成、公益理财助农平台服务等业务于一体的综合性现代服务业企业。目前，宜信的网上业务分为两大类，分别是“普惠金融”[②] 和“财富管理”，其中“普惠金融”主要以 P2P 模式为主，“财富管理”包括了 P2P 理财模式、公益理财[③]、宜信基金[④]和宜信保险[⑤]四类。

宜信的 P2P 模式是“普惠金融”项下的宜人贷。宜人贷平台为投资人提供了本息保障计划，如果借款人出现逾期，第三方将借款人当期剩余未还的本金和利息先行垫付给出借人，而借款人随后将该期欠款直接还至第三方账户。宜人贷下也有债权转让模式，出借人成功出借精英标[⑥]债权，持有该债权满 90 天，要转让的债权达到一定条件[⑦]，方可申请转让。转让达成后，宜人贷向债权出让人

---

① 平安融资担保（天津）有限公司隶属平安集团，担保范围包括本金、利息和逾期罚息。

② “普惠金融”项下又包括：无抵押无担保的信用借款咨询服务；专为培训机构学生服务的宜学贷；以车作为抵押物的借款咨询服务宜车贷；以房产作抵押物的借款咨询服务宜房贷；专为城市白领打造的网络出借咨询服务平台宜人贷；以小额租赁的方式服务小微企业及农户的宜信租赁；为公益性小额信贷服务机构提供批发资金服务的普惠一号；为小微企业提供培训、咨询等增值服务的信翼计划；以及专注于为小微企业和个体工商户群体等提供多项增值服务的小微企业信贷服务中心等。

③ 公益理财是针对宜农贷的公益理财助农平台，有爱心的出借人可以直接、一对一地将富余资金出借给农村借款人。

④ 宜信基金是作为独立基金销售的或第三方财富管理机构所提供的基金及其他相关理财产品的一项综合服务业务。

⑤ 宜信保险是以网上超市的形式向投资人出售疾病、人身意外及旅游保险等保险产品。

⑥ 精英标是宜人贷平台针对工薪阶层白领精英推出的一种标。满足精英标的借款人最高可申请到 50 万元，最长借款期限为 36 个月。

⑦ 剩余期数大于或等于 3 期，剩余本金大于或等于 100 元，在转让申请日，该借款债权必须是在正常还款状态。

收取一定数量的转让服务费。

宜信的创新是其开展的宜农贷，宜信与当地小额贷款机构合作，专门针对已婚并在一定年龄范围内的农村妇女提供的公益理财助农贷款；如果遇到农户还款不及时或者不能还款，小额信贷机构将替农户还款给出借人。由于宜农贷具有公益的性质，故其收益率相对较低。

宜信的 P2P 理财模式分为宜信宝、月息通、月满盈三个品种。以宜信宝为例，宜信宝是资金出借人通过宜信平台的推荐，将手中的富余资金出借给信用良好但缺少资金的大学生、工薪阶层、小微企业主、农民等获取收益。宜信还设立了专门的还款风险金，当出借的资金出现回收问题时，可以选择用其补偿出借人本金及利息的损失。

从宜信的风险管控模式上看，不管是宜人贷、宜农贷还是理财产品，都借助了第三方担保公司，或者是小贷公司给予担保，这与陆金所的风险管控模式实际是一致的；宜信与陆金所的运作模式非常相似，是投资人对平台，平台再对借款人，投资人和借款人之间是完全隔离的；宜信与陆金所的不同之处在于，其担保公司是第三方担保公司。① 宜信的创新之处在于，其普惠金融、公益理财以及惠农贷款等创新，是紧密结合十八届三中全会提出的普惠金融理念的，这是与中国实体经济以及“三农”经济发展需求相吻合的。宜信的社会责任理念和社会责任项目则是其有别于其他 P2P 平台的鲜明特点。

（4）具有典型中国特色的 P2P 担保平台——人人贷、红岭创投、有利网。此类 P2P 平台作为中介，向用户提供金融信息服务，提供理财产品和投融资标的，并根据产品的信用情况，以平台自身的风险备用金②、与平台合作的小贷公司或独立的担保机构（一般都是与平台属于同一个集团）提供担保，从而促进出借人与借款人达到交易的模式。由于此类平台提供的服务和产品相对容易分类，主要集中在理财、投融资和债权转让三大类上，是国内当前最主流的 P2P 模式，其风险担保方式也具有典型性，因此是具有中国本土特色的 P2P 模式。

（5）担保机构担保交易模式——人人贷。人人贷③是人人友信集团旗下公司

---

① 天达信安北京担保有限公司是独立的第三方担保公司。

② “本金保障计划”是指在平台每笔借款成交时，提取一定比例的金额放入“风险备用金账户”。当理财人投资的借款出现严重逾期时（即逾期超过 30 天），人人贷平台将根据《风险备用金账户使用规则》，通过“风险备用金”向理财人垫付此笔借款的剩余出借本金或本息。

③ 2010 年 5 月成立。

及独立品牌，目前主打三类产品，分别是“优选理财计划”①、“散标投资”和“债权转让”。在人人贷网站上，投资理财产品的金额起点是1万元，投资散标的金额起点是50元，债权转让只需满足持有超过90天即可，且次数不限。

“散标投资”是平台真正作为P2P金融交易中介，对借贷双方提供服务，并促成双方达成借贷关系的最主要模式。“散标投资”又分成三种标的类型，分别是“信用认证标”②、“实地认证标”③、“机构担保标”④ 等；实地认证标相对信用认证标增添了实地认证审核，进一步保障了用户的资金安全，同时采用本息保障的赔付方式进行担保。机构担保标的优势是在投资人遇到逾期还款的情况时，担保机构会在逾期还款的第二日垫付本金和利息。目前与人人贷合作担保的机构主要是中安信业和证大速贷两家小贷公司。

“债权转让”是指债权持有人通过人人贷债权转让平台将前三种标的的债权挂出且与购买人签订债权转让协议，将所持有的债权转让给购买人的操作，是人人贷增加的一项新业务品种。人人贷还向资金需求者提供3 000元～50万元的“工薪贷”和“生意贷”，以及3 000元～30万元的“网商贷”⑤。

人人贷最大的特点是，其对所吸引资金的风险保障分成了三级：一是平台审查来自网上的借款项目，并用自身的风险备用金对其信用借款额度内的部分进行担保；二是集团内的友众信业担保公司对自身实地考察的小贷项目进行担保；三是与平台合作的第三方小贷公司担保小贷公司自己提供的项目。由于给资金融出方提供了本金和利息的保障，加之网贷方便快捷，因而受到了中小资金需求者的欢迎。截至2013年第三季度，人人贷累计成交量已经突破10亿元，风险备用金余额1 581.96万元，与待还本金之比为1.9%，远高于网站0.8%的坏账率。⑥

（6）平台提供本金和利息担保的模式——红岭创投。红岭创投模式依赖于现

---

① 优选理财计划是指加入理财计划的资金将优先于平台普通用户的资金，根据计划设定的分散投资原则对人人贷平台产品（机构担保标、实地认证标等）进行优先投资并受益的投标计划。

② 信用认证标是人人贷通过对借款用户的个人信用资质进行全面审核后，允许用户发布的借款标。

③ 实地认证标是人人贷与友众信业金融信息服务（上海）有限公司（以下简称“友众信业”）共同推出的一款全新产品。该产品增加了友众信业前端工作人员对借款人情况的实地走访、审核调查以及后续的贷中、贷后服务环节，进一步加强了风险管理控制，达到了双重保障的效果。人人贷与友众信业同属人人友信集团公司。

④ 机构担保标是指人人贷的合作伙伴为相应的借款承担连带保证责任的借款标的。所谓连带保证责任是指连带保证人对债务人负连带责任，无论主债务人的财产是否能够清偿债务，债权人均有权要求保证人履行保证义务。

⑤ 网商特指22～55周岁的中国公民，在淘宝或天猫平台经营网店半年以上，近3个月交易总额满3万元，并且交易笔数超过50笔的网商客户。

⑥ 引自《人人贷2013年第三季度季报》。

代网络创新技术，将民间借贷行为引入互联网平台，通过为借款人和投资人提供网络供求信息匹配服务，并由深圳可信担保有限公司[①]（以下简称“可信担保”）为交易双方提供交易有偿担保，同时向客户收取合理费用的一种借助互联网的借贷操作模式。

红岭创投的操作模式与人人贷的“散标投资”模式类似，其投资类的产品分为“信用借款标”[②]、“担保借款标”、“推荐标”和“快借标”等。不管是信用类标的还是担保类标的，若借款人到期还款出现逾期，将由可信担保垫付本金或本息还款，而债权转为担保人所有。同时，网站平台还向个人以及有创业投资需求的客户提供融资服务。红岭创投是由平台控股的担保公司担保，因此平台除了起到中介的作用外，还参与了信用担保，实际是通过互联网平台实现的民间借贷。

红岭创投的负责人周世平表示，红岭创投已经摸索出了被称为“混业”的模式，已有P2P、私募股权、产业孕育三大业务平台，并形成了P2P+股权投资的模式，即在P2P客户中挑选部分经营状况和前景都比较好的，进行小规模的股权投资。[③] 因此，除了P2P业务以外，红岭创投实际已经开始涉足传统金融机构的投行业务。

（7）通过互联网理财网站提供理财产品的模式——有利网。有利网是一家创新型的互联网理财网站，为有理财需求的个人用户提供安全、有担保的理财项目，让理财用户享受远高于银行存款利息的理财收益。同时，有利网推荐的理财项目又有门槛低、灵活性高等特点，能够满足广大小额个人用户的理财需求。

有利网主要有两种理财产品：一是“定存宝”[④]；二是“月息通”[⑤]。有利网的理财项目模式与人人贷的“优选理财计划”类似，通过网站推荐，投资人可以将手中的富余资金出借给由小额贷款金融机构担保的、信用良好的小微企业，并

---

① 深圳可信担保有限公司属于深圳市红岭创投电子商务股份有限公司的子公司，其主营业务是为红岭创投网站（www.my089.com）的借款人、投资人提供担保借款服务。可信担保于2012年3月28日正式受理红岭创投网站借款人的担保申请，并向红岭创投网站投资人提供信用担保。红岭创投控股可信担保90%的股权。

② “信用借款标”由可信担保根据借款人扫描上传的资料进行审核，如果借款人的信用状况良好，可信担保将授予其部分信用额度，在正常还款情况下可循环使用。若借款人到期还款出现困难，逾期十天以后由可信担保垫付本金还款，债权转让为可信担保所有。

③ 截至目前，其已完成的投资有十多个项目，总投资额约为2 000万元，部分项目已产生实际收益。

④ 由平台提供3个月、6个月、12个月定期固定收益理财项目，投资人每月获得利息收益，到期收回本金，加入起点为1 000元。

⑤ 由客户自主选择投资项目，投资人每月获得等额本息回款，50元即可加入，可随时赎回。

获得利息回报。[①]

有利网推荐的小额借贷理财项目来源于全国最大的三家小额贷款机构（中安信业、证大速贷、金融联）和两家担保公司。有利网的合作机构将其优质的客户推荐给有利网平台，并且由合作机构给予100%的担保。无论借款人因为任何理由未能按时还款，有利网的合作机构将在一个工作日内将该笔借款的全部剩余本息垫付给有利网的理财用户，以保障理财用户的理财收益。

有利网的理财产品与人人贷“优选理财计划”的区别在于：有利网的借款项目全部是由独立的第三方小贷公司提供并担保；“优选理财计划”的借款项目则是来自网络、集团内部的担保公司或第三方小贷公司，并由提供项目的机构同步进行担保。相对来说，有利网承担的风险较人人贷要小，因此更接近于互联网金融的概念。

3. 众筹模式

众筹模式的运作更像预约式团购。资金需求者将自己的创意或者项目放在网上供投资者挑选，投资者选择感兴趣的项目给予资金支持，但投资的回报通常不是利息，而是项目成功后的产品或者其他一些优惠。

众筹融资模式在中国的起步时间较晚，目前有以“点名时间”、“天使汇”等为代表的21家众筹性质的融资平台，有些类似于美国的Kickstarter，通过网络平台直接“向大众筹资”或“让有创造力的人获得资金”。

4. 资产（财富）管理

目前，基于网络的资产（财富）管理一般是指互联网企业与金融机构合作，在理财产品提供募资网络通道的基础上，将募集资金用于投资，利用投资收益向理财产品持有者支付本息的业务。从本质上看，网络资产管理可以视为传统理财业务在互联网领域的服务延伸，在为投资者节省时间和交通成本的同时，还有助于后者利用碎片化时间实现有效的资金管理。

从现实来看，中国网络资产（财富）管理的基本模式有两类：

（1）为金融机构发布贷款、基金产品或保险产品信息，承担信息中介或从事基金和保险代销业务。该模式的代表企业有“融360”、“好贷网”信息服务网站，以及“数米网”、“铜板街”、“天天基金”等基金代销网站。

（2）将既有的金融产品与互联网特点相结合而形成的投资理财（基金）产品或保险产品，以“余额宝”和“众安在线”的运费险、快捷支付盗刷险等为代

---

① 能够实现11%～13%的年化收益率。

表。从现实来看，基于互联网的基金创新大致可分为下列 3 种模式：

第一，基金公司直销平台的资产（财富）管理。

基金公司的直销平台①是目前开发类余额宝产品数量最多的渠道。直销平台现金管理产品里的资金，在申购基金公司其他基金时，可以获得费率上的优惠，折扣最低至一折。一些基金公司的货币基金 T+0 业务还实现了信用卡还款、跨行转账、手机充值、网络购物甚至预订机票等功能。

最典型的现金管理工具是余额宝。余额宝除了具有货币基金的基本属性，更突出的是其支付功能，如淘宝网购物、购买彩票、话费充值等。另外，余额宝里的资金能一键转出至支付宝账户，使用支付宝具有的缴纳日常水电费、还信用卡、跨行转账等功能。

第二，有基金支付牌照机构的资产（财富）管理。

拥有基金支付牌照的机构和基金公司纷纷开发增值服务。例如，中国银联旗下的银联商务联合光大保德信基金推出面向企业客户的类似于余额宝的现金理财产品——天天富。2013 年 10 月 11 日，苏宁云商发布公告，公司下属子公司易付宝获得了基金销售支付结算业务的许可。目前，虽然基金支付机构推出的类余额宝产品不多，但从已成型的余额宝身上可以看到未来这些产品的主要发力点将是增值服务，强大的支付功能是这类产品的主要优势。

第三，基金第三方销售机构的资产（财富）管理。

与余额宝不同的是，基金第三方销售机构推出的类余额宝产品不止绑定一只货币基金，投资者可以有更多的选择。比如众禄率先推出绑定海富通货币基金 A 的众禄现金宝，使用时资金实时划出，一分钟内到账。充值数米基金网的现金宝相当于购买海富通货币基金 A，用户可以实现资金实时划出、快速取现。目前，数米基金现金宝可选择 6 只基金。天天基金网也推出了类似功能的活期宝，可以绑定南方等 4 只货币基金。同花顺此前发布的收益宝产品，目前已经可以对接 9 只货币基金。基金的第三方销售机构将旗下现金管理工具与多只货币基金对接，形成了独有的特色，但其推出的余额理财产品更多的是面向基金投资者，少了支付、信用卡还款等增值服务。

① 在已经开通货币基金 T+0 赎回业务的基金公司中，绝大部分直销平台都实现了全年无休，可 365 天、7×24 小时不间断地提供 T+0 快速赎回服务，随用随取，且最快 1 秒到账。在赎回上限的设置上也逐渐宽松，大部分基金公司规定的单日赎回上限在 20 万元到 50 万元之间，富国、嘉实、工银瑞信、广发等基金公司的单日赎回上限设置在 100 万元以上，汇添富和融通的单日赎回上限达到 500 万元。

5. 大数据金融

阿里巴巴小额贷款公司是全国范围内首家完全面向电子商务领域小微企业融资需求的小额贷款公司，并获得国内首张电子商务领域的小额贷款公司营业执照。其线下成立的三家小额贷款公司凭借在淘宝网积累多年的客户资源、电商交易数据及产品结构优势，将电商加入了授信审核体系，对贷款信息进行了整合处理。阿里巴巴小额贷款公司为其平台客户服务，将线下商务的机会与互联网相结合，使线上成为线下交易的前台，将传统金融业务与互联网相结合，实现了可观的利差收入。

从风险管控方面看，阿里巴巴创立出一套较为完善的风险控制体系，在贷前、贷中和贷后建立多层次的风险预警，并利用数据采集和模型分析等手段，分析平台上中小企业累积的信用及行为数据，对企业的还款能力和还款意愿进行准确的评估，然后结合贷后监控和网络店铺账号关停的方式提高客户的违约成本。由于电商平台上的商户大部分是从事销售或流通领域的，这一领域是产业链条中最稳定的一环，因此自 2009 年开始经营小贷业务以来，阿里金融在小微贷款上的发展速度令人瞩目。①

之所以这种金融运作模式较为特殊，是因为阿里巴巴集团掌握了阿里巴巴、淘宝网、支付宝等一整套互为补充的网络链条，进而在积累电商平台上客户的信用及行为海量数据的基础上，引入数据模型和在线视频资信调查模式，不仅能对运行在平台上的小微公司的进货、销货、资金周转和归集等一系列交易流程进行完整记录和分析，而且可以把点击、搜索、排序偏好、聊天记录等非交易数据一并存储下来并进行分析。多样化大数据最大的好处就是能够在数据间形成“交叉验证”，证实结论的合理性，但这一模式的有效性其实是建立在天量数据的处理基础上，进而仅限于一些超大型电子商务或网络科技公司，绝非中小机构可以涉足。

6.1.2　中国互联网金融模式的宏观分析

如果从中国现有的单一互联网金融模式出发，我们可以清晰地发现：无论是 P2P、众筹、阿里小贷还是余额宝等金融创新的目的都是在降低金融业务准入门槛的基础上实现资金供求的合理匹配，在为数量众多的中小商户（含创意个人）

---

① 目前，阿里巴巴集团旗下三家小额贷款公司的注册资金一共 16 亿元，2013 年第一季度单季完成贷款笔数超过 100 万笔，环比增长 51%，新增放贷 120 亿元，笔均贷款约 1.1 万元。保守估计，其累计发放的小微贷款应已超过 500 亿元，累计服务小微企业已超过 25 万家。

提供资金支持的同时，也让很多普通民众得以利用碎片化的时间和小额资金甄选到合适的投资机会，以获取市场化的收益；但客观地说，除阿里巴巴等极少数企业同时涉猎不同的互联网金融模式（支付宝、阿里小贷、余额宝）外，互联网金融的各类模式呈现较为明显的碎片化发展态势，不仅不同模式之间缺乏足够的关联，并未构建起一个相对完整的金融服务链或金融业态，而且在相当程度上仍依托甚至可以说是依赖于传统金融体系。

之所以有这样的判断，是因为在我们看来，作为市场经济中一种独特的旨在便利风险管理，进而优化资源配置的制度安排，包括互联网金融在内的金融体系的形成与发展应该与社会化大生产，或者说社会分工的不断深化与协同合作，进而社会交易费用的节约或降低密不可分。沿着这一思路，可以认为：从内核上看，金融体系的构建和完善将其使用者通过货币化卷入了一个共同的市场，将未来的活动纳入现在的市场交易（资本化），从而延伸了市场经济的范围和领域[夏斌和陈道富（2011）]。因此，作为市场的一个重要组成部分，金融体系是从事金融活动的当事人基于普遍信任的情况下，借助货币（一般等价物）以及各种金融资产形式，调动经济资源在时间、空间、不同人群中重新配置的复杂契约网络。这种网络在现实中表现为一种制度化、组织化的交换，不仅“涉及社会规范、习惯、制度化的交换关系，以及信息网络（有时是有意组织的）”[多西（1988），霍奇逊（1993）]，还包括“应用这些规则从事特定商品交易的人”，其目的在于“改善各自的效用”[Furubotn and Richter（1997）]。

从理论上说，尽管与其他市场经济制度类似，但金融体系的运行除了定价及联系客户等活动之外，还包含了两类至关重要的活动，即信息交换和契约活动。但与市场经济其他领域的交易不同，鉴于以信用为基础的金融活动是拿今天的一笔现金去换取对未来收益的承诺（换句话说，金融合约中至少有一方通常交换的是非一般性产权），也就是银行等贷款人用其资本的产权（采用现金形式界定）来交换企业家使用其资本所创造的部分收入的产权，这导致银行家在承担了借款人投资活动内在收益不确定性风险的同时，还面临着信用活动中贷款人和借款人之间委托—代理关系导致的诸多无法直接调和的利益冲突——或是缘于这种承诺的可信度事前很难判断（往往那些越是不想履行承诺的人事前所做的承诺越多，即逆向选择问题），或是缘于那些事前有诚实意愿的借款人在得到钱以后也有可能去投机（即道德风险问题），因此来自实体经济的不确定性，再加上不完全信息和人的有限理性，使得信贷契约中的当事人可能面临更大的不确定性，进而金融制度构成也表现出更高的复杂性。

无论是从理论还是实践看，最能体现金融复杂性的应该是现代金融体系的复杂构成——从现实来看，一国（或地区）金融体系至少是由货币政策、金融监管、微观金融活动和金融开放四个要素构成的不稳定的一个巨型系统。在夏斌等（2011）看来："在一个封闭的经济体中，金融中介、工具和市场是推动货币运动的主要媒介，货币当局与监管当局则从货币、监管政策两个方面，通过微观金融的行为载体对货币在金融体系中的运动状态进行调整，履行该系统的稳定职能"，而"当一个经济体处于开放环境下……货币替代、汇率波动及资本跨国流动等因素，同样成为影响本国货币运动状态的重要因素"，进而不但"从历史上看，其实在一国金融发展的任何时期，货币政策、金融监管、微观金融行为和金融开放分别都在不同程度上共同决定货币、金融体系的稳定和效用"，而且"这四者的关系的协调平衡是动态的，四因素的变化还可以产生多种组合，体现为金融体系稳定与不稳定的各种景象"，换句话说，"要维持整个金融系统的稳定，必须把四要素中的每一要素放在货币金融大系统内思考和把握，才能确保整个体系处于稳定和良性循环状态"。

循着这种分析思路，我们可以发现：中国现有的几类互联网金融模式不仅远未涉及金融体系的全部，而且更为重要的是，其运行平台或机理尽管较传统金融有了很大的改变，但其背后的制度支撑仍是信用货币、商业银行、证券交易所等传统金融体系的核心元素。

首先，以支付宝等为代表的第三方支付平台在为自己在网络流通的产品和服务提供支付结算服务[①]的同时，尽管自身也累积了数量颇为庞大的沉淀资金，但究其源头（最终载体）仍可归属于银行存款的范畴，进而很难说是一个独立于商业银行的支付结算体系。此外，现有多个第三方支付平台间资金的互联互通也未得到有效解决，一些跨平台的资金归集等业务依然要依靠银行系统的帮助。

其次，P2P、阿里小贷、众筹等互联网借贷（或融资）模式在资源配置范围以及如何确保提供资金的主体能够从借款人手中获得足够的收益补偿等核心问题上依然存在严重的制度性约束。

以阿里小贷为例，鉴于目前中国政府对于小额贷款公司有不允许异地放贷、禁止吸收存款、从银行业金融机构融资额不得超过注册资本50%以及贷款利率不得超过央行基准利率的4倍等诸多制度性的限制，因此，尽管阿里通过网络绕开了普通小贷公司面临的地域限制，把客户群体延伸到了全国，但我们仍很难想象注册资本仅16亿元的两家阿里小贷公司能够集聚、配置多大规模的资金并对商业银行产生实质性的冲击。

---

① 在服务线下业务方面，互联网支付依然存在市场接受度、支付结算方式等诸多问题。

这几年如雨后春笋般涌现出来的P2P，尽管它们的模式显得较为多元化，但目前最直接的问题是随着市场竞争者数量的日益增多，相当数量的P2P网站为了生存和发展，无法仅靠单纯的中介功能定位来吸引客户的集聚，转而尝试向投资者提供保障本金甚至利息支付的承诺（或通过担保公司等第三方担保），迫使这些网站不得不花大力气对借款者实施严格的信用审查来甄别客户的风险，因而在某种程度上是在复制传统商业银行的运行模式——以宜信为例，为了控制风险，该公司组建了一支庞大的信用审查团队，采取的居然也是电话调查和实地征信等传统银行的贷款审查方式。此外，由于缺乏有效的风险对冲机制，中国一批P2P平台已经陷入了资金偿付的困局甚至破产的状态，在一定程度上打击了市场对这种模式的信心。

由于众筹模式在中国缺乏法律法规的支撑，故其涉猎面极为有限，多见于电影、艺术品、书籍等非经济领域，尚无法成为中小企业的资金来源。

最后，余额宝、百度百发等互联网金融模式创新尽管确立了“余额资金的财富化”的全新理念，但在股票市场、债券市场以及衍生品市场等金融市场发展并未达到一定程度的前提下，从本质上说，这一所谓的“创新”仅限于当前传统营销渠道的垄断和高成本约束下基金、保险等传统产品渠道的改变，很难说是纯粹金融意义上的变革，它在对商业银行带来一定冲击的同时，并未改变现有的中国金融市场格局。显然，一旦中国的利率市场化进程更进一步，这些创新的生存空间值得商榷。

6.2 互联网金融在中国的内在发展逻辑分析

目前，尽管中国互联网金融仍处于一种碎片化的发展状态，其规模也不能和商业银行、证券交易所等传统金融中介抗衡，但一个不可否认的事实是，互联网金融的出现使得“自金融”、“脱媒”等词汇成为了当今中国金融社会最时髦的想法——在很多人理想的互联网金融体系中，只需借助互联网这个工具，金融活动的开展就不再需要银行等金融中介的介入，每个主体可以将资金直接借贷给经过互联网技术认证并获得较高信用等级的其他任何主体。以大数据、云计算为基础，互联网金融可以实现个人信用与借贷资金的完美匹配，每个人账户中的钱都无须存取，移动终端将实现无缝交易，余额会自动购买金融产品进行理财。客观地说，这种带有一定程度“乌托邦”式的互联网金融理想近年来在中国吸引并激励了许多金融或互联网方面的专业或非专业人士投身于这一领域，试图复制过去

10 余年间电子商务领域所获得的巨大成功，进而开拓出一种全新的金融业态。非常有意思的一个现象是，尽管互联网技术或思想并未诞生在中国，但就目前全球的情况看，依托互联网的电子商务和金融在中国掀起的热潮及其冲击可能是最具爆炸性的，对其的关注度甚至远高于美国和欧洲等国。在我们看来，作为一种诱致性制度创新，互联网金融在中国的出现和发展既有金融功能（实施效率）提升等一般性的金融发展原因，更为重要的则是和中国独特的经济金融环境相关——从某种意义上说，互联网金融在中国的兴起既折射了中国现实中对现有商业银行为主导的过于僵化的金融体系的不满，也反映了对以商业银行为代表的金融业垄断性高额收益的艳羡或向往。①

6.2.1　诱致性制度变迁：理解中国互联网金融兴起的一个基本视角

在中国，互联网金融的出现及兴起几乎游离于政府之外，并非强制性制度变迁，带有较为显著的诱致性制度变迁特征。

与由政府命令和法律引入及实行的强制性制度变迁不同，诱致性制度变迁是指现行制度安排的变更或替代，或者是新制度安排的创造，是由一群个人在响应获利机会时自发倡导、组织和实行的。一般来说，这种制度变迁具有以下三个特点：

（1）盈利性，或者说诱致性制度变迁必须由某种在已有制度安排结构中这些主体无法获取的获利机会引起——制度创新主体的动力在于追求自身利益最大化，实现预期收益大于预期成本，否则就不会发生制度创新。

在制度经济学中，这种由主体期望可通过制度的改变来获取的利润被称为“潜在利润”，其来源大致有四个：一是服从报酬递增的新技术应用及规模经济所带来的利润；二是外部经济内部化带来的利润；三是克服风险带来的利润；四是交易费用转移与降低带来的利润［戴维斯和诺斯（1994）］。

（2）自发性，或者说诱致性制度变迁是有关群体对制度不均衡的自发性反应，自发性反应的诱因就是潜在利润的存在。

一般来说，从某个均衡点开始，有四种原因能引起制度不均衡：一是制度选择集合的改变；二是技术改变；三是制度服务的需求改变；四是其他制度安排的改变［林毅夫（1989）］。

（3）渐进性，即诱致性制度变迁是一种自下而上、从局部到整体的制度变迁

① 2012 年底，中国金融资产规模达到 171.53 万亿元人民币，利润达到 1.58 万亿元人民币；其中，银行业金融机构的资产规模为 133.62 万亿元人民币，占金融总资产的 77.9%，利润为 1.51 万亿元人民币，占金融业利润的 95.2%。

过程。之所以会如此，主要是因为制度的转换、替代和扩散需要时间，从外在利润的发现到外在利润的内生化，其间需要经过许多复杂环节。

6.2.2 互联网金融在中国的兴起：基于制度变迁的一般性考察

从制度变迁的角度着眼，以互联网金融为载体的制度性金融创新最为直接的目标是金融体系的功能实施效率不断提升，或者说金融发展。从这个视角着眼，可以清晰地看到，鉴于互联网金融的核心是依托社交网络这一虚拟空间的数据（或者说信息资源），因此互联网金融的兴起不仅极大地降低了交易成本，克服了传统金融服务的物理空间、局域和时间约束，使人们的金融交易可随时随地（anytime and anywhere）完成，其更为重要的作用是在克服了金融活动中的信息障碍、弱化了信息不对称引致的逆向选择和道德风险问题的同时，极大地削弱了原先阻碍金融发展的既得利益集团的势力——互联网技术变革带来的一个后果是，金融领域原有的既得利益集团再排斥新的进入者已经没有意义，因为技术使得竞争跨越了政治上的边界，或者说政治上的金融业务准入障碍已变得形同虚设。显然，这些将极大地促进中国的私人信贷活动，进而实现金融发展。

关于这一点，可以互联网金融对不同层面上金融发展的影响做进一步的分析。

首先，就金融结构视角下的金融发展观①而言，对于以 P2P（点对点）为内核的互联网金融而言，其未来的发展将在“超级网银（即机构或个人只需在央行设立账户，直接通过央行进行结算）”的基础上，使支付结算、融资出现较为显著的“去银行中介化”现象（但银行家仍然存在，只不过更多地体现为提供信息中介，并不特别强调资金的中介定位），进而全社会的融资格局可能会呈现“直接融资为主、间接融资为辅”的融资模式。容易理解，互联网金融兴起后的金融结构将较以往有较大的改变。

其次，就功能金融视角下的金融发展观②而言，考虑到：①互联网与生俱来

---

① 从金融结构的历史演进来判断金融发展，最早是由跨国比较金融分析的先驱戈德史密斯（1969）提出——在他看来，金融结构是指由金融工具与金融机构的形式、性质及其相对规模共同构成的一种状态，而金融发展则是指金融结构的变化，因此研究金融发展必须以有关金融结构在短期或长期内变化的信息为基础。

② 功能金融理论是以默顿和博迪等（1995）为代表的一批学者在扬弃只关注价格和数量的“新古典经济学视角”和过于静态的“机构视角”基础上，作为对近 30 年来众多金融理论与实践发展的反思与综合之后提出的一个全新的金融体系分析框架，它有两个基本理论出发点：一是认为金融体系的基本功能远比机构要稳定——功能很少随时间和地域的变化而变化；二是认为机构的变化是由功能决定的，机构之间的竞争与创新最终使得金融功能更有效率。

的信息创造及信息流整合功能，在提升透明度的基础上成就了大数据时代，而以之为前提的云数据处理技术的出现，客观上使传统的抽样调查所无法描述的细节信息及其整合成为了现实，并且这些云数据所内含的个人或企业的信用信息，比商业银行等金融中介传统的信用评级技术所得的结果更为准确；②基于互联网平台的支付结算体系则在克服了物理空间以及时空约束的同时，加快了资金的流动速度，使支付清算资金从现有的"存量化"转变为"流量化"，可以最大限度地保证交易双方特别是资金接收方（即债权人）的利益；③从"财富管理（或者说风险配置）"功能着眼，互联网金融通过向下延长客户群链条和提供成本低廉、快捷便利的营销网络，不仅丰富了财富管理需求者的结构，而且有效地扩大了财富管理需求者的规模。可以认为，在互联网金融出现之后，社会能以更有效率的方式去满足对于金融功能各方面的需求，实现资源配置优化基础上的金融发展。

再次，就金融民主化视角的金融发展观而言，考虑到在互联网金融出现之前，由于缺乏关于借款人公开的可靠信息以及相关法律制度的缺失，金融契约特殊性决定的"理性歧视"导致金融的服务对象极为有限，往往过于强调抵押和关系的特权，出现对穷人冷眼相看、对有钱人俯首帖耳的状况，而互联网金融作为"包容性金融"或"平民金融"的一种体现，带有一定的"自金融"特征。从理论上说，在这个金融体系下，人人都是金融家，人人都是金融的受益者。这在引起金融参与者数量迅猛扩张的同时，也为风险的广泛分散，或者说把风险分配给那些最适合的人提供的一种全新途径。

最后，就金融自由化视角的金融发展观①而言，互联网金融的出现可能成为诱致监管变革、推动利率市场化的重要力量。

6.2.3　互联网金融在中国的兴起：基于中国的进一步思考

如果说单就金融发展层面而言，互联网金融的出现和兴起有着极为深刻的一般理论原因，我们很难理解为什么如此短的时间内互联网金融在中国能够掀起当前这样的热潮。显然，要想理解这一点，有必要深入中国经济金融的内部来寻找一些特殊原因。在我们看来，互联网金融作为一种诱致性制度变迁，其出现和兴起与下列三个原因有着密切的关联：

第一，互联网金融是以阿里巴巴、腾讯、新浪、百度等为代表的公司，在互联网技术飞速发展背景下产业转型的内在需求。

① 从内涵上看，金融自由化视角下的金融发展观在早期更多地强调放松管制，利用利率、汇率市场化等措施来增强储蓄意愿，同时优化资源的配置。

从现实来看，以阿里巴巴、京东等为代表的互联网电子商务公司和以腾讯、新浪、百度等为代表的互联网技术公司是中国互联网金融的主要发起者和实践者。从理论上说，贸易商（含电子商务公司）的功能主要有四项：一是调查买方的资信状况，保存支付记录，并且为一些交易商的债务提供担保；二是调查所销售产品的质量，并且以自己的声誉为产品的质量提供证明；三是了解市场，从而能够对买方和卖方进行匹配；四是运输货物，并且为运输中的货物提供保险。从实践看，为了保证信息空间的交易能够顺利地进行，电子商务领域发展出了各式各样的私人或准政府的第三方机制，如网上拍卖和发行信用证书给网上合格交易者的认证机构、以技术为基础的“数码执行机制”等，用以防止违约行为的发生。

随着这些私人裁决机制被社会广泛接收，阿里巴巴的淘宝网、京东等依托互联网的电子商务公司不仅实现了贸易信息流在时间和空间上的整合、从个体到整体的整合、由局部到无边界的整合，而且它们以此为基础，推动着物流的整合，并最终以其巨大的成本优势实现了对已有商业模式的系统整合，重塑了中国商业新的竞争格局。

但问题在于，即便电子商务的规模不断攀上新的台阶，但由于市场竞争日趋激烈，在买卖双方对中间人关系网络的依赖度不断增加的同时，其盈利模式单一的弊端日益明显，利润相对萎缩。在这样一个大背景下，很多电子商务公司意识到即使存在海量的信息，对于买卖双方以及其他第三方而言，仍然很难评估代理人的资信水平，因为这需要对其业务以及财务状况都非常了解，进而互联网技术的飞速发展非但没有降低反而强化了其声誉与关系网络在融资方面的价值。很自然地，这些电子商务公司试图利用这种声誉与关系网络进军金融业。在金融服务业门槛极为严格的中国，最为直接和便利的方式是先依托银行介入支付结算环节，于是就有了支付宝等第三方支付平台的出现。

电子商务公司提供的第三方支付平台在客观上进一步强化了其对网络用户（包括网商和消费者）的专属信息优势，在监管缺失的背景下，这些电商纷纷利用政策机遇开展小贷业务、基金销售等其他金融服务。

第二，互联网金融的出现满足了金融压抑背景下中国居民、企业等经济主体的内在需求。

之所以强调这一点，是因为互联网金融的发展，不大可能仅仅依靠阿里巴巴、腾讯、新浪等电子商务公司或互联网技术公司，其产生、发展更为深层的原因在于互联网金融恰好满足了长期受到金融压抑影响的众多普通居民和中小企业的内在需求。

从居民的资产选择层面看，时至今日，尽管中国人均 GDP 以及人均金融资产规模已较35年前有了极大的飞跃，但可供投资的金融产品不但较为有限，而且在存款利率无法实现市场化、存款收益偏低的同时，商业银行等金融机构（相对居民而言）还处于卖方优势地位——1996—2002年的7年间，存款利率连续8次下调（外加1999年11月实行的利息税），1年期存款利率从10.98％降低到1.98％、活期存款利率从3.15％降低到0.72％；然而，同期的城乡居民储蓄存款余额不仅没有减少，反而大幅增加，从1995年底的不足3万亿元增加到2002年底的8.69万亿元。这种现象不论是称为“强制储蓄”、“被动储蓄”还是“刚性储蓄”，都反映了金融机构在城乡居民储蓄存款市场的优势地位。同时，金融机构的各项存款余额从1995年底的5.38万亿元增加到2002年底的17.09万亿元，也反映了金融机构在存款整体市场的优势地位。

容易理解，在这种特殊的背景下，收入、资产规模不断增加，进而风险承受能力不断增强的很多中国普通民众对选择银行提供的存款产品在很大程度上带有无奈甚至吃亏的感受，也就是经济内部内生出了对市场化风险—收益特性的巨大需求。现实地看，尽管中国的商业银行、证券公司、信托公司等金融机构都意识到了这一点，而且也不断试图通过理财、信托等其他结构性产品的创设来满足民众的这种需求，但由于这些产品的规模要求较高，相当一部分中国普通民众无法涉足其中。以“无门槛”、“平民金融”或“普世金融”这一口号出现的提供市场化收益率的众多互联网金融产品恰恰能够满足中国很多中低收入网络群体的需求——从中国目前的情况看，尽管单个主体的可用资金量非常有限，但现有的中国收入分配格局决定了这类群体数量极为庞大，加总的资金数量极为可观，在风险意识并不太高的中国，足以在短期内支撑起一个庞大的针对互联网金融产品的需求。

互联网金融的迅猛发展应该是巨额资金供求相互匹配的结果，显然不能仅有资金的供给，而没有经济运行中对资金的需求。对处于经济高速发展时期的中国而言，这一资金需求的要求也同时具备。

要理解这一点，可以从正规市场的资金需求和非正规市场的资金需求两个角度来分析。

首先，在银行主导的正规金融市场中，与存款一样，商业银行等金融机构相对于资金需求方的企业而言也处于卖方优势地位——在中国债权债务类金融产品规模中，如果将政府性证券（国债和央行债券等）除去，则在企业和居民层面的债权债务类金融产品规模中，截至2012年底金融机构贷款余额所占的比重高达80.91％，因此贷款是企业营运资金的主要来源。在这种条件下，对企业来说，贷款资金的可得性比贷款利率水平的高低更为重要，所以只要对贷款利率具有承受能力（例如，利润率高于贷款利率），即便贷款利率有所提高（例如，提高1～2个百分点)，企业对贷款数量的需求并不会明显减少。在资金紧缩的条件下，为了维持正常的经营运作，企业甚至可能在贷款利率高于经营利润率的条件下继续借款。2004—2007年1年期贷款利率从5.31%上升到7.47%(提高了2.16个百分点)，同期的各项贷款余额从2003年底的15.9万亿元快速增加到2007年底的26.17万亿元，增长了64.59%。

其次，从非正规市场的资金需求看，中国大量的中小企业无法获得信贷以及证券发行等正规金融的支持，转而被迫借助亲友借贷、商业信用甚至高利贷等途径来满足企业成长过程中的资金需求。对于这一点，从近年来的众多相关报告都可以得到证实。

在我们看来，中国经济运行中对正规金融体系之外金融产品的内在资金供给和需求，成为了促进互联网金融发展最为直接的原因。

第三，鉴于当前的中国互联网金融发展还处于“无门槛、无标准、无监管”的“三无”(或者说“野蛮生长”)状态，互联网金融成为很多经济主体进行“监管套利”、“跑马占地”甚至投机或诈骗的手段。

客观地说，在以商业银行为代表的中国金融业赚取丰厚收益的今天，中国互联网金融“无门槛、无标准、无监管”的三无状态引发的监管套利、为占据未来行业竞争优势地位而实施的“跑马占地”以及投机甚至诈骗等动机都不鲜见。换句话说，如果中国现有的金融法律法规较为完善、监管体系较为成熟，则很难看到现有的互联网金融发展盛况。当然，之所以中国的金融监管当局对互联网金融的发展采取较为宽松的政策，在我们看来，除了对包容性金融的认可之外，很大程度上是因为目前中国正规的金融体系的确存在很多弊端，无法满足实体经济发展的需求，尤其是众多的中小企业无法获得融资渠道。如果堵塞这些渠道，中国经济运行中的很多问题(如中小企业倒闭引发的失业乃至社会动荡等)将日益凸现。

6.3 互联网金融的兴起与中国金融业态的历史性变革

现实地看，云计算、搜索引擎、大数据等信息技术的飞速发展将在实现信息传播的全息化、持续化、无差异化的基础上，推动金融运营方式的更加扁平化、弹性化，真正实现全方位、不间断服务，最终使得金融服务更加精细、交易更加高效。因此，对于中国传统的金融业态而言，以“搅局者”角色出现的互联网金融已经并将继续给现有的金融业竞争模式带来极为深刻的变化，成为推动中国金融业态实现新的历史性跨越的一个重要力量。

6.3.1　当前中国的金融业态分析

1. 中国金融业态的基本构成

以商业银行为主体，涵盖了银行、证券、保险等众多金融中介类型的多元化金融机构体系的形成无疑是 1978 年以来中国金融领域最为突出的变化之一。

(1) 银行业。以 1979 年中国农业银行、中国银行和中国建设银行的恢复设立为起点，中国原先由中国人民银行"大一统"的单一银行体系经过 30 余年的发展，目前已转变为一个以国有控股商业银行为主体、股份制商业银行和城市商业银行为辅的多元化银行业金融机构体系——根据银监会的统计，截至 2013 年底，中国银行业金融机构共有法人机构 3 949 家，包括 2 家政策性银行及国家开发银行，5 家大型商业银行，12 家股份制商业银行，145 家城市商业银行，468 家农村商业银行，122 家农村合作银行，1 803 家农村信用社，1 家邮政储蓄银行，987 家村镇银行等。

在银行机构类型日益多元化的同时，中国银行业的资产负债规模也不断扩大——截至 2013 年底，中国银行业金融机构境内本外币资产总额为 151.35 万亿元。其中，国有控股大型商业银行为 65.6 万亿元，占比 43.34%；股份制商业银行为 26.93 万亿元，占比 17.79%；城市商业银行为 15.12 万亿元，占比 9.99%；农村中小金融机构和邮政储蓄银行约为 24.38 万亿元，占比 16.11%。

(2) 证券公司。自 1987 年以来，20 余年的制度变革客观上使得中国证券公司体系不仅从无到有，而且其结构也发生了深刻的变化，市场化的证券服务机构体系初步形成，产权多元化的趋势也随着股份制改造以及民间资本和外资的进入而初露端倪——截至 2013 年底，中国共有 115 家证券公司、5 785 家证券营业部，证券从业人员超过 22 万人。2013 年底，115 家证券公司的总资产达到 2.08 万亿元，净资产和净资本分别达到 7 538.55 亿元和 5 204.58 亿元，见表 6—1。

表 6—1　1998—2012 年中国证券公司资产和经营状况　单位：亿元

	1998 年	2001 年	2005 年	2007 年	2009 年	2011 年	2012 年	2013 年
证券公司家数	90	106	116	106	106	109	114	115
总资产	2 268	6 315	2 770	17 337	20 000	15 700	17 200	20 788
净资产	352.94	923.20	609.00	3 443.00	4 839.00	6 302.55	6 943.46	7 538.55
净资本	223.42	971.15	381.00	2 977.00	3 832.00	4 634.02	4 964.36	5 204.58
营业收入	—	—	115.00	2 836.00	2 050.00	1 359.50	1 294.71	1 592.41
利润总额	53.10	37.00	−78.00	1 902.00	933.00	393.77	329.30	440.21

资料来源：1998—2001 年数据来自黄宪《1999—2002 年中国证券业发展实证研究》，2005—2013 年数据来自中国证券业协会。

(3) 保险业。自1978年以来，中国保险业大致经历了两个发展时期，即1979—2002年的恢复发展期和2003年之后的全面开放和迅速发展期。2006年，随着《国务院关于保险业改革发展的若干意见》颁布，中国保险业的改革发展进入了一个全新的时期，一些重要领域和关键环节的改革取得了重大进展，一个功能完善、分工合理、公平竞争、共同发展的保险体系初步建立——截至2013年底，中国保险公司的数量超过150家（1998年仅28家，2002年为62家），行业资产总额达到8.29万亿元；用于各类投资的保险资金（不包括存款）达到5.42万亿元；2013年中国保险业的原保险保费收入1.72万亿元（见图6—1）。①

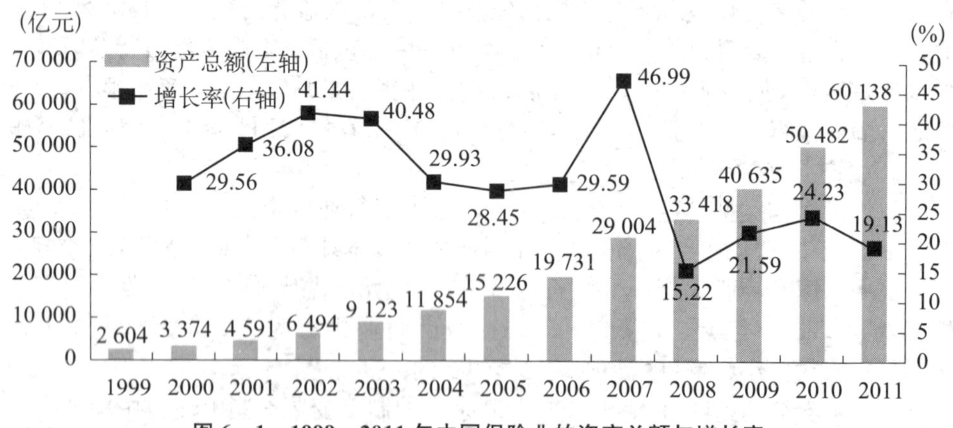

图6—1　1999—2011年中国保险业的资产总额与增长率

资料来源：中国保监会。

(4) 当前中国金融业态格局的总体判断。从中国金融业态的构成看，银行、证券、保险和信托等各个业态的发展相对不平衡，突出表现为银行业独大，保险、证券、信托和租赁业规模偏小，并且呈现出相对僵化或凝固的态势，实际上处于一种自我强化的演进状态——就银行、证券和保险这三个行业的资产比重相对变化看，截至2007年末，中国银行业的资产规模为52.6万亿元，占金融业总资产的比重为92%；证券业的资产规模为1.7万亿元，占比为3%；保险业的资产规模为2.9万亿元，占比为5%；截至2013年底，银行业的资产规模达到了151.35万亿元，占金融业总资产的比重为93.6%，较2007年底上升了1.6个百分点；证券业的资产规模为2.08万亿元，占比仅1.3%，下降了1.7个百分点；

① 此外，自2004年中国加入WTO的过渡期结束、保险业全面开放至今，已有超过15个国家和地区的50多家外资保险公司在我国境内设立了200余个营业机构。与此同时，随着中国人保、中国人寿以及中国平安等险企的相继海外上市，中国险企“走出去”的步伐也明显加快。

保险业的资产规模尽管增长到了 8.29 万亿元，占比仍维持在 5.1%的水平。

这种金融业态的分布格局表明中国的现代金融服务业建设还处在初级发展阶段，各类金融机构的发展相对不平衡，特别是中小金融机构和非银行金融机构的发展相对滞后，金融业态仍处在完善进程之中。

2. 当前中国金融业态格局的成因分析

在我们看来，现有中国金融结构尤其是金融业态格局的形成有两个至关重要的原因：一是政府主导经济体制进程中对中国金融的独特定位；二是金融运行内生的自身强化机制。

（1）经济转轨进程中的金融定位与中国金融结构进而金融业态的选择。如果说改革之初的金融发展更多的是出于巧合而不是有意的设计——当构成人口四分之三以上的农民在 20 世纪 80 年代初进入了市场，进而导致传统的以自给自足和物物交换为典型特征的非货币化经济大量萎缩以及经济货币化程度不断提高，农民通过国家银行体系开始成为政府的一大净贷款人，为宏观经济的稳定提供了至关重要的资金支持。但问题是，当 1984 年改革的重点转向国有企业的时候，如何实现国民经济运行在效率与稳定间的平衡就成为摆在中国政府面前迫切需要解决的首要问题。

人们通常认为，中国在工业部门的改革不如农业部门成功。之所以有这样的判断，首先，是因为两个部门的技术及内部组织特征不同——不同于中国家庭耕作技术的工业技术决定了企业具有复杂的内部组织结构和外部关系；其次，与农业组织的制度环境比较简单有所不同，企业改革的顺利进行需要财税体制、金融体制、投资体制、社会保障制度和政府职能转变等多领域的配套，没有这些方面的辅助性改革，单一的企业改革是不可能成功的。因此，如何配合国有企业改革的推进，在很长一个时期内就成为中国金融体制改革和发展绕不过去的目标取向之一。

但问题是在改革伊始，由于中国并未采取与苏联、东欧等转轨国家类似的激进且大规模的国有企业私有化改革，而是选择了在所有权保持不变前提下以“放权让利”为核心的国有企业改革，客观上使政府和企业的关系一直处于一个两难状态之中——要么就是政府管得过多，企业抱怨缺乏自主权；要么就是政府放得太多，导致作为所有者的国家对企业失去控制，并因企业不负责任而受到损失。在这样一个大的背景下，中国政府正确地认识到：①国有企业的预算约束仍在相当程度上延续了计划经济的状态，或者说仍然非常软，进而国家仍必须承担相应的国有企业支持义务；②在提供各种原材料或较复杂的生产者商品方面还没有来自硬约束非国有部门的充分竞争时，价格控制对于稳定生产者价格是必要的；

③伴随着隐性财政收入体制的解体，在财政收入下降的前提下，金融体系是维系宏观经济稳定，尤其是由于竞争加剧导致亏损的国有企业平稳运行的重要支撑制度之一。

在这种经济背景下，对于中国政府而言，如何实现国家主导下金融供给和金融需求的匹配，借助金融来控制经济运行，进而保持经济金融的稳定，可能远比一般意义上偏重效率的金融发展更具现实意义。而恰恰在政府的这一政策导向下，随着改革的推进而开始直面受到硬预算约束的乡镇企业、个体企业等“新”企业市场竞争的“旧”国有企业和国有专业银行之间天然的经济联系，成为强化原有银行主导型金融模式的重要力量。

对于在长期推行重工业优先发展战略下生存和发展的国有企业而言，从限制竞争进而维系其既有利益的角度看，继续保持原有以商业银行为主导的金融安排（进而只需要金融增长而非金融发展）比直接禁止新的竞争者加入有四个较为突出的优点：①直接的准入限制执行起来通常成本很高，特别是当所限制产业对应的产品很难清晰界定（存在很多替代品）的时候，执行起来尤其困难；②实行积极的准入限制要经历一个比较公开、透明的政治流程；③限制准入的障碍设计得越技术化，公众就越不容易进行合理的判断，而只能采取无关的态度；④限制准入的领域主要是一些已有的老产业，没有明确的既得利益者可以拥有新的技术和经济领域的垄断权力［Rajan and Zingales（2003）］。换句话说，保留并延续中国原有的以国有专业银行为主导的金融体系，并通过国家主导下的金融供给和金融需求，中国传统的以重工业为主的国有企业在很长的一段时间内仍处于一种类似计划经济时期的竞争缺失状态，其生产所需的各类资源仍借助包括金融在内的各项制度安排得到了确保，而面临硬预算约束的非国有经济的产业分布则主要集中在资本要求较低的劳动密集型轻工业与第三产业中的零售贸易和餐饮业，其规模多以小企业为主。

另外，作为国有企业的利益共同体，当时的国有专业银行（1995 年后的国有商业银行）一开始也同样满足于原有的金融供给安排。之所以会这样，一方面，因为对它们而言，金融市场的发展固然可以为它们带来更多的业务机会，但同时也可能削弱它们的相对优势，尤其是证券市场兴起后引发的业务竞争更是如此——中国当时极不透明的借款人历史和不充分的法律基础实际给新的竞争者进入金融领域制造了很大的障碍，而既得利益者可以坐享丰厚的利润（或在职利益）；另一方面，在政府主导金融供给和金融需求的背景下，与业务相关的盈利或损失最终是由国家来承担的，银行本身缺乏创新进而改善经营绩效的激励。

容易理解，当以重工业为主的国有企业和国有专业银行都没有金融改革和创新以及金融发展的需求时，以转轨过程中宏观经济金融稳定为首要目标的政府对中国的正规金融体系就采取了一种较为保守的态度，同时对于较小比例的体制外金融需求和金融供给（也可以称为另类金融体系、非正规金融或地下金融）则相对较为宽容。在非国有经济的发展需要资金支持的情况下，允许农村信用社、城市信用社等体制外金融机构可以不遵守国家的金融供给政策，而是直接在市场主导下根据自身效用最大化的原则提供金融供给。

（2）金融运行的内在强化机制与中国金融业态的形成。从实践来看，一方面，金融服务业是个与金钱打交道的行当，自然吸引了为数众多的骗子，业内人士对此当然心知肚明，因而特别强调用信誉和风险控制来保护自己，进而总部大楼、分支机构等物理性资产就成为各类金融机构向全社会显示其声誉或安全性的重要途径；另一方面，在以金融机构准入限制、业务限制（分业经营）以及利率、汇率形成并未完全市场化等金融压抑政策的约束下，一直到现在，同一类金融服务机构间的竞争还是更多地着眼于声誉（往往与所有制相关）、网点的便利性等因素，而不是业务的差异化和创新性。正是在这样一个大环境中，中国包括商业银行、证券公司和保险公司等在内的各类金融机构长期以来的重要发展策略之一就是强调物理性经营网点的极端重要性，即通过分支机构或营业网点的竞争性设置来为业务的获得和拓展、经营规模的扩张提供物质保障。

现实地看，一方面，中国金融服务业长期以来所奉行的这种经营竞争策略导致了准入门槛较高进而垄断性较强，其后果是金融服务的提供成本高昂、信息聚合度差、信息效率低，但能在金融压抑下产生高利润；另一方面，各类金融服务业之间发展的极不均衡性，即相对证券业和保险业而言，拥有分支机构数量、固定资产规模最大的商业银行业的比重过大，而且这一业态下竞争格局的构成相对凝固，处于一种自我强化的演进状态。

6.3.2　互联网金融对中国现有金融业态的冲击

客观地说，如何引入新的动力，打破中国现有的金融服务业竞争格局与竞争态势，成为未来一个阶段中国金融发展的核心问题之一。

就目前的情况看，尽管互联网金融在中国出现且兴起的时间极短，其规模相对于传统意义上的金融服务业而言也处于极小的状态，但如果从其出现之后所引发的对中国现有金融服务业态的冲击和现有金融服务业提供者的反应来看，互联网金融具有充当中国金融业态竞争的“搅局者”，进而成为引致中国金融基因式变革，尤其是金融业态的历史性跨越的巨大推动力。

1. 互联网金融对中国银行业的冲击

现实地看，中国的商业银行业可能是受互联网金融冲击最为明显的一类机构，不仅在支付结算等中间业务上受到了第三方支付平台的直接冲击，而且其最为核心的存款和贷款业务也开始直接面临相关互联网金融业务的冲击。

支付结算一直被认为是商业银行专属的最为传统也最为基础的业务之一。从理论上说，对于商业银行而言，它提供的支付结算服务不仅意味着无须承担风险的收入来源，更为重要的是借助对客户（企业或个人）收支账户的准排他性的管理，为银行提供了极其重要的信息优势——通过这种方式，银行能够监视客户的财务状况，犹如可以随意察看后者的会计账本一样，从而接近其他主体无法获得的关于客户的隐含信息，进而银行能够尽早地诊断客户的财务问题，以类似相机治理的方式干预其内部管理。这种信息优势以及基于信息优势的垄断地位是商业银行长期以来占据金融体系主导地位的重要制度保障之一。

但以互联网（或移动互联网）为依托的第三方支付平台以及移动支付的出现，从根本上改变了银行在支付结算领域的专属优势——与银行提供的服务相比，第三方支付平台提供的网络支付①与借助智能手机、掌上电脑实现的移动支付②等互联网金融服务不仅极大地降低了成本，更为重要的是其在更为便捷、人性化的同时，能够真正实现随时、随地和以任何方式进行支付结算。

从中国目前的情况看，无论是第三方支付还是移动支付，最终仍需要客户在银行开卡后才能完成，进而它所承载的渠道作用比较明显，金融化还不是很完全。但是，第三方支付和移动支付领域的开拓，尤其是央行牌照对整个互联网支付行业的规范引导，使互联网金融的概念开始得到了广泛的传播，也为诸如P2P、资产管理等创新型互联网金融模式的出现提供了可能，进而直接威胁到商业银行的存贷款等核心业务。

首先，是随着大数据金融等互联网金融模式的出现，商业银行的传统贷款业务开始在一定程度上受到互联网金融的冲击。大数据金融的核心是互联网服务金融提供商借助支付结算以及社区网络注册、行为轨迹分析等活动所拥有的专属信息优势，而这与商业银行的传统优势高度一致。在商业银行还需要担负大量监管

---

① 从最早涉足互联网金融的阿里巴巴来看，它旗下的支付宝就是一个在2004年创立并有着近10年历史的第三方支付企业，在业务的不断磨合和数据的积累之下，支付宝成为了互联网金融行业发展的雏形，同时也获得了国内首张第三方支付牌照。

② 移动支付是指通过移动通信设备、利用无线通信技术来转移货币价值——清偿债权债务关系。云计算的兴起保障了移动支付所需的存储和计算能力。

成本与固定成本的背景下，互联网金融服务提供者可以较低的成本完成针对消费信贷、供应链金融等风险相对可控的客户的信贷评估和投放，这无疑挤占了商业银行的部分业务发展空间。

其次，在当前存款利率还受到管制的背景下，随着余额宝、百度理财、易宝等新的互联网资产管理业务的出现，商业银行的负债“脱媒”压力进一步增加，部分存款转向了货币市场基金等货币市场产品。从目前的情况看，一方面，由于中国并未出台存款保险制度，很多“宝宝类”网络理财产品的性质较为模糊，所以从资金规模上看，商业银行存款“脱媒”的现实压力并没有导致大的冲击，仅有边际意义；另一方面，这些产品对商业银行资金成本进而贷款成本的冲击却成为争论的焦点——盛松成等（2014）指出，余额宝的高收益主要来源于政策套利，金融体系内资金的循环直接导致了银行存款成本的上升，因此，如果将余额宝纳入存款准备金管理体系，则其收益来源将被大大压缩，从而有助于保障市场公平竞争。高善文（2014）认为，余额宝通过渠道变革不仅实现了交易费用的大幅下降，而且若存款利率在余额宝的推动下被放开后，银行存款量将会上升，这会造成贷款利率相应下降，进而市场上流行的余额宝推高贷款利率的说法是错误的。

在我们看来，以余额宝等为代表的互联网理财产品的现实高收益主要有三个方面的原因：一是通过将众多分散资金汇聚之后，实现从零售存款向同业存款市场的转变而获得跨市场息差；二是在银行体系信贷规模快速扩张背景下流动性短缺冲击导致的短期利率抬升；三是资金未被纳入存款准备金监管所引致的监管租金。因此，从本质上看，余额宝的关键在于其成功地创造或实现了汇集众多用户的零散资金进行集合理财，代表了金融市场化，或者说“金融脱媒”的一种必然趋势。余额宝的出现和发展势必抬升商业银行的（存款）资金价格。但问题是，无论从美、英等发达国家的历史和中国现实来看，在贷款利率日趋市场化的大背景下，银行存款利率的上升并不必然意味着贷款成本的上升，反而有可能成为诱发银行业务模式转型的重要原因。之所以有这样的判断，首先，从中国的情况看，同业存款市场的增长并非互联网金融出现后才发生的，而是利率市场化背景下早已不可忽视的现象，内含了金融机构经营转型的战略取向——2009年初至2013年末，银行业金融机构纳入存放同业、拆出资金和买入返售金融资产项下核算的同业资产从6.21万亿元增加到21.47万亿元，增长了246%，是同期总资产和贷款增幅的1.79倍和1.73倍；纳入同业存放、拆入资金和卖出回购金融资产项下核算的同业负债从5.32万亿元增加到17.87万亿元，增长236%，是同期总负债和存款增幅的1.74倍和1.87倍。其次，从2013年的情况看，中国银行业金融机构全年本外币各项存款新增 12.7 万亿元，同比增长 13.5%，增速同比下降 0.56 个百分点；而各项贷款新增 9.3 万亿元，同比增长 13.8%，增速同比下降 1.76 个百分点，银行业机构基本维持了原有的业务格局，并未受到互联网金融的太大影响。最后，2013 年，尽管中国主要商业银行净资产收益率较 2012 年略有下降，但仍然达到了 20.05%的水平。进一步的分析表明，商业银行净资产收益率的下降主要是由于风险收益率和财务杠杆下降所致，而边际利润率和业务风险水平略有上升。边际利润率上升表明 2013 年中国商业银行的经营效率有所提高。与此同时，主要商业银行的成本收入比连续 7 年下降，表明成本管理效率进一步提高［中国人民银行（2014）］。这一系列数据表明，中国商业银行在短期内完全有能力通过内部管理效率的改进，在一定程度上消化存款利率提高的冲击。

2. 互联网金融对中国证券业的冲击

近十年来，随着互联网技术的飞速发展，国内券商在借鉴国外 E-trade、嘉信等新兴网络券商成功经验的基础上，一直在加大对证券电子商务模式的探索和尝试，或者说积极向互联网“借势”来拓展业务（核心是经纪业务）发展空间——早在 1997 年 3 月，华融信托投资公司湛江营业部率先推出网上经纪业务，开了国内证券电子商务的先河；闽发证券于同年 8 月推出网上证券经纪服务，发展到今天，不仅几乎所有的国内券商都推出了网上交易服务（开发了各种基于电脑、手机的客户端软件，实现网上交易、提供行情信息等），而且相关的统计数据也显示，截至 2012 年末，沪、深两市网上交易占比已超过 90%。因此，中国证券业可以说很早就意识到了互联网技术发展的潜在压力。客观地说，鉴于新兴网络券商的优势在于技术开发和低成本，自身缺乏长期积累的投行顾问力量和客户群体，其多以提供基础通道服务为主，通过低廉的交易佣金来吸引客户（特别是资金不多的个人投资者），进而并未对券商的整体业务及其盈利模式带来过大的影响。但是，随着 2011 年以来互联网金融在中国的迅猛发展，中国证券业感受到对于传统经纪业务原有发展战略和业务模式的全面冲击。

中国证券业之所以有这样的感受，主要是因为在互联网金融兴起的时代，证券业的业务环境已经或进一步发生了四大改变：一是最终用户加快向互联网、移动互联网迁移，使包括证券在内的传统金融服务进一步自助化和碎片化；二是金融需求逐步产品化以及金融产品的逐步标准化；三是互联网科技公司借助技术、数据优势，在金融领域发起跨界竞争；四是具备显著成本优势的电子商务正对传统商业模式形成替代，也为券商业务结构多元化提供了出路。

在这样的背景下，最直接的冲击就是对中国证券公司原有的主要依托营业部数量的增加来拓展市场，进而实现业务扩张这一经营战略的根本性改变。

首先，与美、欧等发达国家或地区不同，中国证券业自诞生之初就主要依靠营业部而非经纪人作为证券业务提供的基础平台，进而营业部的数量多少、地域分布在很大程度上就成为彼此间市场竞争最直接的手段——2002—2012 年，全国共增加 2 183 家营业部，年复合增长率高达 5.39%；其中，2004 年和 2010 年的营业部数量增长速度最快，分别比上年增加 40.07%和 21.98%。但 2011 年以后，这一长期趋势开始出现了逆转的迹象：截至 2012 年底，全国证券公司营业部共 4 978 家，与 2011 年相比减少了 54 家。在我们看来，互联网金融可能是引发这一趋势反转最主要的原因——鉴于互联网金融的出现缩小了沟通的距离，使得证券公司无须通过营业部即可为遥远的顾客提供服务，因此将固定成本投入成本高昂的营业部的经营模式必将成为历史。中国证券业的市场竞争态势必将随着互联网金融的出现而发生根本性的变化。

其次，中国证券业的业务创新理念或方式将出现巨大的变化。在中国证券监管约束颇为严格的大背景下，业务雷同、缺乏特色一直是困扰中国证券业运行的主要问题之一。在互联网金融时代，随着大数据、云计算等技术的飞速发展，在证券业务创新或者说产品开发方面，无论是传统的券商还是新兴的互联网金融机构均可以在更加深入地理解、掌握以及挖掘投资者真实需求的同时，更准确地揭示产品、服务的特征，通过构建更直观的信息图谱，创造机遇社交、长尾的投资需求，最终导致各类证券产品服务机构的差别化、竞争化，引发蓬勃的创新。

现实地看，基于账户分层的“超级账户”（核心是不同账户的资金划转和客户适当性管理差异化，不同层次的客户可以使用的资金权限不同，而后针对不同层次的账户提供不同风险等级的产品，满足客户的消费性需求、理财需求和证券交易需求）就成为国内证券公司创新最为直接的后果。此外，国内有些证券公司还尝试在证券账户中嵌入支付功能（或与第三方支付公司合作，或直接开发独立技术系统实现完全意义上的支付功能）来应对银行和基金的现实挑战。

再次，互联网证券的兴起，有可能在强化业务竞争的基础上加快中国现有证券公司存在的业态分化：一端是提供综合证券服务的大型证券公司，另一端是提供高度专业性服务的精品证券公司。

最后，依托互联网金融的信息中介的兴起，有可能对证券公司存在的基础产生直接冲击。保持距离型融资发展的最终状态可能是资金供求双方的直接互动和交易，没有金融中介机构的介入，借以实现融资效率的最大化和融资成本的最小化。这种金融运行状态在以前可能还是不可思议的，但以社交网络、大数据为代表的新兴技术的飞速发展以及信息中介的出现却增加了这种可能，或者说在一定程度上推动了证券市场不断向这个方向发展。依托社交网络和大数据等技术的信息中介使得信息趋于共享透明，同时借助搜索引擎等技术实现供给与需求的匹配，未来很可能的一种状态就是资金供求双方直接在社区内进行证券的发行和交易，双方的互动交流也完全在社区内实现，甚至还会出现基于投资主题、行业乃至企业的一个个网络社区，投资者之间也会搭建一个交流分享社区。

3. 互联网金融对中国保险和基金业的冲击

从目前来看，互联网金融对中国保险和基金业的影响最直接地体现为产品设计（或创新）和营销渠道的改变以及由此引发的行业市场竞争格局的改变。

就保险业而言，目前信用数据化和数据资产化已引起保险公司的足够重视。一些新兴的中小保险公司借助网络廉价平台快速起步，互联网正在改写保险原有的格局。与传统保险相比，互联网保险不是简单地将传统保险产品移植到互联网上，而是根据上网保险人群的需求以及在线的特点设计产品，能够为客户的网上生活提供较全面的保障。线上保险能最大限度地满足不同客户的个性化需求，并根据客户需求设计出真正让客户满意的产品和服务，完全是以客户为中心。对于未来互联网金融进入保险行业，将很可能改变目前保险行业的代理人制度。目前，保险公司销售保险产品大多不会直接面对终端消费者，而是通过大量的代理公司或代理人进行销售，这在一定程度上与机票的代理商销售制度类似。显然，互联网的加入将使保险的销售越过代理人的门槛，这对于目前的代理人制度将是一个不小的挑战。

在互联网金融兴起后，中国基金业所受的冲击与保险业颇为类似——较为典型的一个例证是以余额宝的创设为突破口，阿里巴巴公司控股下的天弘基金借助支付宝一举发展成为国内最大的货币市场基金（天弘现金增利）的同时，也引发了一场基金产品创新的变革风潮，涌现出类似百度百发、定期宝等多个基金产品，直接对现有基金产品形成了冲击。

6.3.3 互联网金融兴起后中国金融业态的重构：基本设想

随着云计算、大数据、物联网、定位功能等科技手段的不断进步，凭借社交网络、电商平台等积累的用户群体及其交易数据，互联网企业可以较高效地了解用户在金融服务方面的需求和偏好，这在创新、整合和定制服务方面给商业银行等金融机构的传统服务模式带来了不小的挑战，进而引发中国金融业态重构基础上的金融服务业重大变革，成为推动中国金融发展的新动力。因此，可以预见，作为一种依托网络这一虚拟世界的全新金融服务业态，互联网金融将随着中国金融市场化运行的制度规则尤其是金融服务准入标准的调整，借助其特有的低成本、信息流整合（大数据）、信息对称与共享和快捷高效率等优势，其在中国的未来发展趋势不可逆转。互联网金融的迅速崛起，对于中国现有的金融业态尤其是净资产收益率较高的商业银行而言，必然意味着市场竞争格局的显著调整，进而引发巨大的压力或挑战。但客观地看，互联网金融内生的局限使得这种挑战有的是带有颠覆性的、此长彼消式的竞争，具有替代性趋势；而有的只是彼岸相望、促进式的竞争，彼此之间难以替代。这两类金融运行架构相互竞争后，一个较为理想的新金融业态体系可能是在分工更加明确、个性更加突出、结构更加多元、效率进一步提高基础之上以传统金融业态（当然也要经过互联网的技术改造）为主、以现有互联网金融模式为辅的格局。

之所以有这样一个判断，最为重要的一个原因是在我们的理解中，对于尝试新东西（投资、创新等）所需的经济信息通常是意会的知识，而非数码式的，进而互联网金融难以完全替代传统金融（商业银行）最为核心的问题是金融活动中意会信息的重要性，以及以商业银行和投资银行为代表的传统金融中介在生产、处理意会信息时的重要作用。

要理解这一点，有必要对意会信息以及与之相应的数码信息做简要说明。从理论上说，意会信息是指无法通过简单的数码信息获得的、只能在有限的区域通过关系合同或特定经历得到的信息，因此它们不可能在公开场合轻易获取；而数码（成文化）信息是指那些可以表示为计算数字、书面或口头报告的信息，以及通过分析这些信息的内容所得到的信息。

从金融契约设计的内在需求看，我们可以认为：无论未来以云计算、大数据、社交网络等为代表的互联网技术能够发展到何种高度，现实经济社会生活中能够数码化并且能够在全球网络或公司信息网络传播的信息不可能是无限的；与此同时，尽管数码信息的流动性在不断增强，各种意会信息不仅仍是有价值的，而且其获得更需要具有专业知识的专业人士介入，或者说互联网金融的崛起不可能替代商业银行家、投资银行家和风险投资家等金融专业人士，也不可能替代商业银行、投资银行以及其他金融中介机构。

在我们看来，关于信息类型的这一区分对于理解以商业银行、投资银行、风险投资等为代表的、相对于互联网金融而言的所谓传统金融内核及其未来的发展极具启示意义。

首先，以商业银行为代表的传统关系型融资可以看作贷前监督、贷中监督和贷后监督这三个阶段的集成式捆绑及相应知识的综合使用。

从理论上说，贷前监督主要对付逆向选择问题，即融资者和借贷者关于项目风险、借贷者技能等信息不对称问题。如果这类监督主要基于数码信息，它就对应于实际中的尽职调查。当然，贷前监督的范围也不限于逆向选择问题，在有些情况下，项目的价值对于借贷者来说不确定（如某项目的市场价值可能取决于另一个平行项目的运行状况），此时具备该平行项目融资能力的融资者就处于比借贷者更有利的位置，虽然他的知识由于不存在评估这两个互补项目综合价值的市场而不可能完全数码化。

融资者运用其所掌握的知识判断再融资的时机及相应对策的信息加工活动称为贷后监督，这也需要用到意会知识。处于事前和事后监督之间的信息加工活动则属于贷中监督，其目的是帮助融资者积累借贷者在项目进行中的信息。

其次，与商业银行类似，投资银行的存在可以降低投资者与企业之间的信息壁垒，而正是这些信息壁垒阻碍了投资的发生。从理论上说，投资银行关注的信息并非与专利、专有技术等相关的知识资产，而是价格相关信息（在很大程度上体现为意会信息），即资本家用以为潜在创新进行估值的信息。即便拥有充足的财力，创新者也需要这些信息，如果没有这些信息，一家企业或是管理良好的公司是不会投资的。显然，这类信息与知识资产所包含的信息不同，公开进行何种创新决策的价值并不会减少创新的内在价值，一旦创新有机会在市场上证明自己，那么相关信息就会立即成为普通知识。

与投资银行相关且最为关键的一点是很难建立关于这种价格相关信息的正式产权——不仅很难让潜在信息购买者相信信息是准确的（进而无法确定价格），也很难证明当事人是从生产者那里获得了信息（进而确保购买信息的支付），而且更为重要的是出售信息的当事人并不是立即让渡了信息；换句话说，他还能将信息反复地转让给第三方、第四方乃至无穷（这会弱化购买者对信息商业价值的判断）。而作为法外机构的投资银行则可以创造一个与价格相关信息的市场——在这个市场上，价格相关信息的非正式产权可以进行交易，进而促使信息生产者（可以是退休基金等大规模投资者，也可以是类似试图退出其投资的私募基金公司这样的在信息生产过程中专注于某一方面的小型投资者）的存在和发展。

再次，当融资项目是一种高度不确定的创新项目时，鉴于项目的市场价值高度不确定，致使融资者的融资决策必须依赖于对企业家个人特征和项目性质的直观判断，此时风险投资家的作用至关重要。此外，在无法证实的事态下进行再融资将对应着下一个“阶段融资”，即再融资决策取决于企业家执行开发项目的进展情况。在后续融资阶段，风险投资家的知识逐渐积累并日趋清晰，但大多仍是意会式的。

如果上述分析成立，那么我们可以看到，尽管互联网金融和以现有商业银行为主导的传统金融模式之间的优缺点颇为明显——互联网金融除了在现有依托银行网络实现支付结算的功能升级上具有明显优势外，在资源配置（融资，尤其是基于供应链的平台小额贷款以及消费信贷等方面）和标准化金融产品的销售两个领域也存在巨大优势，而传统金融则在个性化服务、高度的专业性、较高的感知价值、对冲风险的能力、雄厚的资本实力以及线下客户的垄断方面等具有比较优势。但是，从理论上说，互联网金融是无法从根本上完全取代传统金融的，更为客观地判断是互联网金融的快速崛起将发挥“鲶鱼效应”，直接推动了银行业的技术进步，加快了互联网与金融的全面融合，或者说金融的互联网化，实现凡计算机系统能处理的金融交易尽量不用人力、凡电子渠道能销售的产品尽量不用网点、凡远程集中能处理的业务尽量借助互联网用低成本的人工和场地、凡用数据挖掘等方式找到的目标客户尽量用网络方式营销。

当然，从长期来看，互联网金融无法完全取代传统金融，同时我们也应该看到，基于互联网技术的平台、客户资源和海量数据的互联网金融与支付、信息显示以及资源配置（风险管理）等金融功能之间耦合的程度也给其在传统金融之外提供了广阔的发展空间，尤其是民营资本在短期内可大举介入金融领域，进而在支持小微企业和个体户贷款业务上，可以与金融互联网机构错位营销、自主销售贷款，在起到拾遗补缺的作用基础上，更好地满足众多网民和小微客户的内在经济需求，在可预见的未来成为推动中国金融运行理念、机制和效率实质性变革，进而推动经济发展的重要力量。

6.4　关于中国互联网金融未来发展的战略前瞻

鉴于金融制度安排的特殊性以及金融发展所面临的种种制约因素（诸如薄弱的产权制度、低效的司法执法机制、落后的金融基础设施、僵化滞后的公司治理机制以及政府干预和与政策相关的不确定因素等），互联网金融在中国的发展绝非易事。在我们看来，要想实现互联网金融在中国的健康、有序、平稳发展，除技术进步外，更为重要的是需要中国构建一个适合互联网金融的金融结构、金融监管以及金融基础设施等，同时互联网金融也要通过规范与安全基础上的持续创新更好地满足社会需求。

6.4.1　中国互联网金融创新和发展的前提约束

1. 中国金融结构的转型与市场主导型金融模式的构建

在经历了 30 余年的改革开放之后，尽管随着多元化金融机构体系的创建以及金融市场从无到有、从小到大的迅猛发展，当前中国金融体系的整体架构较改革之初已发生了极为深刻的变革，但现实地看，如果根据银行与市场，或者说直接金融与间接金融两种融资机制在金融体系的地位来判断，那么中国金融体系无疑呈现出一个较为典型的"银行主导型"特征。之所以有这样一个判断，是因为无论是就单一时点或某一时期的相关数据及其国际比较而言（见表6—2），还是从实体经济中的现实观察而言，与金融市场相比，当前中国银行体系都发挥着更为重要的作用：一方面，如果以1990—2009年的均值计算，存款银行资产与股票市场市值之比达到2.93（中国的这一指标不仅远高于美、英等国，而且在"金砖四国"中也是最高的，仅次于德国）；另一方面，在社会融资结构中，银行贷款在1997—2010年占到了全社会融资总量的80%左右［参见陈雨露等(2011)］。

表6—2　　2000年金融体系的国际比较：基于银行vs市场指标

	指标	英国起源	法国起源	德国起源	斯堪的纳维亚起源	样本平均	中国
银行和市场规模	银行信贷/GDP	0.62	0.55	0.99	0.49	0.73	1.11 (0.24)
	营运费用/总资产	0.04	0.05	0.02	0.03	0.03	0.12
	总交易值/GDP	0.31	0.07	0.37	0.08	0.27	0.11
	总市值/GDP	0.58	0.18	0.55	0.25	0.47	0.32
结构指数（银行对市场）	结构活动	−0.76	−2.03	−1.14	−1.83	−1.19	−1.07 (0.46)
	结构规模	−0.10	−1.05	−0.77	−0.69	−0.55	−1.24 (0.29)
	结构效率	−4.69	−6.00	−5.17	−6.17	−5.17	−1.48 (−3.07)
	结构总量	1.21	−0.05	0.66	0.13	0.72	—
	结构监管	7.02	8.21	10.15	7.72	8.95	16
金融发展（银行和市场部门）	金融活动	−1.18	−3.38	−0.84	−2.86	−1.58	−0.85 (−2.38)
	金融规模	5.10	4.29	5.22	4.60	4.95	−1.02 (−2.55)
	金融效率	2.18	0.44	2.85	1.04	2.01	−0.60 (1.14)
	金融总量	1.23	0.13	1.47	0.48	1.05	—

资料来源：Allen et al. (2006)。

客观地说，尽管中国现有的这种金融结构预示了互联网金融在中国潜在的巨大发展空间，然而它很难为互联网金融的持续发展，尤其是其初创阶段的健康发展提供良好的土壤——以现有的"余额宝"、"定期宝"、"百度百发"等理财创新产品而言，离开了发达的货币市场、股票市场和债券市场，我们很难想象这些创新的根基究竟在什么地方，而国际层面规范意义上的P2P以及众筹融资方式，从本质上看也就是银行信贷或创意的"证券化"过程，进而离开了金融市场也很难找到其发展的立足点。

如果上述分析成立的话，那么如何在实现资本市场规模不断增大的同时，确保市场的流动性和透明度，进而推动中国现有银行主导型金融模式的逐渐转型就成为中国互联网金融的基本约束条件。现实地看，在银行地位不断强化的今天，金融模式的这一市场化转型难度颇大，很难在短期内实现。目前，我们所能做的就是尝试通过修改相关的证券立法，实现证券发行机制从核准制向注册制转变，在强化股票、债券发行市场化约束的基础上，积极推动银行信贷资产的证券化创新。

2. 中国金融监管架构的适应性调整

现实地看，与互联网金融相对的商业银行、证券公司、保险公司等传统金融中介的存在及其发展往往与严格的金融监管，尤其是极高的准入门槛联系在一起，甚至有些人认为，“在传统金融里，由于金融管制等诸多原因，正规金融中介从诞生的第一天开始就具有贵族或管家的血统，并且攫取了其他行业难以企及的利润”。但客观地说，无论是理论还是历史的实践都可以清晰地证明，不仅针对传统金融中介的这些监管措施有其合理的一面，而且在制度基础不是很发达的前提下，鉴于金融活动要面临很多难以解决的风险，金融家更乐意给有钱人（因为他们要么有抵押品，要么有社会关系）提供贷款应该是一种“理性歧视”。

毫无疑问，以“普世金融”或“平民金融”为内核的互联网金融的出现及其发展肯定会弱化这种理性歧视，其背后的原因非常简单——并不只是有财产和有关系的人士才拥有经营才能，进而抵押或关系带来的理性歧视，导致很多拥有经营才能的人得不到必要的资源来实现他们的理想，社会就会变得更加贫穷。

但问题是，如果仅以现有的金融监管标准为依据，互联网金融发展的未来肯定难有大的突破——单就中国现行的准入门槛而言，《商业银行法》明确规定：“设立全国性商业银行的注册资本最低限额为 10 亿元人民币；设立城市商业银行的注册资本最低限额为 1 亿元人民币，设立农村商业银行的注册资本最低限额为 5 000 万元人民币。”以电子商务为代表的互联网企业准入的资本要求很低，即便涉及金融业务的第三方支付和小额贷款公司的资本准入要求也远低于银行。此外，如果以资本充足率等现有指标来监管涉及信贷业务的融资平台，可能只有极少数互联网公司满足相关的标准，而其他绝大多数公司都将被排除在外。

考虑到互联网金融主要是依赖庞大的零售客户群、海量的交易数据、先进的互联网平台和技术团队以及快速的市场应变能力，针对传统金融的监管标准显然难以适应全新的互联网金融运行模式，进而如何在适时构建、修改并完善互联网金融监管体系的基础上，放宽金融服务的市场准入门槛，同时保护消费者的合法利益，可能是摆在监管当局面前最关键的一个问题。

现实地看，互联网金融的市场准入门槛问题可能是监管当局最应马上着手考虑的问题之一。在第三方支付平台已实现牌照化管理的前提下，目前监管的重点无疑应是鱼龙混杂的众多 P2P 平台或公司。客观地说，尽管考虑到中国现有的 P2P 运行模式差异颇大、承担的风险也不尽相同，进而其性质也大相径庭，但很难通过简单的“一刀切”来实现有效监管。然而，在借鉴国内外经验教训的基础上，明确不同互联网金融模式的基本行业准入门槛，推动市场的规范和集约式发展可能是迫在眉睫的问题。在确定基本的行业准入门槛之际，监管层还必须在效率和安全之间做一个权衡，即为了强化效率，可能要适当降低准入门槛，允许更多的主体介入互联网金融创新，但门槛的降低必然会对互联网金融服务的消费者（含投资者、筹资者以及第三方支付中的收支双方等）的利益保护带来直接的冲击。

从中国目前的情况看，在构建互联网金融监管框架时，应立足互联网金融的长远健康发展。监管当局应该把对消费者的保护放在优先考虑的位置，建立一个消费者利益保护的有效体系。而这对于处在初创阶段的中国互联网金融，意味着应在适当提高准入门槛的基础上加速实现优胜劣汰，尽快结束当前无序的“野蛮”发展状况。

3. 中国金融基础设施的完善

从中国现有的情况看，考虑到：①产权制度并不完善，尚未建立一个可在众多当事人中分割和转让一项资产各种权利的成熟而精妙的产权体系（例如，由于抵押贷款证券化市场的滞后，针对贷款或贷款组合而产生的现金流目前多限于两个主体之间的简单权利转让，现在还很难实现使一位复合投资者对最初的 80%、接下来的 10%和最后的 10%的息票等额还贷拥有不同的权利）；②合约执行尚存在很多缺陷，尤其是大量复杂的承诺和产权的交易游离在法律法规的边缘，存在法律、政府干预甚至政策变动等多方面的不确定性；③会计准则、信息披露制度的要求还较为落后，财务信息的可得性、准确性、完备性、全面性往往无法保证，使得人们难以准确地评估借款人的财务状况；④相关法律法规的缺失以及法律执行的低效率，再加上金融监管机构设置、专业人员配备以及权利制约等因素，往往采用较为僵化的监管模式，更多的时候只能以牺牲效率为代价来换取经济金融稳定；⑤企业、个人的信用文化尚不完善，缺乏健全的信用评估体系和标准化记录，单个主体的违约风险管理极为困难等因素的存在，使互联网金融的发展在客观上受到了极大的制约。因此，从某种程度上看，中国能否进一步完善现有产权制度和合约执行体系，健全社会信用评估体系，构建规范有效的法律、清晰的会计标准、合格的监管机构等基础市场设施就成为未来一个时期互联网金融健康有序发展的重要条件。

4. 中国的金融文化以及经济主体金融行为与习惯的转变

互联网金融在中国出现和兴起的基础之一无疑是目前数以亿计的互联网和移动互联网用户。因此，从某种意义上说，计算机、互联网以及移动互联网的技术进步及其在中国接受度的不断上升就成为互联网金融持续发展的重要前提条件。

客观地说，近年来随着电子商务模式的兴起，包括中国在内的世界各国普通民众对互联网等信息技术的接受度已经有了极大的改善——CNNIC 的统计数据显示，2012 年超过 2.4 亿的网民使用过互联网进行购物（其中，过半的网购用户每天都会访问电子商务网站），占上网人数的 42.9%（较 2011 年提高了 5 个百分点），进而这种“告别物理场所”的行为模式变化已开始引领金融活动向互联网、移动互联网迁移①，智能手机、平板电脑等移动设备正在快速挤占个人电脑的使用空间，移动化、碎片化的访问方式已逐步成为用户和各类应用提供商的主要交互方式。但问题是，鉴于这些网络金融服务的使用者多局限在年轻的中端或大众客户，对于高端客户以及中老年客户而言，其金融服务的载体仍然为线下传统金融中介机构。因此，如何改变这些群体依赖“钢筋水泥”物理形态的金融文化，转变其金融行为和习惯也就成为互联网金融走向成熟的重要基础。

6.4.2　互联网金融发展的内在要求

1. 规范

金融业是一个与金钱打交道的行当，自然吸引了为数众多的骗子，业内人士对此当然心知肚明，因而特别强调用信誉和风险控制来保护自己——从总体上看，金融业在这方面要比其他行业做得更好。换句话说，在金融业发生不道德事件的概率并不比其他行业更高。

从理论上说，单纯地依靠金融行业内部人士的自律很难实现这一目的，来自政府的严格金融监管才是实现金融业健康、规范发展的基础。但客观地说，到目前为止，中国在借鉴美国等经验基础上发展起来的以 P2P 为代表的某些互联网金融模式却很难从金融的角度看到多少创新的程度，反倒出现了很多由于创设主体行为失当引发的令人担忧的问题——当前的中国，通过简单地搭建一个网站来联系借款人和放款人，不仅每个有意愿的主体都有尝试建立 P2P 平台的机会，而且这种尝试已成为了现实。可以预见（甚至当前就已经暴露出来），随着市场

---

①　目前，通过网上银行、移动银行、电话银行等电子渠道发起的交易数量占整体交易数量的比例普遍超过 70%，证券业通过交易软件委托完成的网上交易量已超过 90%。

竞争的加剧，尤其是几个强大P2P平台崛起之后，很多缺乏经营能力的平台在被逐渐淘汰的同时，与之伴随的“违约”、“跑路”等恶性事件可能会严重打击消费者的信心，导致P2P，甚至互联网金融行业的整体滑坡。

正是基于这样一个考虑，在我们看来，现有互联网创新主体行为的规范性（即投机性的弱化）就成为中国互联网金融持续发展的重要前提和内在要求。

2. 创新

目前，中国的互联网金融正处在碎片化发展的初创阶段，不仅远未实现相对独立的体系架构，而且现有的服务对象相对单一（主要面向供应链金融和消费信贷），较难涉足处于创新型变革核心中的企业，尤其是高科技公司的融资。

从中国目前的情况看，随着经济增长方式的转型，创新型变革的重要性正在不断上升，而这意味着某些革命性的技术创新可能给企业创造全新的产品和市场。从理论上说，在这样一个时代，以互联网精神为内核的互联网金融本应大有作为——在这样一个自由的金融体系中，独立但信息灵通的技术价值评估将确保更多的新技术得到资金，即便也需要承担更多的失败或尝试的成本。在这种大的背景下，互联网金融应在确保为客户提供具有个性化的服务、根据不同客户的交易偏好为客户制定个性化服务产品的同时，不断满足不同客户主体的需求，加深网络平台根植性，增强客户“黏性”，从而在产生固定客户群体的前提下，如何突破现有的互联网金融模式，发挥大数据、云计算等技术优势，更好地服务创新型企业家就成为决定互联网金融未来的关键所在。

3. 安全

现实地看，中国现有互联网金融模式的风险控制措施和传统金融机构的风险控制措施相比，并无明显优势，更多的只是吸收资金和发放贷款的工具，本质还是营销层面的创新，这个层面的创新容易扩大规模，却不利于控制风险。特别是某些互联网金融创新主体在开始线下金融的业务后，其资金流量在迅速增加的同时也会面临传统金融中介同样的风险，导致金融风险的来源日益多元化、复杂化。因此，互联网金融模式只有在建立完善的风险防控机制后，才能继续生存。

参考文献

［1］夏斌，陈道富．中国金融战略2020．北京：人民出版社，2011

［2］陈雨露，马勇．中国金融大趋势．北京：中国金融出版社，2010

［3］王朋月，李钧．美国P2P借贷平台发展：历史、现状与展望．金融监管研究，2013（7）

［4］易观智库．2013 年 3 季度中国第三方支付市场季度监测．易观国际网站，2013－10－28

［5］吴晓求．中国金融的深度变革与互联网金融．中国改革论坛网，2014－05－09

［6］杨凯生．我是这么认识互联网金融的．网易，2013－10－13

［7］曾鸣．互联网的本质．虎嗅网，2013－11－07

［8］高善文.余额宝们不会抬升贷款利率.中国证券报，http：//www.cs.com.cn/app/ipad/ipad01/02/201403/t20140324_4342636.html

［9］盛松成，张璇．余额宝监管涉存款准备金．21 世纪经济报道，http：//finance.21cbh.com/2014/jrgc_318/1101436.html

第 7 章　互联网金融：他国的经验

摘　要

伴随着计算机和互联网技术的飞速发展，金融从传统走向现代、从固化走向流动、从有形走向无形、从封闭走向开放。不容置疑，美国是现代金融体系的开拓者和领导者，美国金融模式的演进，引领着世界金融体系的发展；研究美国金融的新动向，对于把握未来的金融趋势意义非凡。

互联网金融萌芽于美、英，繁盛在美国，并在近两年被中国学界和业界所熟知。当前，中国的互联网金融还处于初级探索阶段，研究美国互联网金融的发展形态、运营模式、盈利模式、风险管理等以供借鉴，显然是十分必要的。

本章首先介绍了美国互联网金融兴起的背景；随后，本章集中篇幅介绍了典型的美国互联网金融的模式——P2P 借贷、第三方支付与货币基金、众筹以及传统银行、证券、保险行业在互联网中的延伸；接下来，本章介绍了互联网金融的风险类型与监管；最后，本章分析了美国互联网金融的发展给中国的启示。

7.1　美国互联网金融的兴起

毫无疑问，金融是现代经济运行的核心，它在资源配置、支付清算、风险管理、价格发现等方面发挥着不可替代的重要作用。从世界范围看，金融业中的竞争一直广泛存在。采用最先进的技术手段来降低成本、吸引客户、管控风险、实现盈利，一直是金融企业提升市场竞争力的重要手段。伴随着计算机和互联网技术的飞速发展，金融从传统走向现代、从固化走向流动、从有形走向无形、从封闭走向开放。不容置疑，美国是现代金融体系的开拓者和领导者，美国金融模式的演进，引领着世界金融体系的发展；研究美国金融的新动向，对于把握未来金融趋势意义非凡。

7.1.1　美国互联网金融兴起的原因

1. 信息不对称与互联网革命

经济活动伴随着信息的交换，而信息不对称所产生的交易成本深刻影响着金融的运行。在金融交易完成之前，金融市场的信息不对称状态会鼓励投资资金向低质量的企业流动，抑制投资资金向高质量的企业流动，产生逆向选择；而金融交易完成后，贷款人可能通过增加风险偏好、故意拖欠借款等方式损害借款人利益，即道德风险［仵志忠（1997）］。互联网技术的兴起，改变了人们传统的信息交换和处理方式；互联网与金融的融合，能够减少信息不对称的负面影响。

第三次科技革命以信息技术发展为核心标志。人类社会的发展从没有像今天这样日新月异、推陈出新，这一切都来源于信息技术的推动；更准确地说，是来自计算机技术的快速发展和互联网应用的成熟。从 1946 年 2 月第一台计算机在宾夕法尼亚大学诞生开始，计算机技术革新的脚步就不曾停驻。根据摩尔定律，集成电路芯片上的电路数目每十八个月就会翻番；直观地说，微处理器的性能每十八个月就能提高一倍。20 世纪八九十年代，随着苹果公司、微软公司的发展和成熟，微型计算机走入人们的视野，此时的计算机易于携带、运行稳定、价格便宜，计算机真正走进了人们的生活。到今天，质量超轻、体型超小、速度超快成为计算机的显著标志，移动计算机成为人们工作、生活中的必需品；而在计算机基础上发展而来的云计算，则将人们推到真正的移动信息时代。目前，最快的计算机——天河二号——的运行速度已经达到了每秒 5.49 亿亿次，相当于 13 亿人同时使用计算器计算 1 000 年；即使是普通手机的计算速度，也是最初计算机的数千万倍。计算机技术的飞跃式发展，改变了人们传统的信息收集和数据处理模式，人们处理信息的能力得到了极大提高。

1969 年，美国国防部为了应对战争，开发出了最原始的局域网；1983 年，随着TCP/IP协议的研发成功和推广，形成了 Internet 的雏形；1991 年，美国的三家公司宣布将 CERFnet、PSInet 及 Alternet 网络组成了商用 Internet 协会(CIEA)，向客户提供 Internet 联网商业服务，由此开启了互联网时代。Internet 商业化服务提供商的出现，极大地促进了商业服务的发展，Internet 在通信、资料检索、客户服务等方面的巨大优势，使得它被世界广泛接受。自此，世界步入了互联网时代。从 2008 年起，云计算的概念逐渐流行起来，并被大众所接受。云计算被视为革命性的计算模型，它使得超级计算能力通过互联网自由流通成为了可能。企业与个人用户无须投入昂贵的硬件购置成本，只需通过互联网来购买或租赁计算能力。云计算让用户脱离技术上的复杂性而获得应用，摆脱了硬件、软件的约束。基于 Web 服务、以互联网为中心、实现全球资源共享的云计算，成为信息时代又一个增长点。

互联网的快速发展已成为当今世界不可阻挡的洪流，它不仅改变了传统的信息传播方式，更深刻地改变了人们的生活传统。互联网的普及和发展所引发的不仅是一场突飞猛进的信息革命，更是一场前所未有的深刻社会变革。从此，人们获取信息变得更加容易，足不出户可以了解世界的新闻；人们的沟通更加便捷，邮件、Facebook、微博等网络工具将人们时刻联系在一起；人们的消费与购物方式也摆脱了物理形态，坐在电脑前或者仅仅利用手机上网，人们就可以从上万种商品中快速筛选喜好的产品，再通过网络支付，只需几秒钟就能实现商品交易。人们与金融业的联系也因此变得更加紧密，先进的计算机技术为人们的投资分析提供了支持，而互联网平台使人们可以在线进行资金转移、证券投资、保险投资等。

计算机技术的发展和互联网的成熟是互联网金融产生的基础。

在已有的文献中，对于互联网与金融关系的研究大多集中在互联网技术对金融交易的效率和效果上［Fan（2001），Vijayasarathy（2004）］。Georgios Zekos（2004）认为，信息技术加速了互联网金融的发展，使得交易变得更加容易，技术进步使得金融活动更加全球化，个体联系更加紧密，也鼓励了监管政策的放松；在线的交易行为降低了交易成本，非人工的直接交易变得更加容易，突破了原有监管的边界；此外，互联网金融对于价格的纠正作用不容忽视，网络技术运用于金融领域，使得市场流动更加容易，价格纠正更加及时。有大量文献探究了互联网技术对于金融体系尤其是银行体系的促进作用。Ibid（1999）认为，借助于互联网，新金融部门的加入能够提供更具竞争性的金融服务，从而加剧了整个金融系统的竞争。市场竞争意味着金融机构要降低交易成本、实现利润最大化。Simpson（2002）指出，运营成本最小化和运营收入的增加是互联网银行发展的最主要原因。竞争对效率的影响是显著的，Elyasiani and Mehdian（1990）认为，互联网等技术的运用提高了美国银行业的效率水平。Altunbas et al.（1999）在研究欧洲市场时也发现，采用了网上金融服务后，银行降低了运营成本、提高了生产率水平。Jayawardhena and Foley（2000）研究了英国的银行业，发现了类似的结论。新信息技术的引入对于银行业盈利的影响更为复杂。Furst（2002）等研究发现，网上银行服务并不能显著影响银行整体的业绩。Claessens（2002）等研究发现，银行采用互联网技术最终会导致银行整体利润水平的下降，因为新技术的广泛使用降低了佣金率、利差以及其他费用。但是，De Young et al.

(2007) 通过研究三年期美国社区银行的数据，在比较了美国的纯实体银行和拥有在线金融服务的银行后，发现在线金融服务的引入的确可以增加银行的总收入和盈利水平。Ceylan Onay and Emre Ozsoz（2013）的研究也许能给出最合理的解释，他们发现银行采用互联网服务后能够显著提升利润水平和存贷款数量，但在采用互联网技术两年后，其利息收入却下降了，根本原因在于技术水平带来了竞争。也就是说，最开始的技术创新带来了超额利润，但随着模仿者的进入，超额利润最终会消失，并且随着劳动生产率的提高，报酬率相应递减。Hernando and Nieto (2007)，Gopi and Ramayah（2007）认为，线上的金融服务是传统金融的一个有效补充。

2. 金融中介创新

在规模经济中，信息不对称的存在是金融中介存在的主要原因。金融中介的主要功能是生产信用，能够减少信息不对称、降低交易摩擦。Zekos（2004）认为，金融中介的存在是因为市场摩擦及信息不完全，中介机构成为市场系统的一种补救。互联网金融的产生，促进了金融中介的创新，甚至是一种再中介的过程；而金融中介创新的持续，也推动了互联网金融更大的发展。互联网的使用，使得传统金融中介处理信息不对称的能力加强；而两者的结合也使得金融中介突破了传统的边界，比如衍生出 P2P、大数据信用分析等纯网络金融中介。信息网络技术在金融当中的应用，使得商业银行、投资银行、经纪公司、交易平台的边界变得更加模糊，传统的中介机构、其他新兴的市场中介机构都可以更加便利地进入对方的业务领域［Zekos（2004)］。Tufano（2002）认为，金融创新是创造金融工具、金融技术、金融机构和金融市场的活动，并使这些创新成果得以推广。Hicks and Niehans (1976) 把降低交易成本看作创新的首要动机，认为创新的实质是对技术进步导致交易成本降低的反应。Kane (1984）提出规避型金融创新理论，把金融创新看作规避与创新的辩证和动态过程。Finnerty (2001 ）把金融创新分类为重新配置风险、增加流动性、减少代理成本、降低交易成本、规避税收和管制约束等，这种分类实际上也归纳出了金融创新的功能。金融中介在市场中的地位，对于其创新活动有着显著影响。Arrow（1962)，Fishman and Rob (2000) 发现，与竞争性的中介相比，市场垄断者缺乏创新动力，垄断者从创新中获得的收益相对要少。这也是互联网金融在美国兴起的主要原因，因为美国是一个自由竞争、市场化的金融体系，创新更容易在这种竞争市场中出现。

作为全世界金融现代化程度最高的国家，美国金融业在经济发展中承担了更重要的作用，并且这种作用是全球化的。纽交所、纳斯达克、芝加哥期货交易所的股票价格影响着全世界的证券和商品价格，进而影响着全球资源的配置。金融业在经济发展中的巨大影响力，决定了金融中介创新活动的必要性，而金融中介创新的外溢效应能带动整个社会创新和发展。

3. 金融抑制与金融深化

金融市场不完备主要表现为普遍存在于发展中国家的金融抑制现象［McKinnon（1973），Shaw（1973）］。金融抑制主要是因为政府通过行政手段干预金融体系的发展，金融体系发展的滞后阻碍经济的发展；而经济落后，政府又更多地干预金融体系，从而形成了恶性循环。传统金融抑制的主要形式包括存贷款利率限制和资本账户管制［Bai et al.（1999）］。金融抑制的存在呼唤金融深化。Shaw（1973）认为，金融深化的首要任务是政府要放松对利率的管制，让资金市场自行决定适当的利率水平，此利率水平通常高于管制利率；利率水平的提升有助于储蓄，储蓄再转化为有效投资，从而形成储蓄—投资—发展的良性循环。以R. W. Goldsmith（1985）的金融相关率计算，美国的经济货币化程度很高，金融抑制程度很轻，而且得益于竞争性的金融体系，个人信用贷款、第三方支付等创新金融活动需求强劲，P2P、PayPal 等互联网金融的适时出现迎合了这类需求。比较而言，中国仍存在利率管制，金融相关率很低，金融抑制程度很高，这就是互联网金融在中国的发展远远快过美国的原因。余额宝（本质为货币市场基金）的发展与美国利率市场化之前的货币市场基金发展情况非常相似。

4. 互联网与金融功能的耦合

Merton and Bodie（1993，1995）提出了金融功能观理论，认为金融中介的形式是不断变化的，但金融的功能是相对稳定的。Zekos（2004）也指出，金融中介的经济功能应是更加稳定的，金融中介与市场力量的协作和竞争引导着金融系统向着更有效率的方向发展。

根据 Merton（1993）的论述，金融在经济发展中主要有以下作用：一是提供跨地域、时期的资源配置。通过资金的转移实现资源的转移，通过资金的跨期配置实现资源的跨期配置；资本总是追求利润的，通过金融的作用，可以将资源配置到生产效率最高的地区或部门，从而提高了社会资源利用效率。二是提供支付、清算和结算功能。在电子货币高度发达的今天，金融的支付功能得到了淋漓尽致的体现，无论是吃饭、购物还是外出旅行，只需要携带一张银行卡甚至是只需要记住支付工具的卡号和密码，就可以实现资金的支付、转移。在经济全球化、经济金融化的今天，金融为各个企业提供全天候遍布全世界的资金支付、贷款、结算功能，极大地促进了商业发展。三是提供风险管理。金融机构通过一系列工具的创新，有效地降低了个人、企业和社会风险。保险公司赔付可以降低个人或企业在极端情况下的损失；证券公司通过提供股权融资，能够降低个人创办企业的风险；期权、期货、互换等衍生产品，更为企业或个人规避投资风险、经营风险提供了可能。四是储备资源和所有权的分割。资金代表着购买力，储备资金也就是储备购买力、储备资源；通过股份制，能够对资源的所有权进行有效分割。五是提供价格机制。金融市场的交易提供了大量的价格信息，利用这些价格信息，可以对相关的商品、股票等进行有效定价。例如，商品期货的交易价格信息就为当前商品的价格提供了重要的参考。六是创造激励。由于信息的不对称，经济中的道德风险和逆向选择广泛存在，通过金融的方式，能够较好地解决这类问题。例如，经理人股权激励就能较好地解决公司中广泛存在的委托—代理问题。吴晓求（2014）将金融的主要功能归为四大类，并首创性地研究了互联网与这些金融功能的关系，从理论逻辑上论证，两者是耦合的。互联网有助于金融信用风险的识别，从而解决了信息不对称，有利于资源配置功能的实现；互联网克服了传统金融机构的壁垒，提高了支付清算的便捷性和效率；互联网延长了金融客户端，可以为小客户提供标准化的产品和服务，从而使得财富管理功能得以实现和普及；互联网丰富、及时、准确的数据传导，可使价格发现功能更加完善。

5. 监管套利

在金融业务的创新中，技术进步是必要条件，而在规则允许的范围内规避监管、获取更大的利润水平才是其根本原因。监管套利是金融集团通过内部业务转换，从而全部或部分地规避金融管制，谋取额外收益的行为［Skipper（1999）］；或者说是金融机构出于降低监管成本（或净监管负担）的目的而提供相应金融产品和服务的经营行为［Taylor（2004），Gastion and Walhof（2007）］。Llewellyn（1999）和 Abrams and Taylor（2001）指出，在有多个监管当局的情形下，金融机构可能会进行监管套利，使各监管机构陷入"放松监管的竞争"。具体说来，在分业监管的体制下，金融集团可以利用其业务分散化、多样化的特点，进行监管套利活动，即将某项特定业务或产品安排到服从成本最低或受强制性监管最少的部门或子公司［项卫星和李宏瑾（2004）］。监管套利是监管竞争的结果，通常存在于有多个可以选择的监管体制中［Spatt（2006）］；但监管竞争并不必然导致监管套利，还可能产生监管竞次［Hadjiemmanuil（2003）］。在美国的金融市场上，机构监管和功能监管并列存在并侧重于功能监管。分布在联邦和各州的监管机构及行业自律组织发挥金融监管的作用，比如联邦银行监管机构监管储蓄类机构的安全性，消费者金融保护局监管特定的非储蓄类金融服务提供商以及大的银行和分支机构，证券交易委员会主要保护投资者的证券投资权益；除此之外，美国还有联邦存款保险公司、联邦贸易委员会、税务局、北美证券管理委员会等数十家全国性金融机构以及《金融服务现代化法案》等多部监管法规。美国的金融监管虽然严密但依然鼓励创新，任何金融创新只要不违反现有法律，均不会被禁止。Prosper 和 Lending Club 等互联网金融处于传统储蓄业务和证券经纪业务的交叉领域，即使从功能观的角度看，依然难以界定其属性。这种监管套利推动了金融创新，丰富了原有的金融体系。最终，美国监管机构依据证券法规，认定 Prosper 和 Lending Club 的 P2P 借贷属于证券行为，被纳入证券监管委员会的监管体系之下。此后，两者分别于 2007 年和 2008 年到美国证券交易委员会进行注册。相比较而言，在中国，互联网金融的监管套利特征更加明显，余额宝等货币市场基金最终依然进入了银行体系，但不需要像传统银行一样上交存款准备金，这是很大的监管套利。按照约 20%的存款准备金率、约 4%的央行一月期回购利率，这种监管套利的收益就达到 0.8%。所以，余额宝类互联网金融产品层出不穷，传统金融机构不愿善罢甘休，而监管机构也在加紧制定相应的政策。

6. 美国金融需求的增加

凯恩斯经济学理论认为需求创造供给，这句话应用在互联网金融上再恰当不过。作为服务业，需求的质量决定了供给的质量。民众对高质量金融服务的需求，迫使金融业提供高质量的供给。1933 年经济大萧条后，《格拉斯-斯蒂格尔法案》确定了银行、证券、保险的分业经营，但分业经营最终在 20 世纪 80 年代被打破，根本原因就在于分业经营无法满足人们综合性金融服务的需求；大萧条后，美国颁布了 Q 条例以限制存款利率水平，但由于利率太低、金融需求得不到满足，致使银行存款流失严重，因而才有了大额可转让定期存单等创新工具的出现，最终 Q 条例被取消。没有无缘无故的改变，金融业的每一次创新都是为了更好地迎合人们的金融需求，并以此实现自身盈利。

近年来，尤其是次贷危机发生后，美国个人和企业的金融需求大幅提升，并且产生了新的形式。第一，金融危机后，美国金融机构的流动性紧张使得金融机构惜贷，正常的贷款受到压抑。第二，美国从 21 世纪初以来长期维持接近于零的低利率政策，导致存款无法获得相匹配的收益，致使资本市场波动加大、风险难料。第三，人们金融民主的意识开始觉醒，更加注重自主性的理财投资。第四，信息技术快速发展，网上交易成本比传统模式低廉得多，人们更倾向于通过网络管理个人资产，在网络上实现证券交易和保险投保。第五，伴随互联网发展而兴起的电子商务改变了人们传统的消费模式，与之相匹配的金融支付需求非常强烈。

金融需求的提升，激发了金融供给的提升，使得金融创新的脚步加快；特别是伴随着互联网的普及和发展，互联网金融模式异军突起。

7.1.2 美国互联网金融的类型

金融与互联网的结合，产生了纷繁复杂的金融新形式。总结这些形式，可以分为这样几个类别：P2P 借贷模式、第三方支付和货币市场基金模式、众筹模式、传统金融互联网平台创新模式。

P2P 借贷就是点对点的借贷，通过第三方互联网平台，借款者和放款者能够进行直接信用匹配，这突破了传统银行的垄断，使得资金借贷者拥有了自主权，而且利率对双方都有利。第三方支付和货币市场基金模式主要是指具备一定实力和信用保障的非银行机构，借助信息技术，在用户与银行间建立中间连接，提供资金担保或非担保的区域性支付结算；支付工具基础上的货币基金为闲置资金提供了稳定收益。众筹模式是指以互联网为平台，募集资金用于项目开发、企业创办或公益服务的行为，通过小额、多笔资金实现融资。众筹融资是一种规模小、效率高、成本低的融资方式。传统金融互联网平台创新模式主要是指传统商业银行、证券公司、保险公司依托于互联网进行的在线业务创新；与前面三种模式相比，这类创新或许只能称为互联网金融的初始形态。

7.2 互联网与美国金融变革

1971 年，美国纳斯达克市场建立，标志着互联网与金融联合的全新经营方式从构思进入了运营阶段；1995 年，美国安全第一网络银行（SFNB）的成立，则预示了互联网金融的深化和拓展；1998 年，第三方支付平台 PayPal 的成立，改变了传统的支付模式和货币流动形式；2005 年以来，以 Lending Club、Prosper 为代表的 P2P 借贷模式的建立以及以 Kickstarter 为代表的众筹模式的建立，则标志着互联网金融时代的全面到来。自此，普惠金融和民主金融的观念深入人心。

几十年来，伴随互联网技术革新，传统的金融机构纷纷将自身业务与互联网新技术相融合，从而迎合了人们的现代金融需求。如果我们把互联网金融定义为“以互联网为平台构建的具有金融功能链且具有独立生存空间的投融资运行结构”①，那么这类探索和完善大多难以称得上是标准的互联网金融，但依然可以将其作为互联网金融的萌芽和初始形态进行研究。近年来兴起的 P2P 借贷模式、

① 参见吴晓求：《中国金融的“三维改革”与互联网金融》，工作论文，2013。

第三方支付及其货币市场基金模式、众筹模式等，则非常接近人们想象中的互联网金融形态。总之，了解美国互联网金融的探索、发展和成熟，对于我们研究未来金融演进具有非常重要的现实意义。

下面简要介绍美国的 P2P 借贷模式、第三方支付及其货币市场基金模式和众筹模式，以了解当今互联网金融的形态和发展状况；随后简要介绍美国银行业、证券业和保险业的互联网线上经营，以了解传统金融在互联网的深化。

7.2.1 P2P 模式

P2P（peer to peer），即人人贷。P2P 的概念非常接近互联网金融的理想概念。如果说有什么力量可以改变传统金融的基因，那一定是以 P2P 为代表的互联网金融。以 P2P 为代表的互联网金融既不同于传统上依靠银行的间接融资，也不同于资本市场上的直接融资，而是一种利用互联网平台将借款者与放款者联系在一起、使借贷双方拥有平等地位、实现信息对称交易的新型金融形式。互联网金融真正地实现了普惠金融和民主金融的夙愿，其出现对于传统金融业而言，无疑是一场革命。

依靠互联网，P2P 平台将借款者和放款者紧密地联系在一起，创造了全新的金融方式和社会价值。借款者在 P2P 平台发放借款信息，放款者进行竞标后向借款者发放贷款。资金出借者可以明确地知道借款者的大致信息、资金用途，可以选择将贷款发放给特定信用、特定地区、特定职业的人。在美国，Lending Club（见图 7—1）、Prosper、Kiva 是最著名的 P2P 平台。

不同于前两者，Kiva 是非营利的 P2P 平台，Kiva 通过贷款将全世界人们联系在一起，致力于消除发展中国家的贫困。Kiva 通过放款者提供的资金，向全世界大约 130 个微金融机构发放无息贷款，以资助这些机构在它们的社区中向机构发放有息贷款。网站平台罗列出特定区域、商业类型、风险水平的贷款信息供放款者选择，同时贴出借款者的一般信息、贷款用途及潜在风险等。截至 2013 年 3 月，约 57 万名放款者通过 Kiva 在 59 个国家发放了约 2 亿美元的贷款。[①] Kiva 的运营模式与 Lending Club 和 Prosper 大致相同。

Lending Club 和 Prosper 是最典型的互联网借贷平台，允许投资者认购消费或商业目的的贷款，它们是 P2P 行业的领导者和标杆。截至 2013 年 4 月，

① United States Goverment Accountability Office，“Person-to-person Lending：New Regulatory Challenges could Emerge as the Industry Grows”，2011.

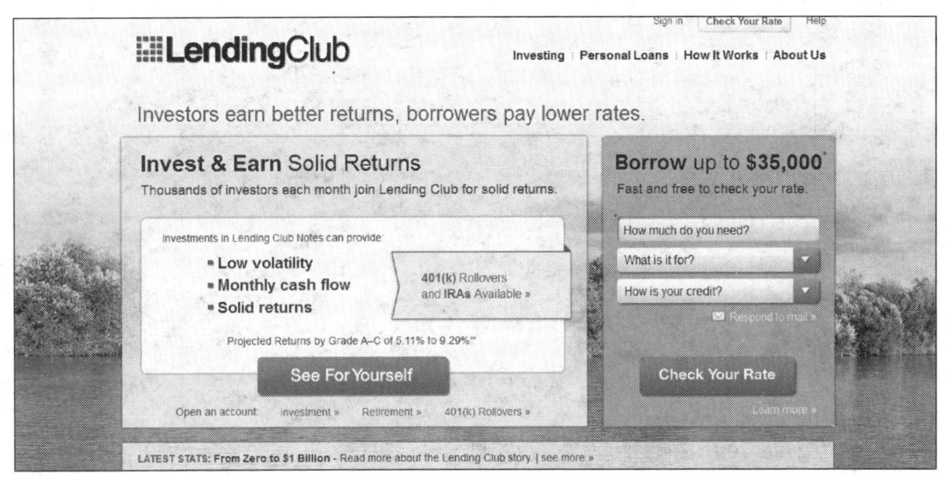

图 7—1　Lending Club 官网

Lending Club 和 Prosper 已分别促成了 4.47 亿美元和 15.21 亿美元的贷款（见图 7—2），并且以每年超过 200%的速度增长。根据市场专业研究机构 Gartner 预测，2013—2017 年，两者可以发放超过 1 430 亿美元的贷款，能够达到信用卡市场规模的 20%，但只能占到目前美国 3.4 万亿美元消费者信贷的 4.2%。① 从研究的结果可以看出，P2P 借贷具有广阔的发展空间。目前，Lending Club 和 Prosper 已经占到美国 P2P 借贷市场超过 90%的份额。我们将以 Lending Club 为主介绍 P2P 的运营模式和盈利模式。

1. 概述

Lending Club 成立于 2007 年，并于 2007 年 5 月 24 日以应用的形式登录 Facebook。在 Lending Club 成立时，其管理团队根据对财政法的理解，认为平台具有与中转银行类似的功能，是投资者和借款者的直接协调者，因而发行的收益凭证不属于证券。然而，2008 年 3 月美国证券交易委员会（SEC）根据 SEC vs W. J. Howey Co（1946）、Reves vs Ernse and Young（1990）两个法庭判例认定，Lending Club 的收益票据为证券性质，因而其需要到 SEC 申请注册。因此，Lending Club 关闭了投资业务，进入申请注册的静默期。在静默期内，平台原有的借款业务照常运营，原先的投资者也照常收到偿还金，并且 Lending Club 运用自有资金进行放贷。2008 年 6 月，Lending Club 完成在 SEC 的注册。10

① Peter Renton，*The Lending Club Story*，Renton Media LLC，2012.

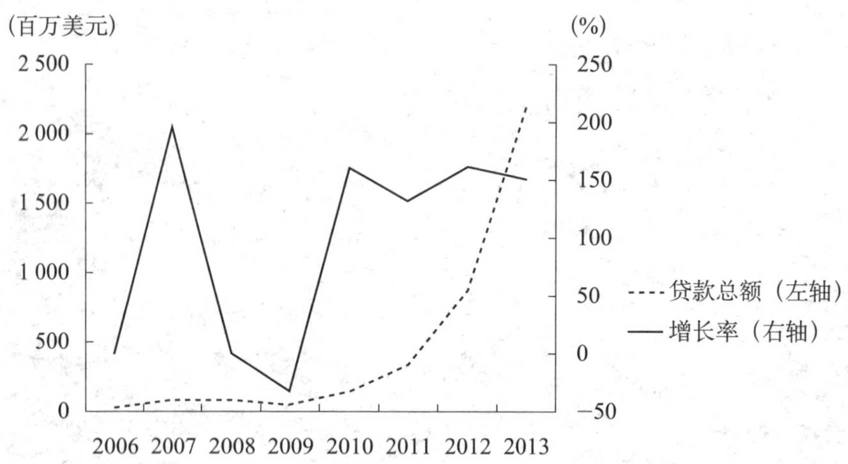

图 7—2 Lending Club 和 Prosper 贷款总额及增长率

资料来源：Peter Penton，*The Lending Club Story*，Reton Media LLC，2012.

月，静默期结束，Lending Club 恢复正常运营并迅速成长。2012 年，Lending Club 公司的市场估值超过 5.4 亿美元，并且吸引了包括美国前财长萨默斯、摩根士丹利前 CEO 麦晋桁和 KPCB 合伙人玛丽米克等一大批行业精英加入董事会。目前，Lending Club 占到美国 P2P 借贷规模的 80%左右。①

Prosper 于 2005 年先于 Lending Club 成立，并且也没有到 SEC 进行注册。2008 年 12 月，Prosper 根据 SEC 的要求暂停了业务，进入注册程序。2009 年 7 月，静默期后，Prosper 恢复运营；不过，此时 Lending Club 的业绩水平已经超过了 Prosper（见图 7—3）。

虽然 Prosper 先于 Lending Club 成立，但其早期的探索有很多都被证明是无效的，如利率自由决定、给予低信用者贷款，因此它反而借鉴了许多 Lending Club 的模式。迄今为止，Lending Club 和 Prosper 仍在一些方面存在差异，比如借款期限方面，Prosper 可以提供 1 年期的贷款，而 Lending Club 只提供 3 年期和 5 年期的贷款；又如对个人投资者的限制上，Prosper 允许放款者的投资金额保持在 500 万美元以下，而 Lending Club 最多允许放款者对平台投资个人净财富（房产除外）的 10%。表 7—1 列举了一部分 Lending Club 和 Prosper 的差异。

① Peter Renton，*The Lending Club Story*，Renton Media LLC，2012.

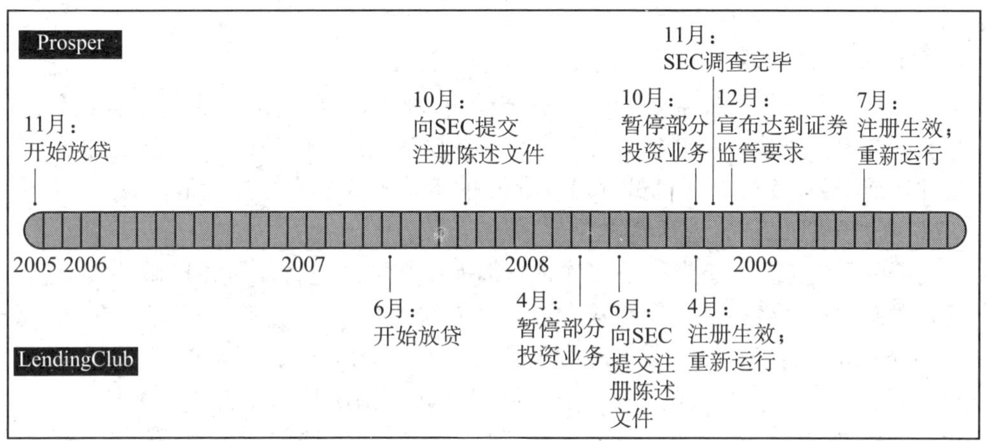

图 7—3　Lending Club 和 Prosper 发展史

资料来源：United States Government Accountability Office.

表 7—1　Lending Club 和 Prosper 的比较

	Lending Club	Prosper
最低 FICO 分数	660	640
借贷利率决定	信用记录所在级别为基准，综合参考信用调查、信用循环使用、借款期限等因素	在 2010 年前采用荷兰式拍卖，由供求双方决定利率；在 2010 年后逐渐转为 Lending Club 模式
借贷期限	36 个月，60 个月	12 个月，36 个月，60 个月
可借额度	最近提升为 1 000～35 000 美元	最近提升为 1 000～35 000 美元
借款用途统计	57%为偿还到期债务和信用卡，10%为家庭购物，7%为房屋维修，5%为商业目的	25%为偿还到期债务和信用卡，10%为商业目的，4%为房屋维修
个人投资者投资金额限制	个人净财富（除房产外）的 10%	不多于 500 万美元
每笔贷款平均额度（2012）	13 453 美元	7 829 美元
对机构投资者的态度	LC Advisor 平台供机构投资者投资，随机挑选 20%的贷款在前 12 小时为机构投资者独占	2013 年初开始实行与 Lending Club 类似的做法
SEC 注册费用	约 400 万美元	约 400 万美元

资料来源：根据 Peter Renton，*The Lending Club Story* 整理。

2. 产品与运营模式

P2P 平台提供的最主要产品是资金借贷，借款者在 P2P 平台提供详细信息并获得贷款，放款者在平台购买贷款并获得收益凭证；此外，P2P 平台也提供一定的咨询服务。Lending Club 和 Prosper 的运营模式非常相近。下面以 Lending Club 为例介绍 P2P 的运营模式。

第一，无论是借款者还是放款者，都需要在网站进行注册并提供基本信息；注册时使用账号名称，以保持双方匿名。借款者必须填写贷款申请表，Lending Club 依据其社会安全号码（其功能类似于中国的身份证号码）从 Experian、Trans Union、Equifax 美国三大个人信用数据库调用其信用报告，审核其信用状况。第二，Lending Club 根据借款者提交的贷款申请书和个人信用报告、收入证明等确定贷款利率。Lending Club 按照信用评分将利率分为 A～G 七个等级作为基准利率，再加入借款者的其他信息形成最终利率。第三，经过审核后的贷款需求会放在网站供放款者浏览和选择，内容包括贷款金额、利率、期限和客户信用等级，甚至可以包括借款者的工作单位、贷款目的、收入情况等。放款者依据自身偏好选择购买经过审核的贷款。第四，放款者并不直接向借款者发放贷款，而是购买由 Lending Club 平台发放的与贷款相对应的收益凭证。一旦放款者决定投资一笔贷款，WebBank（FDIC 承保的网络银行）会根据命令审核、筹备、拨款和分发贷款到对应的借款者账户（贷款展示完成前暂存放于 P2P 平台的资金账户中）；随后，WebBank 就会把贷款收益权卖给 Lending Club 平台，以换取该平台通过出售对应的收益凭证所获得的本金。WebBank 和 Lending Club 平台对贷款均没有所有权，也不承担违约风险。第五，Lending Club 承担本金和利息回收，按月收取借款者的还款，并通过电子转账方式转入放款者的银行账户；对于逾期的借款，Lending Club 将进行催收，或者交由第三方专业机构进行催收直至诉诸法律武器。

图 7—4 详细描述了放款者、借款者以及 Lending Club 在借贷过程中的角色。

（1）放款者。

第一，并不是所有人都能在 Lending Club 上进行投资。目前，只有加州等 28 个州的居民具有投资资格，但 Lending Club 拥有的 FOLIOfn 二级平台为其余州的居民提供购买已发放权证的机会。第二，投资者的账户分为标准账户、个人退休金账户［包含 401(k)、IRS 等各类账户］、高级账户、共同账户等类型。标准账户的最低资金额为 25 美元，投资收入需要纳税；个人退休金账户可以享受

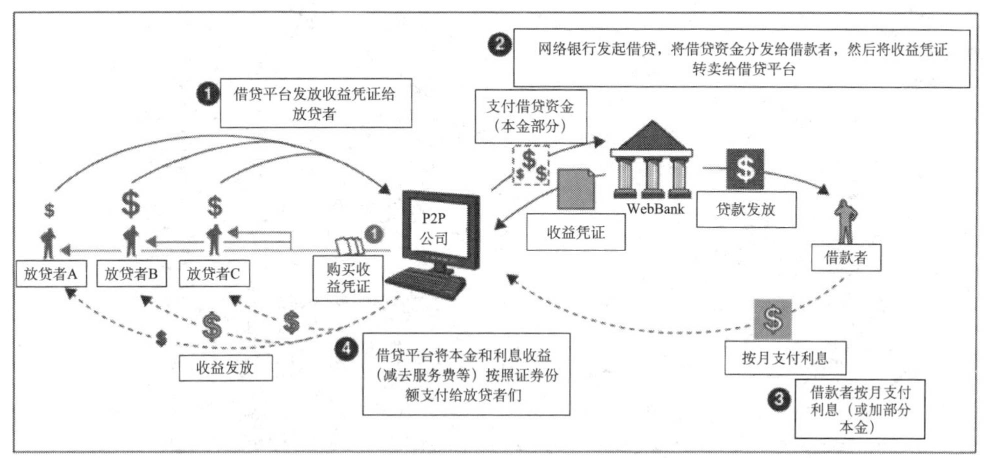

图 7—4　Lending Club 运营模式

资料来源：United States Goverment Accountability Office.

利息税收优惠，开户金额达到 5 000 美元且每年金额保持在 10 000 美元以上，可以免收 100 美元的年费优惠；高级账户的最低资金额为 25 000 美元，主要满足放款者的自动化投资，只要放款者设定好一定的参数，账户便可以循环自动运行投资。第三，Lending Club 平台每天分四批将审核合格的新贷款放入平台（见图 7—5 和图 7—6），放款者可以运用平台的自动投资组合工具选择贷款，也可以手动挑选贷款或者运用第三方的投资工具（如 Nickel Steamroller）挑选贷款，对于单个贷款的最低投资限额是 25 美元。第四，为了避免较大的损失，放款者最好分散化投资，也就是在贷款者和贷款等级中进行分散。第五，Lending Club 建立了 LC Advisor 平台供机构投资者进行投资，账户最低资金要求为 50 万美元，机构投资者享有一定的优先投资权利。

（2）借款者。

第一，借款者的资质要求。Lending Club 上超过 90%的申请都会被拒绝，要申请借款必须满足严格的条件：生活在加州等规定的 42 个州、具有唯一的社会安全号码、信用记录评分（FICO）在 660 分以上、债务收入比率低于 35%等。第二，借款者必须填写借款申请单，说明贷款的金额、目的、期限等，并填写姓名、地址、电子邮箱、个人收入等信息；为了保护借款者隐私，在借贷展示中，借款者的姓名、住址等暴露个人身份的信息会被隐去。第三，Lending Club 会依据借款者提供的信息尤其是信用报告，确定这笔贷款的利率水平并给出报告；同时，给出管理费等信息供借款者确认。第四，如果借款者接受以上条款，

等级	Lending Club 基本收益	依据风险的收益调整	实际收益率
A1	5.05%	0.98%	6.03%
A2	5.05%	1.57%	6.62%
A3	5.05%	2.57%	7.62%
A4	5.05%	2.85%	7.90%
A5	5.05%	3.85%	8.90%
B1	5.05%	4.66%	9.71%
B2	5.05%	5.59%	10.64%
B3	5.05%	6.50%	11.55%
B4	5.05%	7.30%	12.35%
B5	5.05%	8.00%	13.05%
C1	5.05%	8.63%	13.68%
C2	5.05%	9.35%	14.40%
C3	5.05%	10.17%	15.22%
C4	5.05%	10.83%	15.88%
C5	5.05%	11.73%	16.78%
D1	5.05%	12.51%	17.56%
D2	5.05%	13.20%	18.25%
D3	5.05%	13.80%	18.85%
D4	5.05%	14.47%	19.52%
D5	5.05%	15.26%	20.31%
E1	5.05%	15.75%	20.80%
E2	5.05%	16.10%	21.15%
E3	5.05%	16.55%	21.60%
E4	5.05%	17.15%	22.20%
E5	5.05%	17.65%	22.70%
F1	5.05%	18.45%	23.50%
F2	5.05%	19.03%	24.08%
F3	5.05%	19.45%	24.50%
F4	5.05%	19.84%	24.89%
F5	5.05%	20.23%	25.28%
G1	5.05%	20.75%	25.80%
G2	5.05%	20.78%	25.83%
G3	5.05%	20.84%	25.89%
G4	5.05%	20.94%	25.99%
G5	5.05%	21.01%	26.06%

图 7—5 Lending Club 上展示的借款利率

资料来源：www. lendingclub. com.

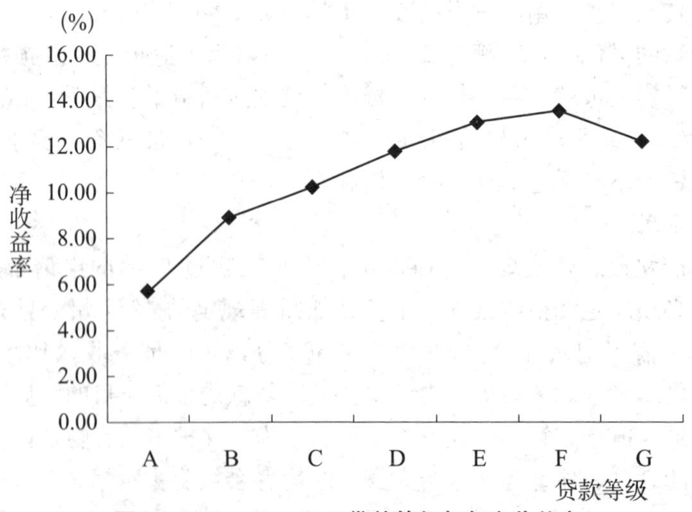

图 7—6 Lending Club 贷款等级与年净收益率

资料来源：Peter Renton，*The Lending Club Story*，Renton Media LLC，2012.

则将银行账户关联到 Lending Club 账号上，提交贷款申请；通过审核后，贷款申请很快就会展示在网站平台。第五，借款信息在网上展示的期限是 14 天，如果借款在期限内全部被购买，则借款者只需在 Lending Club 上进行账户验证便可以收到款项；如果在期限内只有一部分借款被购买，那么借款者可以申请额外两个星期的网上展示期或者接受已有借款金额。第六，借款者需要按照规定及时归还贷款本金和利息，Lending Club 会给予借款者一定期限的缓冲期；超过这个期限，Lending Club 可能会通过第三方甚至是法律强制手段追讨借款，并且会将借款者违约记录上传到美国个人信用数据库中。

（3）Lending Club 平台。Lending Club 平台发挥着信用认定、信息配对、利率制定、法律文书制定、账目催收、风险隔离、二级市场构建等功能。第一，信用认定。对于借款者，Lending Club 会通过其社会安全号码查询信用状况，并且会通过调研核实其提交信息的准确性，只有满足 FICO 分数 660 分以上的人才能申请贷款；目前，Lending Club 已经核实了平台上超过一半人的信息。第二，信息配对。Lending Club 为放款者提供了各类工具，使得放款者能够依据信用级别、收益率、地域、借款目的等各种关键词搜索借款申请。第三，利率制定。Lending Club 上的借贷利率是由 Lending Club 依据借款者的信用评分加上其他信息制定出来的，并不由借贷双方协商。Lending Club 依据信用评分把信用等级分为 A～G 七个等级，每个等级又分为五个次等级。对于每一个等级，都有一个相应的基准利率；在此基础上，再依据借款者的借款金额、期限、最近的信用调查次数、信用记录长度等做一些调整，形成最后的借款利率。第四，法律文书制定。根据 SEC 的规定，Lending Club 上的收益凭证属于证券，因而 Lending Club 需要每天提交相应的材料，以满足监管需要。Lending Club 上的收益权证并不是发行时注册，而是由 Lending Club 预先进行注册，待发行完成再向 SEC 进行统一报告和确认。第五，账目催收。除借款者的特殊要求外，Lending Club 上所有的贷款都是通过银行账户自动扣除进行还款的。如前所述，对于逾期的借款，Lending Club 将通过电子邮件和电话与借款者联系并敦促还款；对于逾期 60 天以上的还款，Lending Club 将其交由第三方催收机构处理；对于某些卷款逃跑者，Lending Club 也可能采取法律诉讼的形式扣置其不动产或者扣押银行财产。第六，风险隔离。Lending Club 已经采用了诸如信息披露、充当权证发行中介等方式减少投资者风险，但无法避免平台破产所带来的风险。Lending Club 也在考虑借鉴 Prosper 的形式，成立一个特殊法律实体，将所有贷款放入特殊法律实体中，这样即使平台本身出现各种风险，也不会影响投资者的资金回收。也就是说，这在法律意义上为投资者提供了破产隔离保护。第七，二级市场构建。为了保持放款者的流动性，也便于无法在平台上直接购买贷款的投资者进行投资，Lending Club 构建了二级交易市场 FOLIOfn。

3. 盈利模式

一方面，P2P 平台运营者因创造了一种普惠金融形式而获得广泛赞誉；另一方面，它们也期望从平台运营中盈利。P2P 平台的盈利主要来自借贷活动中收取的管理费。概括说来，运营方会从借款方一次性收取不超过 5%的管理费，而从放款方的每笔本金或利息收入中收取 1%的管理费，见表 7—2。

表 7—2　　Lending Club 不同贷款期限与等级的贷款管理费

	A			B	C	D	E	F	G
子级	1	2～3	4～5	1～5	1～5	1～5	1～5	1～5	1～5
36 个月	1.11%	2.00%	3.00%	4.00%	5.00%	5.00%	5.00%	5.00%	4.00%
60 个月	3.00%	3.00%	3.00%	5.00%	5.00%	5.00%	5.00%	5.00%	5.00%

资料来源：Peter Renton，*The Lending Club Story*，Renton Media LLC，2012.

相对于传统银行的利率水平和高昂的管理费，P2P 平台的借款者和放款者都能得到更大的利益。Lending Club 和 Prosper 这类 P2P 借贷平台之所以能吸引借款者和放款者，主要原因就在于它使得借贷双方的收益最大化、成本最小化。Lending Club 和 Prosper 按照信用评级给予借款者不同的利率水平，在通常情况下会比传统银行低很多，比如传统银行信用卡贷款利率平均达到 18%，而 P2P 平台对于 A 级信用的借款者的利率不超过 7%。对于放款者而言，当前美国的 1 年期大额存单利率为 0.15%～1.05%，但 P2P 平台的平均收益达到 10%～20%，见表 7—3 和表 7—4。

表 7—3　　P2P 平台与传统银行借款利率的对比

对借款者而言	利率
Lending Club	6.78%～27.99%
Prosper	6.38%～35.36%
Credit Card	10.29%～23.64%

资料来源：Peter Renton，“The Lending Club Story”，Renton Media LLC，2012.

表 7—4　　P2P 平台与银行存单、股票市场收益率的对比

对放款者而言	利率
Lending Club	7.56%～22.68%
Prosper	9.28%～13.29%

续前表

对放款者而言	利率
1 年期大额存单	0.15%～1.05%
5 年期大额存单	0.6%～1.87%
标准普尔 500 指数 5 年平均收益率	4.85%

资料来源：Peter Renton，*The Lending Club Story*，Renton Media LLC，2012.

4. 进一步思考

美国的 P2P 模式有许多值得借鉴的地方。第一，借款者和放款者自由确定利率的方式不可行。由于信息的不对称及专业水平的差异，通过双方协商确定利率将消耗大量的时间和精力，只有标准化的定价方式和产品能使网上交易顺利进行。第二，监管要求会使 P2P 平台变得集中。由于到 SEC 的注册费高达数百万美元，这限制了 P2P 平台的野蛮生长；SEC、CFBP、FDIC 等监管机构监管框架的建立，为 P2P 平台的成长划定了边界，有利其健康成长。第三，借款者和放款者并不直接相连。“放款者向 P2P 平台购买收益权证，P2P 平台向网上银行购买收益权证，网上银行向借款者提供资金”的模式，使得借款者和放款者并不直接发生关联。这种模式使得 P2P 平台的运营风险降低；同时，对借贷双方而言，也减少了欺诈和纠纷的发生；更重要的是，这能够满足美国多头监管的法律需要。第四，类似 Prosper 的特殊法律实体的建立，将借贷资金与平台运营完全分离开来，从而减少了投资者的风险。第五，需要特别指出，在美国的 P2P 借贷中，借款者的信用非常重要。美国对于每一个公民都有完善的信用报告可查，这构成 P2P 借贷的最基础条件。美国公民对于信用记录也非常珍惜，若不是遭遇特殊情况绝不敢铤而走险；因为一旦出现信用问题，在购房、就业、保险、信用卡贷款等各方面都会付出惨重的代价，甚至可以说在社会上寸步难行。

7.2.2　第三方支付与货币市场基金模式

第三方支付是指具备一定实力和信誉保障的非银行机构，借助通信、计算机和信息安全技术，采用与各银行签约的方式，在用户和银行支付结算系统之间建立连接的电子支付模式。① 第三方支付的模式大致分为两类：独立的第三方支付和平台担保支付。独立的第三方支付不具备担保功能，仅作为一种支付手段，如 PayPal、快钱就是这种模式。平台担保支付实际上是第三方支付平台与电子商务

① 参见曹红辉、李汉：《中国第三方支付行业发展蓝皮书（2011）》，北京，中国金融出版社，2012。

网站相连，在商品服务的交易者之间充当信用中介。支付方的资金并不是即时到达收款方，而是在支付平台沉淀一定时间，待商品服务交易确认完成，支付平台才会将资金拨付给收款方。担保形式的第三方支付模式很好地解决了交易双方的信息不对称和逆向选择问题，极大地促进了电子商务的发展，创造了全新的金融和消费模式；与此同时，支付平台收集了大量的交易信息和资金流动信息，这对于精确分析消费者的需求、信用情况、资金实力等，提供了极其客观的基础。支付宝是典型的平台担保第三方支付手段。

用户放在第三方支付平台上的资金实际上相当于活期存款，但由于支付平台不属于金融机构，不能为用户提供利息收入，因而用户缺乏动力在支付平台上留存大额资金。在这种情形下，基于第三方支付平台的货币市场基金就产生了。用户只需要简单操作，便可以将支付平台无收益的资金转变为具有一定收益的货币市场基金，并且这种货币市场基金是可以随时赎回变现的。在通常情况下，货币市场基金的收益高于银行的活期存款，因而用户有足够动力将资金从银行转移到支付平台上，这改变了传统资金的存在方式乃至传统金融模式。另外，支付平台通过货币市场基金形式获取了大量可用资金，而用户黏性也会使得与支付平台相连的电子商务平台获得更多的业务。可以说，基于第三方支付平台的货币市场基金的建立，对于用户、支付平台、电商是共赢的。

我们将以 PayPal 来研究美国第三方支付及其货币市场基金的模式，见图 7—7。

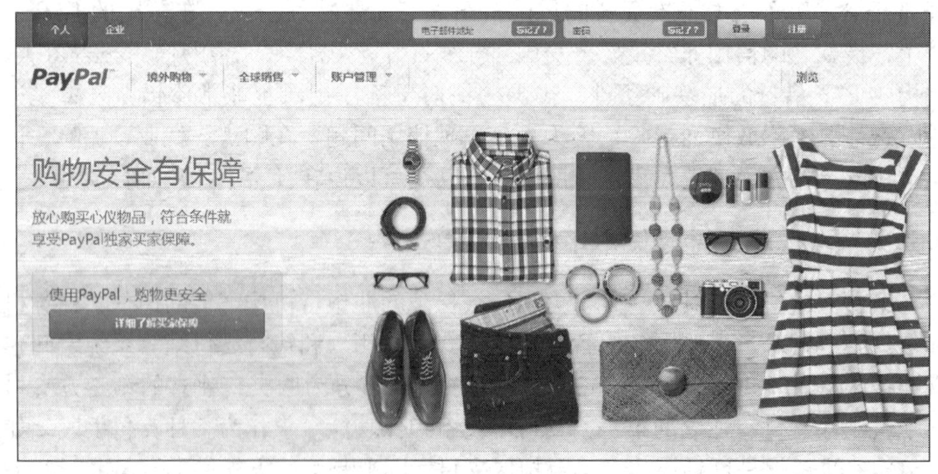

图 7—7　PayPal 官网

1. 概述

PayPal 于 1998 年在美国加州成立，允许用户使用电子邮件实现资金转移；同时，它也和电子商务网站合作，为购物者和商家提供付款、收款服务。PayPal 是目前全球最大的网上支付公司，其业务范围遍布全球 190 个国家和地区，可使用货币超过 20 种，活跃用户突破 9 800 万；跨国交易中超过 90%的商家和超过 85%的买家正在使用 PayPal 进行电子支付。

PayPal 的货币市场基金成立于 1999 年，它运用长尾效应，将大量小额账户资金归集起来进行投资。如前所述，PayPal 货币基金成立的目的并非为了盈利，而是获取客户黏性、吸收资金、拓展业务。PayPal 货币市场基金在 2007 年时达到 10 亿美元的最高规模。但由于 2008 年金融危机后，美国的投资环境恶化，美联储实行零利率政策，PayPal 货币市场基金收益太低，PayPal 不得不最终将货币市场基金清盘。但是，随着经济运行好转和货币政策改变，PayPal 货币市场基金很可能重新开放。

2. 产品与运营模式

PayPal 最重要的功能是为全球范围内的电子商务提供支付结算。收款方必须利用电子邮件地址在 PayPal 进行注册并激活账户；付款方可以通过开设 PayPal 并转入资金进行付款，也可以直接使用信用卡或者银行账户付款。PayPal有三类账户：个人账户、高级账户和企业账户。个人账户主要供个人在线购物使用，付款免费，收款需要支付一定的费用；高级账户供个人购物和销售使用，可以个人名义进行商品销售，收款时可以享受比个人账户更低的费用；企业账户供公司或者企业团体使用，除了享受更高的费用优惠，还能管理各类子账户，实现财务计算和管理等功能。

PayPal 是非担保的第三方支付平台，因而付款与收款是即时发生的，支付平台并不对交易发生与否和货物质量进行检验与担保。但是，如果交易双方对于交易结果存在争议，可以在网上平台上传相关证据进行申诉：申诉的前 20 天内，交易双方可以自行协商解决问题；如果双方协商未果，PayPal 将介入调查并处理。

一个典型的网上购物交易流程（见图 7—8）大致如下：①付款人用电子邮件地址登录并开设 PayPal 账户，获得验证后，提供信用卡或者相关银行资料，将一定款项从银行账户转移至 PayPal 账户。②付款人选好商品后，在 PayPal 中选择相应的汇出金额，填写收款方的电子邮件并确认。③PayPal 向收款人发出电子邮件，通知其领取款项。④如果收款人有 PayPal 账户，则收取款项，并能将款项转入信用卡或者银行账户；如果收款人没有 PayPal 账户，则按照程序开设 PayPal 账户。⑤如果双方对于交易不存在争议，支付就此完成；如果双方存在争议，则进入争议处理程序。在 20 天内，双方可以自由协商解决；如果 20 天仍未解决问题，则由 PayPal 依据申诉方提供的证据以及平台保存的订单号进行查询，做出处理结果。

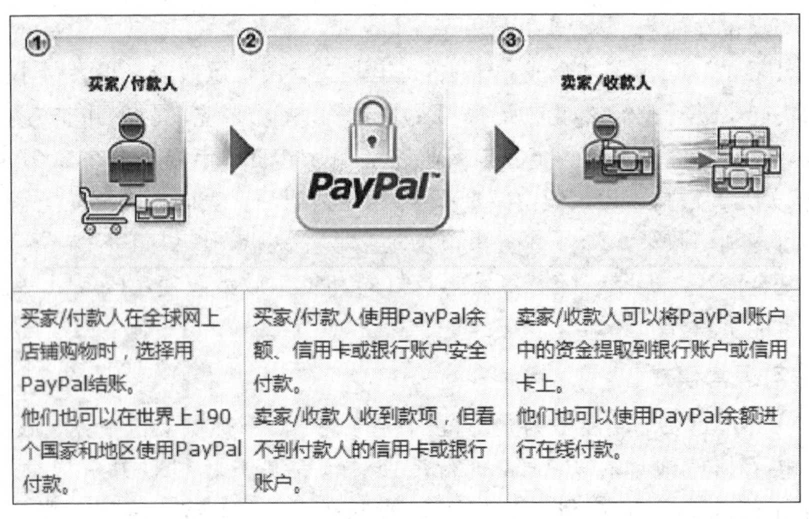

图 7—8　PayPal 平台付款图

资料来源：www. PayPal. com.

关于货币市场基金的运营，用户只需要进入个人 PayPal 账户，找到 PayPal 货币市场基金项目并向其中转入资金即可实现闲置资金的投资；如果需要运用资金进行支付，随时可以将货币市场基金赎回到 PayPal 现金账户。

3. 盈利模式

PayPal 的盈利来自于交易中支付的手续费。对于付款方，若无须币种兑换，使用 PayPal 一律免费；对于需要币种兑换的海外购物，付款者要支付一定的货币兑换费。对于收款方，随着账户类型和货物类型的不同，PayPal 的收费也存在差别。一般来说，对一般网站、账单和电子邮件的收款，PayPal 收取账款 4.4%的费用加 0.3 美元固定费用；对于 eBay 销售收款，收取账款 3.9%的费用加 0.3 美元固定费用；对于数字商品等小额款项，PayPal 统一收取账款 6.0%的费用加 0.05 美元固定费用；如果收款金额每月超过 3 000 美元，可以申请费用优惠，无论是否属于 eBay 网站上的收款，都可以依据额度的不同享受 0.2%～0.5%的优惠。无论是收款方还是付款方，提现的费用都比较昂贵，以 PayPal 提现到中国的银行账户而言，每笔费用为最少35美元。[①] 需要特别指出的是，收款方提现时要格外注意，如果在收到账款时便提现，并且提现金额超过总金额的80%，会被怀疑存在销售欺诈而遭账户冻结。

在货币市场基金方面，PayPal设置货币市场基金并非为了盈利，主要是为了吸引用户沉淀资金、提高用户黏性。在美国市场，货币市场基金的收益率一直不高，2002—2004年美国利率下行期间，PayPal货币市场基金的收益率仅1%左右；2005—2007年利率上行期间，其收益也不超过4%[②]；因而，PayPal不可能对货币市场基金征收过多的费用。2002年以前，PayPal会对基金收取小额的管理费，但2002年美国的利率大幅下降后，PayPal主动放弃了大部分管理费用。自2008年美国实行零利率政策至今，所有货币市场基金的业绩都非常低，PayPal货币市场基金的收益相对于P2P等其他投资途径而言实在太低，因而PayPal不得不在2011年7月选择将货币市场基金清盘。PayPal货币市场基金的暂时谢幕并不代表这种创新的失败，很可能在环境变好时，PayPal又会重开货币市场基金服务。更重要的是，PayPal货币市场基金为全球的第三方支付平台树立了一种全新的资金使用方式，中国的余额宝成功地借鉴了其模式。

7.2.3　众筹模式

众筹是指项目发起者利用互联网等平台，发动众人的力量，集中大家的资金和能力，为个人活动、企业经营或者是公益事业提供融资的方式。与传统的融资方式相比较，众筹的特点在于小额和大量；其较低的融资门槛，也为新型创业公司的发展开辟了新的路径。众筹模式在近几年迅速走红，成为创业者和创新企业在银行、PE、VC融资外又一种有效的融资方式。

众筹项目的种类繁多，包括新产品研发、成立新公司等商业项目，也包括科学研究、赈灾项目、艺术设计、政治运动等社会类项目。投资者参与众筹项目的目的也是多元化的，有的作为一种公益捐赠行为帮助他人实现梦想；有的借此参与到创新活动中，获得经历和经验；有的则希望获取一定的经济回报。依据项目性质和投资者目的，众筹模式大致可以分为“团购+预购”型、募捐型、股权型等。[③] 团购+预购型项目主要是为了帮助公司开发新产品，承诺投资者在一定时间后获得公司的实物回报；募捐型项目主要用于社会事业，投资者并不期望从中

---

① PayPal官网：https：//www.PayPal.com/c2/webapps/mpp/PayPal-fees#pricingLightBox1。

② 中国证券报、中证网：《美国版余额宝的十年兴衰》，2013-07-03。

③ 参见罗明雄等：《互联网金融》，北京，中国财政经济出版社，2013。

获取具体回报；股权型项目主要是用于实现商业盈利，而投资者希望从项目中获取利润分红或者是持有项目公司的股权。

根据福布斯报道，截至2013年第二季度，全球众筹平台接近1 500家，而2012年第二季度时，全球只有450家左右。在众多的众筹平台中，Kickstarter、Rochkthub、Indiegogo、GoFundMe是其中翘楚。我们以Kickstarter为例解析众筹平台，见图7—9。

图7—9 Kickstarter官网

1. 概述

Kickstarter成立于2009年，目前是全球最大的众筹融资平台，通过网络平台面向公众进行集资。2012年，Kickstarter的筹资总额为3.2亿美元；迄今为止，Kickstarter上已有530万人参与过平台众筹项目，有150万人同时参与过多个项目，而有16.6万人同时参与了10个及以上项目。①

2. 产品及运营模式

最初，Kickstarter主要为图片、电影和音乐项目提供融资，目前为艺术、游戏、设计、出版、电影等13种类型的创新创业提供融资，见图7—10。其流程为：首先，资金募集方需要将项目策划上传到众筹平台，众筹平台对项目进行审核，审核通过后，资金需求方可以建立专属页面，通过视频短片、图文等多种形式介绍项目（但《JOBS法案》规定不能使用广告形式）；然后，感兴趣的个人或者团队在平台上对项目进行投资，最小额度为1美元，最多不能超过《JOBS法案》规定的年收入的5%。另外，众筹平台采用“达标入账”的方式对

① Kickstarter官网：www.Kickstarter.com。

资金进行管理，也就是在规定的 60 天募集期限内，众筹平台代管所募集的资金。如果项目能在募集期内募集到全部所需资金，众筹平台将在募集期结束时将资金转给资金募集方：如果项目募集方未能在募集期内募集到全部资金，资金将全部返还给投资者。对于募集成功的项目，投资者可以获得相应的实物收入或者股权类收入的凭证。

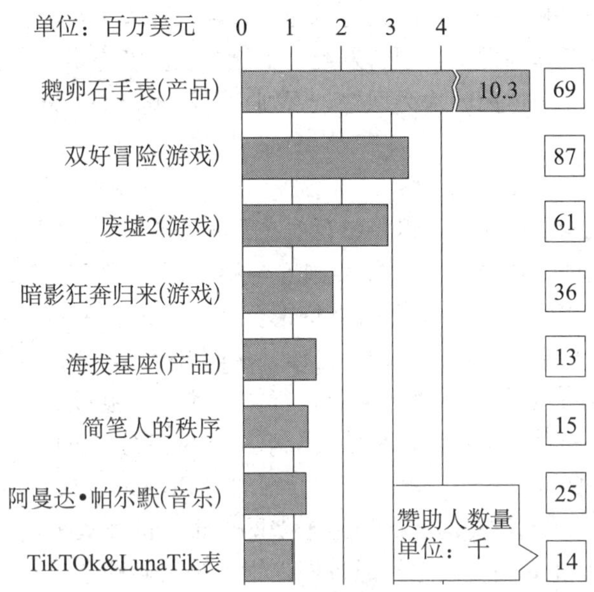

图 7—10　截至 2012 年 6 月 Kickstarter 上筹资金额前八位的众筹融资项目及参与人数

资料来源：肖本华：《美国众筹融资模式的发展及其对我国的启示》，载《国际金融》，2013（437）。

3. 盈利模式

Kickstarter 平台的盈利主要来自于佣金，对于筹资成功的项目，Kickstarter 会收取筹资额的 5%作为回报；同时，它会为提供资金支付服务的 Amazon 支付系统代收筹资额 3%～5%的资金作为手续费。对于筹资不成功的项目，Kickstarter 会收取更高的手续费，达到 8%～10%。①

4. 监管借鉴

需要特别指出的是，美国对于私募资本市场存在严格管制，在 2012 年以前，严禁小企业在众筹等平台上进行股权融资，只限于为投资者提供实物回报。2012

① 参见罗明雄等：《互联网金融》，北京，中国财政经济出版社，2013。

年 3 月，为了解决美国严峻的失业问题，美国颁布《2012 年促进创业企业融资法》、《JOBS 法案》，专门对众筹模式做出说明：允许企业通过众筹平台进行股权融资；规定每个项目在一年内的融资规模不能超过 100 万美元；规定投资者的投资上限为年收入的 5%；同时，也对众筹平台在 SEC 的信息披露做出了具体要求。《JOBS 法案》的出台，限制了众筹平台的无序生长，为行业发展提供了监管框架。在中国，相应的法律框架有待完善，国内众筹平台项目不能以股权、债券、分红或利息等作为回报，项目发起人不能向投资者许诺任何资金收益，只能以实物、服务或者媒体内容作为回报；否则，将涉嫌非法投资。

7.2.4 银行业

根据设立机构的性质，可以将银行业在互联网的深化分为两类：一类是完全建立在互联网上的纯网络银行，如美国安全第一网络银行（Security First Network Bank，SFNB)、Prosper 网络借贷银行、Lending Club 网络借贷银行；另一类是传统银行将银行业务进行线上延伸，从而形成的金融互联网平台，或称为“水泥加鼠标”模式，如美洲银行网上银行。在纯网络银行中，依据其运营模式的差异，又分为两种类型：一种是以安全第一网络银行（见图 7—11）为代表的传统银行在网上的复制；另一种是前文介绍的以 Prosper 和 Lending Club 为代表的 P2P 借贷模式。P2P 模式被认为是未来网上银行的发展方向。根据艾瑞咨询的报告，到 2010 年，在美国选择通过网上银行进行转账业务、查询业务、购买银行研究产品的用户比例分别达到 67%、76%、77%。①

1. 纯网络银行 SFNB 模式

（1）概述。1995 年 10 月，美国的 Area Bank、Wachovia Bank、Huntington Bank 联合在互联网上成立了全球第一家无任何分支机构的网上银行——安全第一网络银行。银行的注册地在肯塔基州，网上相关业务操作在亚特兰大进行。SFNB 获得了联邦储蓄机构监督局（Office of Thrift Supervision，OTS）的正式认可，并且加入了联邦存款保险公司（Federal Deposit Insurance Corporation，FDIC)。1996 年 5 月，SFNB 的股票上市，股价当日便上涨了超过 100%，其业务量以平均每月超过 15%的速度增长，足见其受欢迎程度。

（2）产品与运营模式。第一，SFNB 账户申请。安全第一网络银行是纯网络银行，其业务实现依赖于互联网。客户在网页上填写姓名、住址、职业、电子邮

---

① 参见罗明雄等：《互联网金融》，北京，中国财政经济出版社，2013。

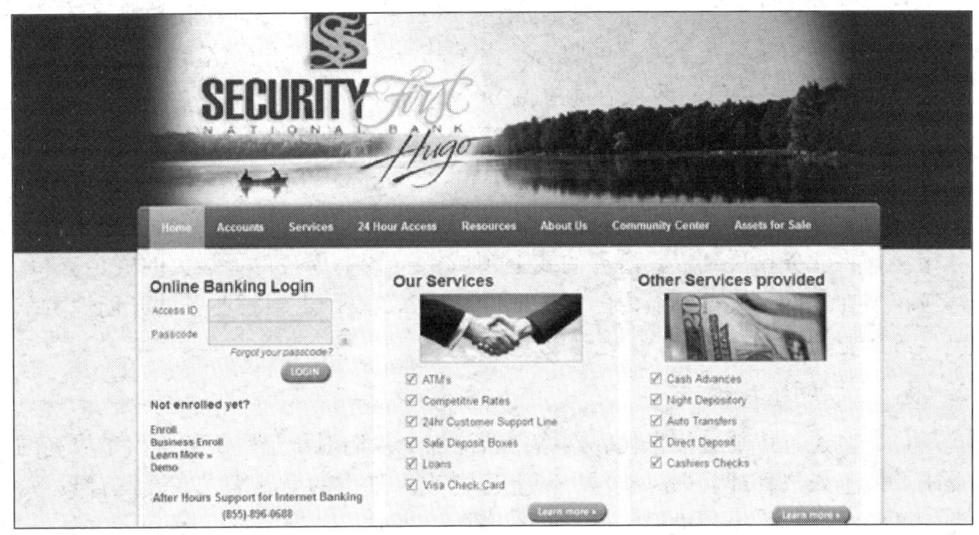

图 7—11　SFNB 官网

件地址等信息后，打印出来，与新账户首次存款的支票邮寄到 SFNB 的办事机构就完成了开户手续。该开户手续不能在网络处理的原因是，根据美国当时的联邦法律，银行必须保存有客户亲笔签名的开户申请书。在开户并存入至少 100 美元后，客户就能够享受到 SFNB 提供的网上银行服务。SFNB 并不收取账户维护费，与此同时，客户账户余额也不计利息。第二，SFNB 的主要服务。①SFNB 为客户提供基本电子支票服务，在 SFNB 上提供了 20 种免费电子月支付方式，可以联机提供明细，并且提供已结算的支票联机记录和在线金融报告。如果收款方不接受电子汇兑，SFNB 则代顾客签发普通支票。②利息支票业务，可以对基本支票进行利息计算，对附属电子票据支付进行清算。③ATM 服务，SFNB 会向账户持有人发放普通的 ATM 卡，客户使用该卡可以在全国的 ATM 机提取存款、查询账户等。④货币市场服务，客户可以将资金放在 SFNB 的货币市场中以赚取利息，当需要进行资金支付时，可划转资金到支票账户。⑤信用卡业务，SFNB 向预先经过核查、符合条件的客户发行 Visa Classic 或 Visa Gold 信用卡，这类信用卡与传统信用卡有着类似的功能。⑥基本储蓄业务服务，SFNB 提供比传统商业银行稍高的利率，鼓励客户储蓄。⑦CDS 业务服务，鼓励大额可转让存单办理，赚取更高的利息。总之，SFNB 提供了类似于传统商业银行的服务，并且由于其全国联网，因而自身运营成本较低，在收费、利息、服务效率方面对顾客更为有利。

（3）盈利模式。由于 SFNB 并没有开展贷款业务，因而其收益来源有限，最大的收益来自于各类手续费的收入。由于其业务几乎都在网络上完成，因而营业成本非常低①，手续费收入已能维持 SFNB 的运营。

1998 年 10 月，在经营 5 年之后，SFNB 最终被收购，成为拥有 1 860 亿美元的加拿大皇家银行金融集团（Royal Bank Financial Group）旗下的全资子公司。这对于双方来说是双赢的结局，加拿大皇家银行凭此进入了美国金融零售业务市场，将业务拓展到极具潜力的线上领域；而 SFNB 获得了强大的资金支持，继续保持在纯网络银行领域内的领先地位。SFNB 对网上银行业务的开创性贡献已经载入史册。

2. 银行互联网平台模式

（1）概述。伴随着信息化和网络创新浪潮，人们对于金融服务提出了更高的要求，网上账户管理、即时支付、网上理财成为基本的金融需求。在此背景下，美国传统金融机构纷纷推出了网上银行服务。当前，美洲银行（Bank of America）网上银行（见图 7—12）、花旗银行（City Bank）网上银行、富国银行（Wells Frago）网上银行是美国规模最大、业务最完善、最具代表性的三大金融互联网平台。美洲银行侧重于依据客户类型提供服务，而花旗银行则侧重依据业务类型提供服务。我们简要介绍美洲银行网上银行的运营模式。

美洲银行网络银行拥有世界上最多的在线注册用户，其服务本质上是传统业务向互联网的延伸，网页上包含了个人金融、商业金融、银行概述、金融工具四个部分的信息。与一般客户联系最紧密的是个人金融服务部分。由于美国各州法律和相应金融法规的不同，美洲银行在各州能提供的业务种类不尽相同。

（2）产品与运营模式。美洲银行网络银行个人金融服务主要涵盖六个部分：储蓄、贷款与信用、投资、专业金融服务、保险以及信息。美洲银行网上银行对各类业务进行了详细的介绍，客户可以在网上实现基本的业务办理和操作，如查询、转账、购买保险和证券、查询研究信息等；但大部分借贷业务依然需要营业网点的调查确认。第一，储蓄业务。储蓄业务涵盖了储蓄基本业务和信用卡储蓄服务两部分，储蓄基本业务包括经常账户、储蓄、CDS、个人退休账户的服务。客户可以在网上对账户进行查询、交易。第二，贷款与信用业务。贷款与信用业务涵盖抵押、信用卡和消费信贷部分。作为美国最大的住房按揭贷款银行之一，美洲银行为客户提供购房助理和重新筹措资金两项贷款业务；同时，美洲银行在

① 根据测算，当时在美国分行柜台每笔交易的成本为 1.07 美元，电话银行每笔交易的成本为 0.54 美元，ATM 每笔交易的成本为 0.27 美元，网络银行每笔交易的成本为 0.01 美元。

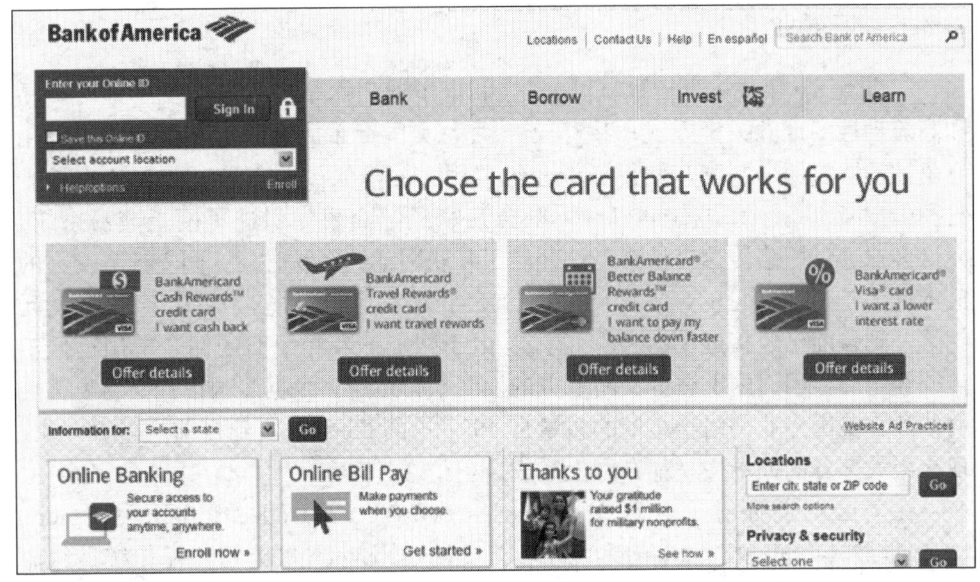

图 7—12　美洲银行官网

网上发行 Visa Classic、Visa Gold 等信用卡；美洲银行也根据各个州的情况，提供汽车贷款、住房抵押贷款、学生贷款等业务。第三，投资业务。美洲银行的个人投资业务由美洲银行投资服务公司承担，主要为客户提供折扣经济服务、个人投资咨询服务、现金管理账户以及共同基金信息服务。第四，专业金融服务业务。专业金融服务是美洲银行的特色服务，包含个人银行、基础金融服务、学生金融服务、电子钱包、军事银行、专业非洲裔美国人银行、美国亚洲理财七项服务。第五，保险业务。美洲银行的保险业务由美洲银行保险服务公司运作，主要销售人寿保险和汽车保险。第六，信息服务。美洲银行为客户提供个人金融计划工具、市场研究与评议及美洲银行内部信息三个产品。个人金融计划工具主要是指投资评估、购房计划、退休计划、教育计划等；市场研究与评议主要为客户定期提供对市场的研究成果，指导客户的投资理财；美洲银行内部信息则提供非公开化的研究信息。

（3）盈利模式。美洲银行网上银行将线上、线下业务连接在一起，一方面可以为客户实现在线金融服务，另一方面也能通过宣传吸引新客户。其收益来源非常广泛，有存贷利息差收益、证券保险经纪收益、信用卡利息收益、财富管理经纪收益、咨询业务收益等。总之，其收益与传统银行并无太大的差别；更重要的是，线上业务与线下业务产生了协同效应，增加了传统业务的规模。

7.2.5 证券业

20 世纪 70 年代，NASDAQ 的建立和电子通信网络的兴起开创了即时交易和高流动性的证券买卖方式；1975 年 5 月，美国宣布放弃固定佣金比率，采用竞争性的协议佣金制度，使得证券经纪费用大幅降低；1995 年，隶属于摩根士丹利的 Discoberry Brokerage Direc 联合几家经纪商率先引进了网上交易系统，允许客户通过网络传达交易指令，开启了互联网证券交易时代。网上证券交易的成本优势是显而易见的，平均而言，1995 年为 73 美元一笔，1999 年为 25 美元一笔，到目前已经接近 10 美元一笔。① 由于网上证券经纪商的佣金费用远低于传统经纪商，因而网上证券交易业务的发展十分迅速。根据美国证券交易委员会的估计，美国专业网络经纪商的数量从 1997 年的 28 家发展到目前超过 200 家，现在绝大部分的证券交易都在网上完成。

在美国网上证券交易商中，Charles Schwab、E-trade、Fidelity、Ameritrade 是最具代表性的。Charles Schwab、Merrill Lynch 等公司依托传统经纪业务的优势，结合网上销售，依然占据着证券业务的半壁江山，分别约占美国网上证券经纪业务的 25%和 10%。作为纯网络证券经纪平台，E-trade 也在证券市场上占据了一席之地，其市场份额约占 15%。我们主要介绍 E-trade 的运营模式，见图 7—13。

1. 概述

E-trade 成立于 1992 年，是第一家互联网经济服务公司。开始时，E-trade 通过网络提供在线投资咨询服务，后来扩展到网上证券经纪和交易。1997 年，E-trade 与美国在线和 Bank One 联合，向澳大利亚、加拿大、德国等国拓展业务，用户数量突破了 22.5 万。2000 年，E-trade 收购了 Telebanic 金融公司，创立 E-trade 金融公司，正式进入零售银行业。目前，E-trade 银行是美国最大的纯互联网银行，提供存贷款、信用卡、保险等全方位服务。E-trade 是美国仅次于嘉信证券的第二大网络证券经纪商。

2. 产品及运营模式

投资者在 E-trade 网上开户并满足最低 600 美元的账户余额后，可以享受到 E-trade 7×24 小时的各项服务，包括证券交易、退休金账户投资、信息咨询等。

E-trade 的证券交易服务涵盖股票、ETF 基金、共同基金、固定收益类证

① 参见沈晓平：《网上金融》，北京，电子工业出版社，2009。

图 7—13　E-trade 官网

券、期权期货、外汇以及国际市场证券等，包括了美国绝大部分公司股票、超过 8 000 种共同基金以及所有的 ETF 基金、超过 30 000 种债券、77 个国家的各类证券以及各类组合投资。退休金账户投资涵盖了传统的 IRA 退休金计划、Rose IRA 退休金计划、401(k) 退休金计划以及延迟性 IRA 退休金计划等。E-trade 为投资者提供了全面的个人退休金计划类型，并且进行投资规划指导。信息咨询服务主要涵盖投资教育、投资工具、市场研究。E-trade 为投资者提供了网上的投资课程，如果投资者需要也可以申请付费型的电话或面谈投资咨询。此外，E-trade 在网站上会提供一系列投资组合构建、收益与风险预测的小工具以及免费的市场研究报告。①

3. 盈利模式

E-trade 的盈利主要来自交易佣金。如前所述，1975 年后，美国放弃固定佣金制度，使得经纪商可以自主选择佣金水平，证券业竞争使得佣金水平大幅下降；网上技术的日臻成熟，使得网上经纪业务的佣金水平进一步降低。目前，包括 E-trade 在内的各大网上证券经纪商大多采用最低交易费加浮动交易费的模式。

① E-trade 官网：www. etrade. com。

在满足了 E-trade 600 美元的最低资金要求后，投资者便可以进行证券交易；如果投资者的资金量在 10 000 美元及以上，可以在 60 天内享受到最高 500 美元的佣金优惠。一般来说，对于交易不超过 149 股（份）的股票或期权，投资者需要付出 9.99 美元的固定佣金，每份期权需另付 75 美分的佣金；如果投资者上季度的交易量在 150 股（份）以上，则其固定佣金下降为 7.99 美元。债券佣金相对更加低廉，每份债券交易的佣金只有 1 美元，单次交易佣金最低为 10 美元，最高为 250 美元。E-trade 对于 1 300 只共同基金和 70 只 ETF 免收交易佣金。除了佣金收入，E-trade 也会从财务咨询等方面获取收益，见图 7—14。①

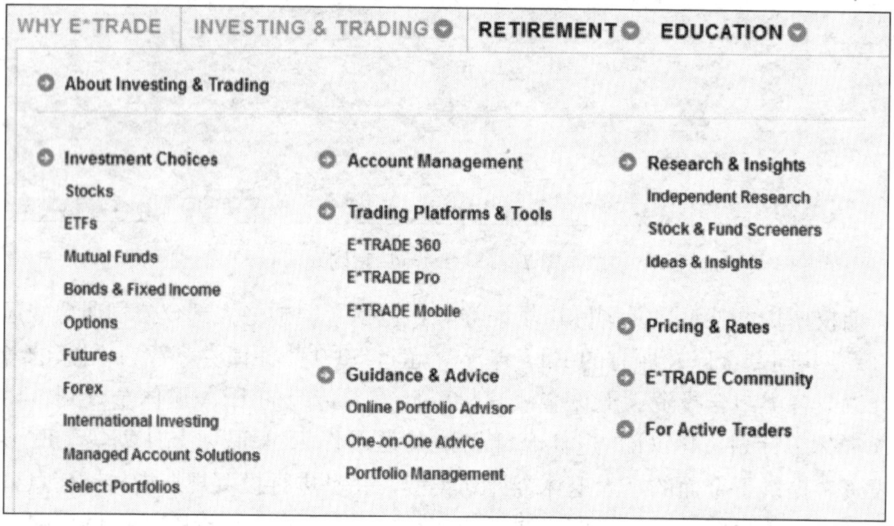

图 7—14　E-trade 官网投资交易业务介绍

7.2.6　保险业

基于互联网的保险模式大致分为两类：一类是利用垂直搜索平台，为客户提供各类公司保险产品信息、保费对比以及综合性保障方案的在线金融超市，客户需要链接到相关保险公司购买产品；另一类是传统保险公司的线上销售，提供公司产品介绍、在线咨询、在线购买。

网络保险最早出现于美国，而后发展到英国。美国国民第一证券银行首先通过互联网销售保单业务。现在，最为人熟知的网上保险公司是美国 Insweb 在线保险公司，见图 7—15。

① E-trade 官网：www.etrade.com。

图 7—15　Insweb 官网

1. 概述

Insweb 于 1995 年在加州成立，致力于提供在线的保险报价信息服务、保险购买服务、咨询服务；2005 年，Insweb 又引进 AgentInsider 系统，为保险代理人提供展业服务。Insweb 在业界非常有影响力。2009 年，通过 Insweb 进行保险购买、咨询的人数超过 1 000 万；2011 年，Insweb 的收入达到 3 904 万美元，比 2010 年增加 33%。①

2. 产品与运营模式

Insweb 不仅与世界上 50 多家保险公司有业务协议，而且与超过 180 家站点建立了连接，为客户提供意外险、汽车险、寿险、财险、房屋保险、健康保险等几乎所有保险产品的报价和详细信息。当客户按照需求输入信息后，Insweb 会显示产品比较分析的结果，并给出最为恰当和廉价的保险投资建议；如果客户在 Insweb 在线购买保险，则可以享受到佣金折扣。

---

① 参见天拓咨询：《浅谈互联网保险 Insweb》，2013－09。

3. 盈利模式

Insweb的盈利来自于客户在线购买保险产品的佣金收入和向保险公司提供客户信息的收入。客户在线进行保险产品比对后，选择意向产品，Insweb会将客户链接至相应的保险公司在线完成保险购买；交易完成后，Insweb会从这笔业务中获取一定的佣金收入。另外，Insweb也会将在线访问用户的需求信息转卖给保险公司，从而获得一定的收入。

Insweb在意外险和车险等简单险种中获取的佣金占佣金收入的绝大部分，而其在寿险、财险等较复杂险种的销售较少。究其原因，在于保险销售有其特殊性，许多条款需要客户当面咨询代理人并进行协商、确认。Insweb等在线保险公司主要是发挥产品比价、网上咨询的作用（见图7—16），通过网上服务获取客户的信息，从而为保险公司有针对性地发掘客户需求；其销售业绩难以提升，3 904万美元的收入在美国万亿美元保费收入中微乎其微。Insweb最终于2011年被Bankrate收购。

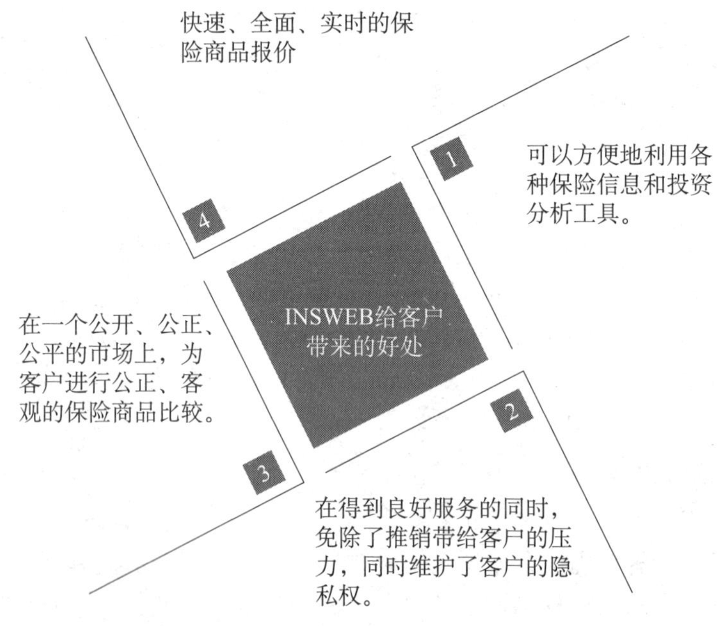

图7—16　Insweb客户服务的优势

资料来源：天拓咨询：《浅谈互联网保险Insweb》，2013-09。

7.3　美国互联网金融的风险与监管

7.3.1　文献综述

关于金融监管，国内外的相关文献浩如烟海，而对于互联网金融的监管，则随着近年来各类互联网金融业态的出现以及对互联网金融的理论研究逐渐增多，才使人们不断关注对于互联网金融的监管。

在国外，早已出现了各类互联网金融业态，由此也就自然导致了对互联网金融监管的讨论。早在1983年，Hirshleifer（1983）就把第三方支付明确界定为“俱乐部商品”。他以一个形象的故事说明了这一点：假定有一个处于低洼地带的“拓荒地”，经常有海水倒灌的风险，所以每家都需要筑一段堤坝，而整块“拓荒地”的整体安全程度，并不等于每家为筑坝所付出努力的总和，而是取决于堤坝最薄弱那家所付出的努力。Varian（2004）将这个模型向前推进了一步，由于每家在“拓荒地”的身家多少不同，就会造成每家投入筑坝的努力不一样，比如一贫如洗的光棍可能没有动力去认真修堤坝。那么，这个光棍的行为就构成了整个“拓荒地”安全的威胁，在每家各管一段的无政府状态下，最终这个“拓荒地”就会有灭顶之灾。此时，就需要有人充当监管者，确保这个光棍的堤坝必须达到最低的安全标准。他们的研究奠定了对互联网金融有必要进行监管的理论基础。

在互联网金融的现实发展及学者们的理论研究后，互联网金融的监管问题就进入了美国监管者的视野之中。2008年9月，波士顿联储和亚特兰大联储写了一篇名为《理解新型零售支付中的风险》的文章，该文认识到零售支付正在从纸质交易向非现金（noncash）支付转变，由此带来了不少新型零售支付业态的出现（PayPal已明确进入了此文的视野），这会带来五类风险，即欺诈风险、操作风险、法律风险、清算风险、系统性风险。

2003年美国政府责任办公室（Government Accountability Office）向美国国会提交的关于人人贷的报告，着重探讨了P2P行业监管的问题。该报告提出了两项可行的方案：第一种方案是维持现在多部门分头监管，州与联邦共同管理的监管架构，包括SEC、FTC、CFPB都会参与其中，对放款人的保护主要是通过联邦和州的证券登记与强制信息披露条款，对借款人的保护主要是通过消费者金融服务和金融产品保护相关条例；第二种方案是将各部门、联邦和州的职责集中在一个单独的部门，由该部门来统一承担保护放款人与借款人的责任。该报告认为，根据《多德-弗兰克华尔街改革与消费者保护法案》，新组建的CFPB是合适的选择。

7.3.2 网络金融的风险

网络金融除了具有传统金融业经营过程中存在的流动性风险、信用风险、利率风险和汇率风险等之外，由于涉及通信、设备和管理等诸多方面，造成网络金融还存在技术风险、业务风险和人为因素形成的风险。采用网络技术的网络金融造成了金融风险的放大效应。可以认为，网络金融将比传统金融面临更大的风险考验，各种风险对网络金融的挑战将甚于传统金融。

1. 流动性风险

流动性风险是指银行的支付能力不足所造成的风险。银行的流动性需要主要来自存款的提取和贷款的需求，对于这种提取和需求，银行不能完全掌握。非预期的提取和非预期的需求会造成银行的支付能力不足，这是银行业务中经常发生的、正常的风险。在网络金融条件下，虚拟货币的出现使网络银行面对更多的不确定因素：一方面，商业银行的信用扩张能力得到了增强，通过在线交易加快了货币流通的速度；另一方面，突发性的交易又可能引起网络银行的流动性风险。

2. 信用风险

信用风险是指网络金融交易者在合约到期日不完全履行其义务的风险。网络金融业务和服务机构都具有显著的虚拟性。虚拟化的金融系统可以利用虚拟现实信息技术增设虚拟分支机构或营业网点，从事虚拟化的金融服务。网络金融中的一切业务活动，如交易信息的传递、支付结算等都在由电子信息构成的虚拟世界中进行。网络金融服务方式的虚拟性使交易、支付的双方互不见面，只是通过网络发生联系，这使得对交易者身份、交易真实性的验证难度加大，增大了交易者之间在身份确认、信用评价方面的信息不对称，从而增大了信用风险。网络金融中的信用风险不仅来自服务方式的虚拟性，还有社会信用体系的不完善而导致的违约可能性。

3. 利率风险和汇率风险

利率风险和汇率风险是指市场的利率和汇率变化引起的银行资产价格变化，造成资产贬值损失的可能性。它是由资金的供求决定的，是一种市场风险。在银行业务中，这种风险是很难完全避免的，因为任何银行都无力控制市场，即使中央银行也只能在一定程度上进行调节。

网络金融包括的传统金融风险还有资本风险和管理风险等。资本风险是指银行资本金过少，因而缺乏承担风险损失的能力，缺乏对存款及其他负债的最后清偿能力，使银行安全受到威胁的风险。管理风险是指银行业务经营中存在的营私和盗窃的风险。所谓营私，主要是指银行的高级管理人员利用职权牟取私利，如贷款给自己或亲友等。至于盗窃，有来自内部的，也有来自外部的。

4. 网络金融技术支持系统的风险

网络金融的业务及大量风险控制工作均是由电脑程序和软件系统完成，所以电子信息系统的技术性和管理性安全就成为网络金融运行的最为重要的技术风险。这种风险主要包括计算机系统停机、磁盘列阵破坏等不确定因素，来自网络外部的数字攻击，计算机病毒破坏三个方面。网络金融业务的开展必须选择一种成熟的技术解决方案来支撑，但在技术选择上存在着技术选择失误的风险。这种风险既来自于选择的技术系统与客户终端软件的兼容性差导致的信息传输中断或速度降低的可能，也来自于选择了被技术变革所淘汰的技术方案，造成技术相对落后、网络过时的状况，导致巨大的技术和商业机会的损失。

5. 业务风险

由于采用 BIS 后，金融机构的经营活动可突破时空局限，打破传统金融的分支机构及业务网点的地域限制，并且能够向客户提供全天候、全方位的实时服务，从而使网络金融的经营者或客户通过各自的电脑终端就能随时与任何一家客户或金融机构办理证券投资、保险、信贷、期货交易等金融业务。这使网络金融的业务环境具有很大的地域开放性，并导致网络金融中支付、结算系统的国际化，从而大大提高了结算风险。基于电子化支付系统跨地区的各类金融交易数量巨大，因此任何一个地区金融网络的故障都会影响全省乃至全国金融网络的正常运行和支付结算，并会造成经济损失。20 世纪 80 年代美国财政证券交易系统曾发生只能买入、不能卖出的情况，一夜就形成 200 多亿美元的债务。我国也曾发生过类似情况。

6. 人为因素形成的风险

由于部分工作人员安全观念淡薄，安全管理制度不能真正落实，缺乏应有的网络安全意识，认识不到执行制度的紧迫性和重要性，特别是在业务量较小、人员较少的基层营业网点，人们出于相互信任的缘故，密码设置过于简单，密码变更不按规定登记保管等现象依然存在，个别网点岗位职责设置不清，非注册人员或内勤主管兼作柜员，从而直接影响 BIS 的安全运行，导致网络金融风险的产生。

7. 法律风险

法律风险是指由于网络金融立法相对落后和模糊而导致的交易风险。由于相应法规的缺乏，如在网络金融市场准入、交易者的身份认证、电子合同的有效性确认等方面没有明确而完备的法律规范等，在采用 ABIS 后，利用网络提供或接受金融服务、签订经济合同就会面临在有关权利与义务等方面相当大的法律风险，容易陷入不应有的纠纷之中，使交易者面临关于交易行为及其结果的更大不确定性，从而增大了网络金融的交易费用，甚至影响了网络金融的健康发展。

综上所述，数据集中后，网络金融的各种业务风险与传统金融并无本质区别，但由于网络金融基于网络信息技术，这使得网络金融在延续、融合传统金融风险的同时，更新、扩充了传统金融风险的内涵和表现形式，导致金融风险发生的突然性、传染性都增强了，进而危害也更大。因此，网络金融风险的监管和控制也就具有了不同于传统金融风险管理的手段和方式。

7.3.3 网络金融的监管

美国监管当局对网络银行采取了审慎宽松的政策，基本上通过补充新的法律、法规使原有的监管规则适应网络电子环境。一方面，他们强调网络和交易的安全、维护银行经营的稳健和对银行客户的保护；另一方面，他们认为网络银行是一种有益于金融机构降低成本、改善服务的创新，通过使用标准网络浏览器，这种创新不仅可以大大降低技术维护成本、加快新系统和软件的发展，而且使银行间可以实现资源共享，因而在监管政策、执照申请、消费者保护等方面，网络银行与传统银行的要求比较相似。在市场准入方面，美国对现有金融机构分支型网络银行的设立，按新设分支行或营业部的管理规则进行管理，一般不要求重新注册或审批，也不必声明或备案，监管当局一般通过年度检查来收集网络银行的业务数据。而对纯网络银行则按照新银行机构的设立程序，需要审批注册。纯网络银行在注册时既可以按照标准注册程序申请注册，也可以申请按照银行持股公司规则注册，并要满足其他特定的要求。

美国网络银行的风险控制由两部分组成：一是基于网络虚拟技术的网络银行业务活动和电子货币行为的风险控制；二是金融监管当局对网络银行的监管。可以看出，这基本上是一个内外控制相结合、技术与业务相兼顾、以金融监管为指导的完整的网络银行风险控制体系。

1. 网络银行业务活动和电子货币行为的风险控制

美国银行机构具备严密的网络银行业务风险管理制度框架，主要包括以下四个方面：

（1）明确决策管理层在业务风险中的职责。监管当局对网络银行业务的风险监管具体通过银行机构决策管理层的履职行为付诸实施，银行管理层是否合格以及能力的强弱直接关系风险监管的实施效果。这就意味着在风险监管中起关键作用的是银行机构的决策管理部门，即银行董事会和高级管理层。

（2）网络银行业务的技术风险管理。网络银行业务风险监管除了具备传统银行风险管理规程外，还包括一种能够识别、衡量、监督和控制技术风险的管理程序。这种与新技术特别是互联网技术紧密相关的风险监管包括三个阶段，即对技术运用的规划、对技术的实施、对风险的衡量和监控手段。在技术风险规划阶段，银行董事会就对会给银行风险管理造成重大影响的网络产品是否与银行的整体战略一致做出判断，并由高级管理层对所采用的技术与风险做出评估，或者聘请审计人员或咨询员对网络银行业务技术与产品做出独立评估等。在技术实施阶段，管理层要有效评估与该业务有关的技术与产品，做出正确的技术组合选择，并确保所选择的技术安装无误。当银行不具备此类专业技能时，银行可以通过外包的方式将此类业务承包给专业人士，或与拥有互补性技术的另一网络银行业务提供者结成联盟。在衡量和监控风险阶段，管理层要利用稽核程序有效识别、衡量和控制网络银行业务系统，并对系统是否符合性能标准进行定期检查。

（3）网络银行业务风险的内部控制机制。内部控制机制是监控网络银行业务操作与系统安全风险的主要手段，主要分三个阶段：第一，对可能发生的差错或非法活动的预防性控制，如利用一定的控制软件对网络进入人员进行控制，或者只允许那些授权人员通过使用用户名和密码的方式进入网络；第二，对已发生的活动加以识别并进行侦测控制，如对非法人员入侵活动发出警报；第三，对侦测到的情况进行纠正控制，如用于恢复遭病毒侵害的档案和数据库的软件恢复系统。为了应付风险巨大、状况复杂的情形，如交易型网络银行业务，则要求银行具备相应的更高层次的内部控制机制，如增加对交易活动的监控、运用跟踪技术识别和比对请求来源、对不寻常交易进行定期报告和检查等。

（4）网络银行业务外包情况下相关风险的控制。银行在业务外包的情况下，要定期对其技术支持来源进行重新评估，以确定已有的方案是否适合其业务计划，以及是否有足够的弹性满足预期的需求。

2. 金融管理当局对网络银行的监管

互联网金融业务的交叉广、参与主体来源复杂，以往侧重市场准入的机构监管模式难以完全满足监管需求，因此国际上的普遍做法是，针对不同类型的互联网金融业务，按照其业务行为的性质、功能和潜在影响，确定相应的监管部门以及适用的监管规则。美国将互联网融资分为股权、借贷两种模式，分别由金融市场监管机构、银行监管机构实施监管［祁斌（2014）］。美国当局对网络银行的监管形式有规则、公告、劝告、警示、信函、备忘录等（见表7—5)。负责监管的部门主要是美国货币监理署（OCC)、美联储、财政部储蓄机构监管局(OTS)、联邦存款保险公司（FDIC)、全国信贷联盟协会（NCUA)，以及联邦金融机构检查委员会（FFIEC)。其中，美国货币监理署和美联储是主要监管机构，它们之间的具体责任划分以《联邦监管法案》第十二条为根据。美国银行分为联邦注册（国民银行）和州注册（州立银行)，因此，除全国性监管机构，还有各类州立的监管机构。

联邦银行监管机构将储蓄类机构置于全面的监管和检查之下，以确保银行的安全性和可靠性。直到2011年7月，保护消费者权益和监管银行都属于银行监管机构的职权范围。这些监管机构包括负责全国性银行的OCC；负责外资银行在美国国内运营和在各州注册以及作为美联储成员的州立银行的FR；负责非联邦储备系统成员的各州银行的FDIC；负责联邦保险信贷联盟的NCUA；负责联邦储蓄的OTS。FDIC、FR和各州发放银行许可权的监管机构共同承担监管责任。FFIEC是美国金融业的协调机关，其主要职责是协助美国联邦储备局、FDIC、NCUA 、OCC、OTS等监管机构遵守统一的监管原则及执行统一的标准。

2008年金融危机的出现，暴露了美国金融法律监管及体制的漏洞。2010年7月21日，美国通过《金融监管改革法案》并设立了新的金融监管机构——金融稳定监管委员会（FSOC)。FSOC的成员包括金融消费者保护局（以下简称“CFPB”)，FDIC和SEC的主管，拥有投票权或者无投票权的各州银行监管者或者证券委员会成员。FSOC的职责包括：

（1）监管金融服务市场，发现影响美国金融稳定的潜在威胁。

（2）协调联邦和州的金融监管机构在政策制定和监管活动中的信息共享与合作。

（3）发现在监管体系中可能引起金融风险的缺陷。

（4）为新兴市场的发展和金融监管事项的讨论与分析提供座谈。

其中，CFPB的主要工作为：①强化金融消费者教育。②制订或修订金融消费者保护法规。③检查金融机构消费者保护合规情况。④构建并负责运作消费投诉及处理体系。⑤进行金融消费者保护监测和研究。

表 7—5　　美国网络银行监管机构及监管规则一览表

监管机构	类型	编号	标题	方式
联邦储蓄保险公司	金融机构信函	68-99	信息安全的风险评估工具与实际	
		98	预留信息电话呼叫	联合
		86-98	电子商务与消费者隐私	
		79-98	电子金融服务与消费者一致性	联合
		131-97	与互联网相关的安全风险	
		124-97	可疑活动报告——电脑犯罪	联合
		014-97	电子银行检查程序	
货币监理署	劝告	99-94	网络银行检查手册	
	劝告	99-6	国民银行网站隐私声明引导	
	公告	99-20	认证系统	
	公告	99-9	电脑恐怖者对基础设施的威胁	
	劝告	99-11	预留信息电话呼叫	联合
	公告	98-38	技术风险管理：PC 银行	
	公告	98-31	电子金融服务与消费者一致性	联合
	公告	98-03	技术风险管理——银行家和监管者指引	
	劝告	97-9	可疑活动报告——电脑犯罪	
	公告	96-48	储值卡系统——给银行家和监管者的信息	
美联储	银行监管与规则部信函	00-04	信息外购与交易程序	
		00-03	信息技术检查频率	
		99-08	信息技术统一收费体系	
		98-09	信息技术的评估	
		97-32	网络信息安全的合理操作指引	
		97-28	可疑活动报告——电脑犯罪	联合
储蓄机构监管局	备忘录	99-109	交易网站指引	
	备忘录	98-97	客户信息的隐私权与准确性政策	
	规则	N/A	电子操作——最终规则	
	备忘录	98-90	电子金融服务与消费者一致性	联合
	备忘录	97-95	可疑活动报告——电脑犯罪	联合
	公告	32-6	信息技术检查程序	
	备忘录	97-30	在线零售 PC 银行指引	
FFIEC	手册		FFIECIS 检查手册	

资料来源：尹龙：《对我国网络银行发展与监管问题的研究》，载《金融研究》，2001（1）。

美国联邦贸易委员会（FTC）是许多联邦消费者保护法律的执行者。直到

2011年7月21日，FTC一直是针对非银行金融服务提供者的主要执法力量。此后，FTC会与CFPB共同承担这些责任。此外，FTC会针对可能参与不公平或者欺骗行为的非银行金融服务提供商进行调查和采取执法手段。FTC是个执法机构，而不是监管机构，它专注于执法行为，不会定期检查机构或者提出任何的报告要求。

除此以外，网络银行在美国还受到诸如清算协会、一些银行集团等自律性机构的管理。不过，这些管理是针对会员，而且是自愿的，其所涉及的领域也主要是技术、标准等，目的是为银行创新创造条件。

7.3.4 监管的法律法规

在将互联网金融纳入现有监管体系的同时，美国也在根据形势发展，不断创新监管理念，针对互联网金融出现后可能出现的监管漏洞，通过立法、补充细则等手段，延伸和扩充现有监管法规体系。

美国银行监管机构在传统监管法律制度的基础上，制定了一系列具体的专门针对网络银行业务及其风险的管制规则，见表7—6。这些关于网络银行业务的专门监管法规，绝大部分与网络银行风险监控有着直接或间接的关联，而且大多是围绕着与技术密切相关的风险监控问题展开的，它们为网络银行业务的风险监管提供了具体的监控指导，而且这些规则一般都具有较强的针对性和可操作性。网络银行监管法律框架主要有五个方面：

（1）财政部货币监理署发布的一系列与网络银行业务相关的监管法律文件和规则。例如，1998年2月发布的为联邦银行正确监控网络银行业务与技术相关风险提供指导的《技术风险管理——个人电脑银行业务》；2002年5月发布的《网络银行最终规则》（以下简称《最终规则》），该规则是目前美国关于网络银行活动的正式管理规定。《最终规则》明确赋予网络银行经营经销业务、数据处理业务、信息产品供给、副产品销售等权利。《最终规则》进一步强调了“透明度原则”，它用针对网络银行业务系统的检查，替代了过去将网络银行简单视为“销售通道”而进行的网络销售方式单一评估。

（2）联邦储备局发布的网络银行业务监管规则，如1997年12月发布的《网络信息安全稳健操作指南》。

（3）联邦存款保险公司制定的有关监管规章，如1998年6月发布的《电子银行业务——安全与稳健审查程序》等。

（4）联邦银行机构监察委员会公布的文件，如2000年11月发布的《外包技术服务风险管理》。

（5）多个监管机构共同制定或发布的文件，如由货币监理署、联邦储备局、联邦保险公司和互济贷款监管署联合发布的《关于电子银行服务和消费者守法指南》及《信息安全指引》。

2008 年美国金融危机全面爆发后，针对导致危机的金融法律监管及体制漏洞，美国政府于 2010 年 7 月通过了《金融监管改革法案》，即《多德-弗兰克法案》。该法案涉及美国金融业的方方面面，包括建立新的金融监管机构，如金融稳定监督委员会和消费者金融保护局。

表 7—6　　适用于 P2P 行业的联邦借贷与消费者金融保护法案

法律	相关的条款或例子
Truth Lending Act	要求贷方就贷款的条件和信贷交易提供统一、可理解的披露；监管贷款宣传，给予借款人及时获知信息披露和信贷处理方式等权利。
Equal Credit Opportunity Act	禁止贷方基于种族、肤色、宗教信仰、国籍、性别、婚姻状态、年龄等因素歧视信贷申请人。
Service Members Civil Relief Act	给予在军队服务的借款人一个利率上限，允许现役军人和有任务的后备军人暂停或推迟某些民事义务。
Fair Credit Reporting Act	必须是处于经许可的用途才能获得消费者的信用报告，要求个人向信用部门提供正确的信息；贷方如果拒绝信贷申请人，则必须根据信贷报告中的信息公开披露；贷方也被要求发展和落实一套防盗窃信息程序。
Section 5 of the Federal Trade Commission Act	禁止不公平或者欺诈性的条款和做法。
Gram-Leach-Bliley Financial Modernization Act	限制金融机构将消费者“非公开个人信息”透露给非关联的第三方，要求金融机构知会客户其信息共享机制，并且告知客户，如果客户不希望他们的信息被无关联的第三方机构获知，他们有权选择“退出”。
Electric Fund Transfer Act	给予消费者某些使用电子转账从银行账户中汇入或者汇出资金的权利。
Electronic Signature in Global and National Commerce Act	允许使用电子记录或者电子签名创设有法律约束力或者执行力的协议；要求在消费者交易中使用电子记录或者电子签名的商业行为必须预先征得消费者同意。
Bank Secrecy Act	要求金融机构执行反洗钱程序，使用消费者身份确认程序，筛选个人财产被冻结或者其公司被禁止进行交易的个人名单。
Fair Debt Collection Practice Act	对涉及消费者债务的第三方债务收款机构提供了指引并做出了限制，禁止在催收过程中使用威胁、骚扰和侮辱性行为。

7.3.5 网络金融的发展与监管挑战

美国金融监管体制有一个明显的特征，那就是按行为监管。美国的金融监管机构很少对各种机构的性质进行区分，而是根据各机构的业务采取执法。

互联网金融业态的发展带来了新的监管忧虑和挑战。例如，在主要的营利性平台专注于提供相对直接的无抵押贷款的同时，它们也和其他平台开发（或者将会开发）更复杂的贷款产品与其他贷款方式，如汽车贷款和抵押、P2P借贷概念的衍生品等。这些都会引起监管者的忧虑，如保证贷款条例的公平性与透明度。同时，主要的营利性平台也吸引了越来越多的资深个人与机构投资者，它们和其他的平台可能会给投资者提供建议服务，这就引发了新的监管问题。例如，LC Advisor.，LLC，Lending Club 的一个全资子公司，已经在 SEC 与州证券监管机构登记为投资咨询公司。LC Advisor 将会通过 Lending Club 的平台，为高净值客户和机构客户管理投资账户，并且提供其他服务。此外，平台可以为借贷者开发不同的功能和产品，比如允许公司代表放款人挑选贷款，或者允许放款人投资由公司筛选的贷款池，这通常是由 SEC 来监管。这些做法会引起关于保护放款人的新问题，如果选择联合或统一监管方式的话，这会给 CFPB 与 SEC 在定义和协调管辖权时提出新的挑战。

由于现行的监管模式存在各机构之间分工不明确，权利所引用的法律条例比较模糊，有落后于行业发展之嫌，因而统一监管的方案呼声较高。但是，我们必须注意到，转移到新的监管体系成本是极高的，因为企业必须重新适应新的监管方式和监管风格，而消费者也必须重新熟悉参与步骤，有可能会打击消费者参与的热情。同时，不能肯定单一机构行使职责能解决现在监管体制的所有问题。

无论是保留现有的监管制度，还是选择联合或统一监管的方式，现存的机制正面临新的风险与监管挑战。另外，针对一些业务的风险程度，还需要不断跟踪研究，以确定参与联合监管的部门。以 P2P 业务为例，来自 SEC 公司金融部门、市场与交易部门、投资管理部门的职员们认为，通过查看公司的证券登记资料，他们现在正定期监管 Prosper 和 Lending Club 的业务变化。他们注意到，从公司提交的材料可以看出，这两家公司的增长是非常明显的。同时，如前面已经讨论的，CFPB 的职责包括研究、监管、报告消费者金融产品与服务的发展；除此之外，CFPB 还要为消费者辨别风险。然而，CFPB 的功能尚未完善，还没有决定如何监管 P2P 借贷行业。如果 P2P 借贷发展迅速的话，FSOC 可以参与到监管当中。

7.4　美国互联网金融的现状评述

7.4.1　现状

与国内的激辩与争议相比，互联网金融在美国并没有得到特别的对待。从目前来看，美国的互联网金融在发展过程中存在着这样的趋势：一是传统金融与互联网技术的融合更加紧密；二是新兴的互联网金融业务发展迅速，衍生出新的金融业态，但并未危及传统银行体系和金融体系的统治地位。

从 P2P 网络信贷领域来看，创新仍处在实验和探索阶段，前路漫漫。Lending Club 和 Prosper 在 2013 年的成交量达到了 24.2 亿美元，但相对于美国约 3.5 万亿美元的消费者信贷市场而言，它们的地位实在是无足轻重。美国人将 P2P 视为广泛的金融创新的一部分，它使得借贷的途径更加丰富，效率或许有所提高。更重要的是，它在金融领域引入了一种互联网的民主思维。但其未来发展如何，有待时间的检验。

从第三方支付市场来看，它与传统支付系统遥相呼应、相互补充。PayPal 引领了一场支付革命，也带动了美国传统金融业务的信息化发展，移动信用卡、手机银行的增速均超过了 20%。据统计，2012 年美国移动支付占整个支付体系的比例将近 1%，预计到 2015 年达到 2%；第三方支付主要是在国际贸易和支付中发挥作用。第三方支付、移动支付确实弱化了传统支付体系的功能，但并没有达到取代传统支付体系的地步，它们更像是对传统支付体系的一个额外补充。

从货币市场基金来看，无论是规模还是收益率，货币市场基金都在直线下降。2008 年货币市场基金达到 3.75 万亿美元，超过银行总存款规模 7.2 万亿美元的 50%；而到金融危机后，其规模已经降到 2.4 万亿美元左右。从收益率来看，以 PayPal 为例，2002—2004 年利率下行期间，货币市场基金的平均收益率约 1%；2005—2007 年利率上行期间，货币市场基金的平均收益率超过 4%，均高于同期的银行利率水平。但是，金融危机后，货币市场基金的收益率大幅下滑，2011 年的平均收益率仅为 0.04%。探究低收益率的原因：一是金融危机后美联储量化宽松政策带来的低利率政策；二是 2009 年后财政部不再承担货币市场基金的托底义务；三是 Q 条例取消后，银行可以对支票与活期存款支付利率。货币市场基金收益率走低的同时，美国股票市场却持续走高，使得资产转移加速，货币市场基金规模持续萎缩。

从众筹市场来看，它有效地促进了社会创新，成为了传统证券业务的替代和补充。众筹对于支持和鼓励微小企业的创新活动意义重大，2012 年美国通过的《JOBS 法案》允许小企业通过众筹获得股权资本后，众筹更是得到了快速的发展，目前全美至少有 1 500 家众筹平台。

从银行业来看，纯网络银行举步维艰，传统银行加快与互联网的融合。如前所述，世界第一家网络银行 SFNB 有过非常辉煌的时刻，它的优势是费用低、可以享受在线金融服务。但是，SFNB 有着固有的缺陷，如资金运作渠道少、营业网点少、从业人员限制，这使得它很难像大银行那样提供专业而全面的金融服务，也就是便利性上存在缺陷，进而导致客户黏性不足。当传统银行加快网络布局，一样能够提供网上金融服务的时候，客户们最终会因安全性、便捷性、专业性等原因选择传统银行。SFNB 最终被加拿大皇家银行收购，成为了传统银行的网上平台。目前，美国绝大部分传统银行都提供了在线金融服务，将金融业务与互联网联系在一起，从而拓展了服务的边界、提升了服务的质量。网上银行、移动支付、手机银行等融合创新活动从未间断，线上的便捷性和线下的专业性相互融合，全面提升了银行业的服务水准。

从证券业和保险业来看，其现状与银行业类似。纯粹的网上交易平台无法为客户提供详细的产品介绍，传统证券公司和保险公司依托自身优势建立网上平台，很快就占据了主导地位。

7.4.2 评述

互联网金融起源于美国，2013 年在中国逐步兴起。如今，互联网金融成为中国经济金融领域一个极具争议性的话题，互联网金融是否对传统金融形成颠覆、互联网金融如何监管被反复激辩。我们不得不问，为什么互联网金融在美国没有形成这么大的争议？

根本的原因在于中、美金融体系的差异，即制度因素的不同。中国是银行主导的、相对固化的金融体系，而美国是市场主导的开放金融体系。2013 年，美国 GDP 16.56 万亿美元，货币供给量 M2 约为 11 万亿美元，股市市值约 20 万亿美元，债券市场规模约 40 万亿美元；而中国方面，GDP 为 8.52 万亿美元，货币供应量约 18 万亿美元，股市市值约 3.75 万亿美元，债券市场市值与股市相当。从金融体系效率测算，以 RW Goldsmith（1985）的金融相关率测算，美国约为 4.28，而中国约为 3.0，美国的经济货币化程度比中国高 42.7%。再从结构来说，M2/GDP 的比值能够很好地反映货币的使用效率，美国的这一比值是 66%，而中国为 211%。可以看到，中国的货币使用效率极低，反映出两国金融体系的截然不同。市场主导型金融体系强调通过创新活动增强市场竞争，最终达到一种帕累托均衡；这类创新活动是持续不断进行的，因而对于市场的影响是平稳的。而固化的金融体系长期处于严厉的监管之下，并且可能伴随着市场垄断，导致金融活动受到压抑，当某种创新活动成功绕过监管，其作用便会无限放大，释放出巨大的能量，对市场形成强烈影响。

从整个金融体系来看，美国无疑是各国学习的典范，即使 2008 年次贷危机后各国曾对其金融市场有所怀疑，但从如今恢复的情况而言，美国金融体系的弹性和恢复能力令人吃惊。美国的银行业、股票市场、债券市场以及期货市场都是世界上最发达的。大中型企业在纽交所、美交所、纳斯达克等市场发行股票和债券、商业票据获得资金；中小企业可以从众多的 PE、VC 募集资金，也能从数量众多、充分竞争的银行中获得资金；对个体消费者而言，美国的银行业拥有全球最具竞争性和最大的零售金融服务。尤其需要强调美国的银行业，它直接与中小企业和个人的金融服务相关。自 1933 年《格拉斯-斯蒂格尔法》、1960 年《银行合并法》颁布之后，美国禁止银行业跨州和跨行业经营，银行业一直处于零散的竞争局面。1994 年《州际银行法》允许银行跨州经营，1999 年《金融服务现代化法案》通过并废除了《格拉斯-斯蒂格尔法》后，美国银行业出现兼并大潮并开始提供全方位金融服务，同时效率大幅提升。虽然兼并活动催生了花旗银行、美林银行、摩根大通银行等特大金融机构，但得益于原来的竞争体系，美国银行业总体处于充分竞争的状态，目前有超过 7 300 家商业银行。在 20 世纪 80 年代利率市场化之后，各银行间的竞争活动更加剧烈，不断提升其服务水平、改善服务质量，注重向中小企业和个人提供金融支持。美国甚至专门制定了《小企业法》，以促进商业金融向中小企业贷款。正是因为美国金融体系的这种竞争性，使得企业和个人的金融需求可以得到及时满足，并且市场创新活动总是渐次推进的，而互联网的出现只是加剧了这种创新，并不会对市场产生颠覆。

比较而言，中国的金融体系迥然不同。如前所述，中国是一个银行占主导的金融体系，社会融资活动绝大部分需要通过银行；而从银行的竞争程度看，中国有 3 家政策性银行、5 家大型商业银行、12 家股份制银行、144 家城市商业银行以及超过 200 家农村商业银行。据 2013 年 7 月银监会公布的数据，四家大型商业银行的总资产为 61.2 万亿元人民币，占银行业金融机构总资产 141.34 万亿元的 43.3%，可见行业集中度之高。与此同时，最关键的问题在于，中国的利率市场化仍未完成，无法发挥资金价格配置资源的作用，持续偏高的存贷利差一直为人所诟病，导致大型银行缺乏动力改善金融服务。存款利率被压低，使得普通居民的货币投资需求长期被压抑，一旦余额宝之类货币市场基金能提供更高的利息收益，这种被压抑的金融需求就会爆发性地释放出来；而贷款利率也被实际低估，故银行就产生了惜贷行为，致使中小企业融资困难，而民间借贷、影子银行大行其道。

总之，美国的竞争性金融制度有效地释放了企业和居民的金融需求，因而互联网与金融的结合，只是推动了原有体系的不断完善，传统金融与互联网金融相互补充、相得益彰，提高了整个金融系统的效率和弹性。从中国来看，因为金融压抑的程度太高，互联网金融成为打破金融垄断、进行金融深化的一个突破口，致使企业和居民长期压抑的金融需求被释放出来。从客观上看，互联网金融能够推动中国金融体系的竞争，并可能形成新的金融业态。

7.5 美国互联网金融发展对中国的启示

互联网兴起于美国，互联网金融也兴起于美国。从美国互联网金融发展的进程和影响力来看，最直观的影响可能就是证券行业佣金率的下降速度更快了。但是，经过十几年的发展，互联网金融对美国金融体系的冲击还不明显，其原因可能是美国金融体系的特点和宏观金融环境所致。毕竟，美国金融市场的自由化程度最高，而且是市场主导型金融体系，金融创新对美国金融体系而言已经司空见惯，其自我的适应能力很强，而且反应速度很快。

但是，对于中国金融而言，互联网金融的冲击力可能就不一样了，也许会彻底改变中国金融业的基因，加快中国金融市场的自由化，甚至会撼动中国传统的金融体系。

7.5.1 可能加快中国利率市场化进程

从宏观上讲，中国金融体系的现状是银行主导，而且利率的市场化程度不高，尤其是银行存款利率受到管制，导致存在多个利率市场，而且不同的市场存在一定程度的分割。当互联网金融出现之后，就成为沟通各个利率市场的一条宽阔桥梁，其冲击的就是商业银行的存款市场。美国互联网金融企业 PayPal 的货币市场基金，在资本市场如此发达的美国，都能在 2007 年顺利超过 10 亿美元；2013 年出现的阿里巴巴的余额宝，在短短几个月内汇集的资金额就超过了1 000亿元，存款从银行向货币市场基金转移的速度令人惊奇。虽然1 000亿元相对于银行体系 100 多万亿元的存款总量依然很小，但“余额宝们”后续将会滚雪球似的增长，加之商业银行之间的竞争，最终必然会对银行的存款市场产生冲击。如果互联网金融不被政策扼杀在摇篮中，将会倒逼我国利率市场化政策的加快推出，从而对中国金融业产生深远的影响。对于政策制定者而言，技术的进步已成事实，互联网金融已经出现并且正在迅速发展壮大，覆盖群体数量巨大而且客户黏性很强；对于在互联网时代成长起来的 80 后、90 后群体，由互联网带来的民主意识已经生根，他们对新事物的接受能力很强。因此，接受不可阻挡的互联网金融将成为政策制定者的必然选择，由此顺势而为地加快利率市场化步伐也是必然的。

7.5.2　服务于小微客户的贷款平台，或许能在一定程度上解决小微企业的贷款难问题

互联网金融的典型产物就是 P2P 平台、众筹平台，它们的共同特点都是资金借出方分散，而且单个额度都较低，贷款方资金需求量也较小。此外，有平台公司负责贷款方的信息审核，甚至事后追款义务。从美国的经验来看，申请贷款的项目很多，但实际能够获得贷款的比例较低，这与阿里巴巴相似。但是，相对传统商业银行的贷款成本而言，P2P 平台、众筹平台的成本低得多，而且效率高，能够解决部分小微企业的贷款难问题。另外，P2P 平台、众筹平台严格依赖贷款者的信用数据，因此可以间接培养国人的信用意识，推动我国信用体系的发展。

7.5.3　改变家庭的资产配置结构，影响中国金融结构的发展

对于美国家庭而言，存款较少，基金、债券、股票配置的比例较高，但中国家庭是存款占据绝大部分，其他金融产品相对较少。互联网金融的出现，对美国家庭的影响较少，但对于中国家庭而言，影响会大得多。以成功运行的余额宝为例，4.5%左右的年化收益率相对于 0.35%的活期利率高得多，而余额宝的投资方向是货币市场基金，购买余额宝的人实质是加大了货币市场基金的配置比例，降低了存款的配置。如果某一天，余额宝开始配置债券也不足为奇。此外，互联网金融低廉的交易成本为资本市场开辟了一条新的销售渠道，有助于打破对银行渠道的过度依赖。进一步，互联网金融所产生的大数据挖掘，将使证券公司或者基金公司能够开发出匹配各类投资者的金融产品，并且实现理财产品的自动定向销售，“金融＋数据挖掘”的结合将精准营销的业务模式推广到金融业的产品销售中，不仅会改变金融业的经营模式，更重要的是实现和强化了资本市场的财富管理功能。因此，互联网金融将会改变中国家庭的资产配置结构，加强了新兴的互联网客户群体与资本市场的联系，让资本市场的客户群下沉。该变化不仅为资本市场带来了大量的增量资金、提升了资本市场的影响力，而且会影响中国金融

结构的发展方向。

7.5.4 第三方支付打破了传统银行的垄断，市场又多了一个强有力的竞争者

在美国，互联网金融也是以第三方支付为主要发展方向之一，PayPal最重要的功能就是为全球范围内的电子商务提供支付结算。不论是有担保的支付平台还是无担保的支付平台，其实质都是为消费者提供一个方便的支付平台，而不是依赖于某一家银行。对于传统银行而言，提供支付清算功能是其赖以生存的基础之一，当这一功能受到第三方支付平台的冲击时，会迫使它们去变革，比如建立自己的网上支付平台、与第三方支付平台合作或者成立纯网络银行等，以便为消费者提供更加便捷的支付工具。总之，第三方支付打破了传统银行的垄断，间接提高了银行业的运行效率。

7.5.5 审慎宽松的监管支持互联网金融的发展

从美国监管当局对互联网金融的监管政策来看，基本上是通过补充新的法律法规，使原有的监管规则适应互联网金融。市场准入基本延续了传统银行的规则，风险控制制度则针对网络银行的业务活动和电子货币行为的特殊性有所变化。对于我国互联网金融的监管而言，我们应该从理念上支持，因为互联网金融的出现是技术进步的结果，是能够促进中国金融业效率提升的新基因，对于一直受到诟病的银行业垄断、低效率能够起到“搅局”的效果，甚至是金融业的“鲶鱼”。从监管规则上看，由于互联网金融有其特殊性，也需要制定相应的法规来适应。但是，互联网金融的发展是否有一定的边界以及边界在哪里，现在还不能确定。从风险识别的角度来看，互联网金融的主要风险可能在于平台公司自身的破产风险、贷款方的违约风险，但只要采取积极的措施，这些风险都可以控制。鉴于互联网金融的总体规模还较小，因而宽松的监管框架也许更好。

参考文献

[1] 巴曙松，王凡．美国货币监理署的监管框架及其发展趋势．国际贸易 2006（3）

[2] 曹红辉，李汉．中国第三方支付行业发展蓝皮书（2011）．北京：中国金融出版社，2012

[3] 罗明雄等．互联网金融．北京：中国财政经济出版社，2013

[4] 马其家．美国金融稳定监管委员会及启示．东北师范大学学报，2011（5）

［5］沈晓平．网上金融．北京：电子工业出版社，2009

［6］天拓咨询．浅谈互联网保险 Insweb，2013－09

［7］吴庆田．美国网络银行的风险控制分析与借鉴．湖南商学院学报，2005（2）

［8］吴晓求．中国金融的“三维”改革与互联网金融．工作论文，2013－12

［9］仵志忠．信息不对称理论及其经济意义．经济学动态，1997（1）

［10］杨天宇，钟宇平．中国银行业的集中度、竞争性与银行风险．金融研究，2013（1）

［11］杨再平．互联网金融之我见．证券时报网，2013－10

［12］尹龙．对我国网络银行发展与监管问题的研究．金融研究，2001（1）

［13］张素华．网络银行风险监管法律问题研究．武汉：武汉大学出版社，2004

［14］中国证券报，中证网．美国版余额宝的十年兴衰，2013－07－03

［15］Allen F.，and D. Gale，*Financial Innovation and Risk Sharing*，MIT Press，Cambridge，1994，MA.

［16］Allen F.，James Mcanderws，and Philips Strahan，“E-Finance：An Introduction”，*Journal of Financial Services Research*，2002，22（1/2）5－27

［17］Bai，C.，Li，D.，Qian，Y. and Wang，Y.，“Anonymous Banking and Financial Repression：How does China's Reform Limit Government Predation without Reducing Its Revenue?”，CEPR Discussion Paper，1999

［18］Calvet L.，M. Gonzalez，and P. *Sodini*，“Financial Innovation，Market Participation and Asset Prices”，NBER Working Paper，No. 9840

［19］Chester S. Spatt，“Regulatory Competition，Integration and Capital Markets”，available at www. sec. gov/news/speech/spch102306cc. htm，October 23，2006

［20］DeYoung R.，“The Performance of Internet-based Business Models：Evidence from the Banking Industry”，*Bus*，2005，78：893－947

［21］DeYoung R.，Lang W. W.，Nolle D. L.，“How the Internet Affects Output and Performance at Community Banks”，*Bank Finance*，2007，31（4）：1033

［22］Finnerty，J. D.，*Debt Management*，Harvard Business School Press，Cambridge，2001，MA.

［23］Furst K.，Lang W. W.，Nolle D. L.，“ Internet Banking”，*Journal of Financial Services Researd*, 2002, 22: 95－117

［24］ Gastion C. M. and Walhof P., "Regulatory Arbitrage: Between the Art of Exploiting Loopholes and the Spirit of Innovation", DE ACTUARIS, September 2007

［25］ Georgios I. Zekos, " Cyberspace and E－Finance", *Hertfordshire Law Journal*, 2004, 2 (1): PP31－44

［26］ Hadjiemmanuil, C., "Institutional Structure of Financial Regulation: A Trends towards 'Megaregulators'", Paper presented at the conference on *The Future of Financial Regulation in Taiwan*, Taipei, 6th July, 2001

［27］ Mckinnon, I. R., *Money and Capital in Economic Development*, Washington, D.C., The Brookings Institution, 1973

［28］ Merton, R., "On the Application of the Continuous-time Theory of Finance to Financial Intermediation and Insurance", Geneva Papers on Risk and Insurance Theory, 1989, Vol. 14, pp. 225－261

［29］ Merton, R., "Operation and Regulation in Financial Intermediation: A Functional Perspective", *Operation and Regulation of Financial Markets*, 1993

［30］ Merton, R., "A Functional Perspective of Financial Intermediation", *Financial Management*, 1995, Vol. 24, pp. 23－41

［31］ Merton, R. and Z. Bodie, "Deposit Insurance Reform, A Functional Approach", Carnegie-Rochester Conference Series on Public Policy, 1994, Vol. 38, June

［32］ Merton, R., and Z. Bodie, *A Framework for Analysing the Financial System*, Harvard Business School Press, 1995, Boston

［33］ Persons, J. C. and V. A. Warther, "Boom and Bust Patterns in the Adoption of Financial Innovations", *The Review of Financial Studies*, 1997, Vol. 10 (4), pp. 939－967

［34］ Shaw, E., *Financial Deepening in Economic Development*, Oxford University Press, 1973

［35］ Taylor, M., "Dealing with Regulatory Arbitrage", Paper presented at *Financial Sector Conference Aligning Financial Regulatory Architecture with Country Needs: Lessons from International Experience*, 5th and 6th, June, 2004

［36］ Taylor S., Todd P. A., "Understanding the Information Technology Usage: A Test of Competing Models", *Information Systems Research*, 1995, 6

(2)：144－176

［37］ Tufano，P.，"Financial Innovation"，*Handbook of the Economics of Finance*，Elsevier North-Holland，2002，chapter 6

［38］ United States Government Accountability Office，"Person-to-person Lending：New Regulatory Challenges could Emerge as the Industry Grows"，2011－07

［39］ Vijayasarathy L. R.，"Predicting Consumer Intentions to Use Online Shopping：The Case for An Augmented Technology Acceptance Model"，*Information and Management*，2004，41 (6)：747－762

后　记

互联网金融作为新的金融业态，是一个时期以来人们十分关注的问题。作为研究者，之所以将其作为重要的研究对象，一方面是基于其蓬勃发展的势头，另一方面更是基于其对传统金融体系带来的深刻挑战。我们对互联网金融的研究主要侧重于分析其独特的运行机理和相当复杂的理论结构。在我们的研究成果形成之前，人们对互联网金融的研究，基本上停留在互联网金融的现实形态和个案分析，对互联网金融的理论逻辑研究明显不够。必须提及的是，中投公司副总经理、中国人民银行研究局原局长谢平的研究是个例外，他与邹传伟在《金融研究》2012 年第 12 期发表的题为《互联网金融模式研究》论文，已经开始涉及互联网金融的很多基础理论，并对互联网金融与传统金融的替代边界做了相当重要的计量分析。与谢平等人的理论研究略有不同的是，我们研究的重点主要放在构建互联网金融的理论结构、风险变异以及监管的基石准则等方面。本书就是我与我的研究团队一个时期以来关于互联网金融理论研究的重要成果。

本书相当多的内容曾作为《中国资本市场研究报告（2014）》，即《互联网金融：理论与现实》（北京：北京大学出版社，2014）一书的内容。此后，随着研究的深入，我们对原来的研究又进行了修改和深化，有的部分（如导论部分）几乎完全重写。经删减、修改和重写后，其对互联网金融的研究更体现了基础性，理论性的特点，故将书名定为《互联网金融——逻辑与结构》。本书的研究、写作、删减、修改由我主持。各章作者分别来自于中国人民大学金融与证券研究所、财政金融学院、汉青研究院、法学院和中央财经大学金融学院。他们是：导论，吴晓求教授；第 1 章，梁循教授、许伟副教授、申华博士；第 2 章，施炜博士、李凤云副教授；第 3 章，汤珂教授、赵锡军教授；第 4 章，许荣教授；第 5 章，董安生教授、安邦坤博士；第 6 章，应展宇教授；第 7 章，李少君博士、李刚博士。刘振亚教授、杨东教授和李伟博士等亦参加了相关内容的讨论。最后，吴晓求教授翻阅了全书，并向相关作者提出了一些修改建议。在本书出版之前，本书中部分章节内容在国内有关学术期刊上亦有选登。

中国人民大学金融与证券研究所所长

吴晓求教授

图书在版编目（CIP）数据

互联网金融：逻辑与结构/吴晓求等著．—北京：中国人民大学出版社，2015.4
ISBN 978-7-300-20970-8

Ⅰ.①互… Ⅱ.①吴… Ⅲ.①互联网络-应用-金融-研究 Ⅳ.①F830.49

中国版本图书馆 CIP 数据核字（2015）第 049173 号

互联网金融——逻辑与结构

吴晓求　等著

Hulianwang Jinrong——Luoji yu Jiegou

出版发行	中国人民大学出版社		
社　　址	北京中关村大街 31 号	**邮政编码**	100080
电　　话	010－62511242（总编室）		010－62511770（质管部）
	010－82501766（邮购部）		010－62514148（门市部）
	010－62515195（发行公司）		010－62515275（盗版举报）
网　　址	http://www.crup.com.cn		
经　　销	新华书店		
印　　刷	北京昌联印刷有限公司		
规　　格	170 mm×228 mm　16 开本	**版　　次**	2015 年 5 月第 1 版
印　　张	16.5 插页 1	**印　　次**	2023 年 3 月第 4 次印刷
字　　数	303 000	**定　　价**	76.00 元